岩波文庫
33-644-6

ジンメル宗教論集

深澤英隆編訳

岩波書店

凡　例

一、本書は、ゲオルク・ジンメルの宗教にかかわる論考・エッセイを網羅的に集めた論集である。編集は本訳書独自のものである。
一、訳出は、各論考の刊行時のテクストにもとづき、また全集版（*Georg Simmel Gesamtausgabe* = *GA*）をも参照した。その詳細は、各論考のはじめに掲げた。
一、論考によっては、ジンメル自身が初出のかたちに手を加えたうえで、新たに公刊した。その場合は、その最終版を訳出した。
一、原文には、改行が非常に少ない。そこで訳出にあたっては、適宜改行を入れた。一行空けは、原文にならった。なお論考「宗教」には例外処置を施しており、これについては同論考のはじめに示した。
一、原文の強調箇所（イタリックス、ゲシュペルト）には、傍点を付した。
一、原注は、当該個所のパラグラフの終わりに入れた。
一、訳注は〔　〕に入れて文中に示した。その他の訳注については、各論文の終わりに付した。

一、理解の便宜のために図版を挿入した。これらは、原著にはないものである。

一、『聖書』の引用は、新共同訳に拠った。但しジンメルによって一部省略されたり、表現が変えられている箇所では、ジンメルのテクストに従った。

目次

ジンメル宗教論集

一　社会学と認識論の視座

宗教社会学のために（一八九八）

原題　Zur Soziologie der Religion

出典　*Neue Deutsche Rundschau*, Jg. 9, 1898, 111–123（*GA* 5, 266–286）

内容　ジンメルの最初の宗教論であるとともに、宗教社会学史上の最初期の論考。「発生論的で心理学的」な観点を加味した社会学の立場に立ちつつ、ジンメルは宗教としてかたちをなすまえの、高揚や献身をふくむ一定の人間の社会関係のありかたに、宗教の萌芽を見る。ジンメルはまた、この「社会心理学的布置」が神の像を創造し、宗教へと展開するプロセスを論じる。相互信頼、社会的統一性、個と社会との道徳的結合などが、宗教の根底をなす社会関係として論じられるが、とりわけ社会と神の像との内的関連の指摘は、デュルケムの著名な発見を先どりしている。

私たちの目から宗教の起源と本質とを覆い隠している漠とした暗がりは、そこにたったひとつの解答を要する単一の問題があるのだ、と私たちが信じるかぎり、明るみとなることはないだろう。曖昧な一般性におちいることなく、しかもすべての現象を包摂するようなかたちで「宗教」とはなにかを言いあらわすような定義をなしえた者は、これまでだれひとりいない。キリスト教徒、南海の島の住人、ブッダやウィツィロポチトリ〔アステカの神〕の宗教に共通するような、宗教の終極的な本質規定を言いあてた者などは、ひとりとしていないのだ。たんなる形而上学的思弁や幽霊信仰と宗教との境界も定かではなく、もっとも純粋で深い宗教現象といえども、これらの要素をまったくふくまないものと断言はできない。

こうした宗教の本質規定のむずかしさは、宗教の発生のもととなった人間の省察の心理的動機がさまざまであることと対応している。恐れや愛、祖先崇拝や自己神化、道徳的欲求や依存感情のいずれを宗教の内的根源と見なすにせよ、それが唯一の起源であると断言するならば、その言明はまったくの誤りである。しかしそれが多くの起源のひと

つという ことなら、いずれも正当である。したがって、この問題を解決するただひとつのやりかたは、宗教という領域で作用すると思われるあらゆる衝動や理念や条件を調べるとともに、個々の動機を、それが確認できる事例を超えて宗教のいとなみの一般法則にまで拡張するようなことを、きっぱりとあきらめることであろう。

どのような宗教ともまったく無縁の社会的生の表れから宗教についての理解を引きだそうとするこころみにおいて必要とされるのは、こうした留保のみではない。地上的で経験的なものを超えた世界の表象の成立がどれほどこの世の経験によって説明されたとしても、それだけでは、成立をみた表象が主観的な感情にとってもつ価値や、さらにはその客観的な真理価値についても、なおまったくふれられてはいないということは、最大限に強調しておかねばならない。これらふたつの価値世界は、私たちの単なる発生論的で心理学的な探求の射程の限界の彼方にあるのだ。

だから私たちが宗教のいとなみの端緒を、それ自体はなお宗教とはまったく呼べないような人間の相互関係のなかに見いだすとしても、それはすでに他の分野でも認められている方法にしたがっているにすぎない。認識手段はその低次のぼやけた段階であっても、日々の実際的な生活において私たちがさまざまな洞察や経験をえる助けとなるが、学問はそうした認識手段をたんに高め徹底化し洗練させたものにほかならないということは、つとに認められている。芸術の発生論的理解に到達するためには、私たちはまず、それそのものはなお芸術にはいたっていないような、生のさまざまな具象化における美的要素の分析を成しとげておく必要がある。言語、形となった感性、実際的行為、社会的形成物などが、そうした具象化としてあげられるだろう。高度で純粋な形成物は、まずはいわば手さぐりの、萌芽的な、また他の形式や内容とからみあったかたちで現れる。しかしその形成物のもっとも高度で自立したありかたを把握するためには、私たちはそれらの未完成な段階をさぐらなければならない。この形成物の心理学的理解は、つぎの点にかかっている。すなわち私たちは、その形成物を、その諸部分が順次発展してひとつから他へと移りゆくような連鎖のなかに位置づけることができなければならない。そこでの発展はあたかも有機体の成長のように多様な段階を経てなされるが、そのさいおのおのの段階におけるあらたなものと固有なものとは、それに先行する段階に萌芽として現れたものの展開なのである。

したがって宗教のかなた、というよりも宗教の手前にあるあらゆる連関と関心のなかに私たちがなんらかの宗教的契機を、すなわちのちに自立し完成した「宗教」へと到達するものの発端を見いだすならば、それは宗教の生成と現状の理解の助けとなるかも知れないのだ。宗教的な感情や衝動は、宗教においてのみ表出するとは思えない。むしろ、それらは多様なむすびつきのもとに、さまざまな機会にともに働く要素として見いだされるのであり、そうした要素が頂点に達し、他の要素と分離することによってはじめて、自立した生の内容としての、固有の境界をもった領域としての宗教が成立する、と考えられる。人間の相互関係において、宗教的なるものの断片――いわば宗教となる以前の宗教が成立する一点を見いだすためには、一見したところまったく無関係と思われる諸現象への回り道をこころみなければならないのだ。

久しい以前から知られているように、文化程度の低い状況における社会的な生活形式をなすものは、習俗である。のちには一方で法として成文化されて国家権力により強制され、他方では文明化し紀律を身につけた人間の自由な判断に任されることとなる社会的な生活規定は、よりせまく原始的な人間集団においては、習俗と呼ばれる諸個人への固有の、直接的な集団的監視によって確保されている。習俗、法、個々人の自由な倫理性は、社会的要素の異なる結合様式であって、これらはみなまったくおなじ命令を内容とすることができるものであり、民族や時代を異にしていようとも、実際にそうであった。*だから公的生活の規範や成果のかなりの部分は、競合する力同士の自由な運動によっても、また低次の要素が高次の要素によってうえから規定されることによっても、おなじようにになわれることができる。したがって、かつては同族組織によってまもられていたさまざまな社会的利害が、ときと場所が変わると、純然たる職業的結社や国家管理に引きつがれるということが起こる。

＊こうした機能的差異は、もちろん非常に大きな意味をもちうるものではある。ソクラテスは、まさにこの差異のために死ななければならなかった。なぜなら彼は、古代ギリシア世界が厳格な習俗と慣習によって維持していたのとおなじ道徳的生活内容を、自由な個の良心の吟味によって実現させたいと望んだからである。

一般化して言えば、社会生活をかたちづくる相互関係は、特定の目的や原因や利害にもとづいて発生する。そしてこれらいわば社会生活の質料をなすものが強固に存続することにより、それらを現実化する関係形式は非常に多様なものとなりうる。あるいはまた同様に、おなじ形式や種類の社会的相互作用は、このうえなく多様な内容を受けとることができる。

人間の相互関係を受け入れ、非常に多様なその内容のにない手となりうるこれらの形式のなかに、宗教的と呼ぶほかないようなひとつの形式があるように思われる。その場合それを宗教的と呼ぶのはもちろん、のちに成熟したかたちをなすものの端緒と前提条件を先どりしてそう呼んでいるのである。というのも、それらを宗教的と呼ぶことを根拠づける色あいとでも言うべきものは、すでにある宗教から発してそれらの関係性におよんでいるわけではないのだ。人間はたがいに接触することによって、その相互作用の純粋に心理学的な要素のうちにある種の調子を発展させるが、その調子が高められ、他から分離され、固有の存在へと成長発展したすがたこそが、宗教と呼ばれるものなのである。

このように私たちは、さまざまな人間関係のありかたのなかに、宗教的要素がふくまれているものと認めることができる。孝行心に溢れた子の親との関係、熱烈な愛国者と国家との関係、熱狂的なコスモポリタンと人類との関係、あるいは労働者と興隆すべく奮闘する労働者階級との関係、貴族の血を誇る者とその身分との関係、さらには自己をあやつる支配者に対する被支配者の関係や、忠実な兵士とその軍隊との関係――これらすべての関係は、かぎりなく多様な内容をもちうるものだが、その心的側面がもつ形式に着目するならば、共通の調子を帯びており、それこそが宗教的と呼ばれなければならないものなのだ。あらゆる宗教性のなかに、無私の献身と幸福への願い、謙遜と高揚、感覚的直接性と非感覚的な抽象性とが、特有のしかたでまざりあっている。ここから一定の度あいの感情の緊張が、内的状態に見られる特有の柔和さや堅固さが、より高き秩序に対する主体の構え――この秩序はしかし主体により、同時に内的で個人的ななにかとも感じられる――が、生みだされる。この宗教的要素は、うえにあげた諸関係のなかに、またそれにとどまらず、他のさまざまな関係のなかにもふくまれているように見える。この要素はそれらの関係にあるニュアンスをあたえるが、このニュアンスこそがそれらの関係を、純然たるエゴイズムや暗示や外部からの影響や、さらには純粋に道徳的な力などによって根拠づけられた関係からもまた区別するものなのである。

当然ながら、この宗教的要素の強度はさまざまである。この要素は、これらの人間相互の関係にかすかな倍音としてともなわれる場合もあれば、それらに決定的な色あいをあたえることもある。多くの、しかも重要なケースで、宗教的要素により諸関係のひとつの発展段階が特徴づけられる。つまり、そのまえとあととで異なる人間関係の形式によってになわれる内容が、ある段階においては宗教的関係という形式をとることがあるのだ。

これがもっともよく分かるのは、立法においてである。立法は、ときと場所によっては神権政治の一部をなし、完全に宗教的裁可のもとにおかれる。他方では、国家権力や習俗によって法が保証されることもある。実際、社会が必要とする秩序は往々にして、道徳的・宗教的・法的裁可がなお分かれるまえの一体性をたもつ未分化の形態に由来するように思われる。例えばインド人の dharma、ギリシア人の themis、ローマ人の fas〔いずれも「掟」や「正しさ」を表す語〕がそうである。さらに、おのおの異なる歴史的条件にしたがって、そのときどきで異なる構成形式が、そうした秩序のにない手として発展したとも見えるのである。

個々人と集団との関係にも、そうした転換が見いだされる。愛国主義が活発化すると、この関係は厳粛さや誠実さや献身などのかたちをとり、それらは宗教的と呼んでいいものとなるが、別のときには慣習や国家の法がこの関係を司る。私たちにとって重要なのは、いま問題にしているのはもっぱら人間相互の関係だけであり、この関係が純粋に慣習的なものから宗教的なものへ、また宗教的なものから法的なものへ、さらには法的なものから自由な倫理性の状態へと移行したとしても、それはいわばこの関係の凝集状態の変化にすぎない、ということである。実際のところ、社会に害をなす不道徳の多くが、まず教会共同体の内部で懲罰の対象とされたのちにはじめて、刑法に記載された。あるいは、反ユダヤ主義に明らかなように、集団のある部分同士の社会・経済的あるいは人種的関係が、内容面では社会的関係以上のものになることのないまま、宗教的カテゴリーにまで高められることがある。さらには神殿売春は、それ以前に、ないし他の場所では、純粋な慣習によって維持されていた性生活の規定が、宗教的に形式化されたものにほかならない、との推測も成りたつのである。

さて、これらの事例を見るにあたっては、さきにふれた誤解をより入念に退ける必要がある。つまり、ここで論じている理論は、なんらかの社会的利害や過程が既存の宗教のいとなみのもとに置かれることがある、と言おうとするものではない。そうしたことはもちろん現に、非常に頻繁に起こり、大きな歴史的重要性をもつむすびつきともなり、また既述の例のなかにそうした重要性を帯びたものもある。しかし私の念頭にあるのは、まったく反対の、ずっと見えにくくとりだしにくいむすびつきである。つまり、さきに述べた社会的要素の諸関係において、私たちがあとから、あるいは他所に存在している宗教性との類比のゆえに宗教的と呼ぶ色あいが、純粋に社会心理学的な布置として、人間相互の可能なむすびつきのひとつとして、自発的に現れるという問題なのだ。自立した、固有の実体や関心の表象のもとに切りひらかれた領域としての宗教なるものは、これに比べるならばまずは二次的なものにすぎない。ローマ時代でも今日でも、国家なるものは、客観的で自存的ななにものかを意味しているが、しかしその国家も、社会の諸要素のあいだに直接的に見られるもともとの相互関係やむすびつきや秩序と比べるならば、やはり二次的なものにほかならない。こうした関係の内容の保持と執行とが、ときとともににそうした関係の彼岸にある特別な形成物、すなわち国家へと投影ないし委譲されることとなったのである。

社会生活の全歴史は、共同生活のはじまりにある諸個人間の直接的な相互規定が、ときとともに独立自存の機関へと成長するプロセスにつらぬかれている。こうして、集団の自己保存のために必要とされた行動様式から、一方ではその様式を体系化する法が生じ、他方ではその法の適用を職務とする裁判官の職が生まれた。このように社会において必要とされ、まずは全員の直接的な協動のもと、日々の生の粗笨な経験にみちびかれてなされていた作業から、一方では認識と規則の理想的システムとしての技術が生まれ、他方ではそれぞれに応じた作業に当たるにない手の分化が生じた。

もちろんこの種のかぎりなく複雑なことがらにかんしては、類比にはつねにいちじるしい偏差がつきものではあるが、宗教についてもこれとおなじことが言えるかもしれない。ある共同体の個々の成員は、おたがいに、あるいは全成員に対して、さきに述べたようなしかたで関係をもつ。そうした関係は、特徴的な度あいの高揚と献身と聖性と内面性とをもつ。ここから一方で、ある理念的な内容が発展することとなる。すなわち、そうした情調をもつ関係をはぐくみ、そうした感情状態をかきたて、みずからの存在によって、それまでたんなる関係形式として現実的な生活内容と溶けあって存続してきたものをいわば切り離したかたちで体現するもの、すなわち神々の発生である。さらにこうした理念や想像的表象の複合体は、僧制においていわば執行権と聖別された労働のにない手を獲得する。これはちょうど法が裁判官職において、また認識上の関心が知識人集団において同様のものを獲得するのと似ている。宗教のこうした自立化や実体化がひとたび生じると、今度は宗教のがわから人間相互の直接的な心的状態にはたらきかけがなされ、宗教性と意識され、そう呼ばれうるような色づけをその心的状態にあたえることとなる。しかしこれは、もともと宗教性自身がほかならぬそうした心的状態からえたものを、ふたたびそこにあたえ返しているにすぎない。おそらく、つぎのように言っていいだろう。すなわち、しばしば非常に不可思議で難解な宗教的表象が人間に影響をおよぼすなどということは、そうした表象が、すでに先在していながらも、適切に意識化され、表現されていなかった関係形式の、たんなる定式化ないし具体化でないならば、不可能であろう、と。

こうした議論をみちびく思考上のモチーフは、まったく一般的なものであって、適用範囲のひろい枠組みと言うことができる。唯物論の歴史解釈もその一例である。この歴史解釈は、歴史的生のあらゆる内容を、経済の諸形式からみちびきだす。習俗や法、芸術や宗教、学問的活動や社会建設は、集団がその物質的生存条件を生みだすしかたに規定されているものと考えている。そこでは、非常に包括的なプロセスの一部をなす現象が、そのプロセスの唯一の内容であると誇張されて考えられているのだ。社会生活の形式と内容の発展が生ずる領域と現象形態はきわめて多様であるが、そうした発展はおなじ内容がさまざまな形式において展開し、またおなじ形式がさまざまな内容において展開するというしかたで生じる。歴史上の諸現象の秩序をみると、あたかもそのときどきにある諸要素の総体によって可能なかぎりなんとかやりくりしてゆこうとの傾向に支配されているかのようにみえる。歴史が断片的な諸要素のばらばらな集積におちいることなく、むしろ並行関係や先後関係にある事象が密接にむすびつく理由は、明らかにここにある。

個々の生の形式、たとえば社会的、文学的、宗教的、人格的な生の形式が、ある生の内容とのむすびつきを解消したあとも存続し、のみならずみずからを変えることなくあらたな内容にみずからを提供するということ、個々の内容がその実質的現在高を、つぎつぎに継続・交替してゆく諸形式をつらぬいて維持しうること、まさにこうしたことによってこそ、歴史現象の連続性に断絶が生まれることもなく、また了解しがたい飛躍や、先行するあらゆる事象とのむすびつきに断絶が生じることもないのである。ある分野の発展は、一般に感覚的・外的なものから、精神的で内的なものの強調へと展開する——この影響の方向が反転することもしばしばあるが——ことを考えると、経済活動の諸要素が高められて抽象的・精神的な形式をとったり、また経済的関心が作りあげた諸形式がそれとはまったく異なる性格をもつ生の内容へとおよんだりすることなどは、非常にしばしば見られる。もっともこれは、歴史の連続性や節約原理が表れる多くの事例のひとつにすぎない。国家統治の形式が家族のありかたにおいて反復されるとき、支配的宗教が芸術家の仕事に情調や着想をあたえるとき、繰り返される戦乱がひとびとを平和のときでも野蛮で攻撃的な性格に変えるとき、政党間を分かつ分岐線がまったく非政治的な領域にまで延長されて、相反する文化生活の動向をそうした党派性で分かつとき、そこには歴史的生のすべてがもつ顕著な特質が表れている。これについて唯物論の歴史理論がなしうるのは、一面的な解明だけである。そうした特質こそがまさに、ここで論じている進化発展を表している。その進化発展とはすなわち、社会関係の諸形式がなんらかの宗教的表象世界へと凝縮ないし精神化したり、あるいは既存の宗教にあらたな要素を導入したり、また別の見方をすれば、個人間の相互作用の形式において生まれたある特徴的な感情内容が、なんらかの超越的理念に対する関係に転移し、その理念が、あらたなカテゴリーをつくり、それによって人間関係に起源をもつ形式や内容が存分に花開くといったことである。以下ではこうした一般的考察を、宗教のいとなみのいくつかの特徴的な側面に照らして示してみよう。

　宗教の本質とも実質とも言われてきた信仰は、まずは人間相互の関係として表れる。というのも、ここで問題としたいのは実践的信仰であって、それは理論的になにかの真理性を信じるということの低次の、薄弱な段階などではないのだ。「私は神の存在を信じる」と私が言うとき、そこでの信とは、私が光の媒質としてのエーテルの存在を信じる、あるいは月の住人の存在を、ないしは人間本性の不変なることを信じる、と言うときの信とはまったく異なっている。このことばは、神の存在がなるほど十分に実証可能ではないにしても、それでもその存在を私は受け入れた、ということを言うだけではない。そのことばはまた、神に対するある特定の内的関係、神への感情的な帰依、神へと向けた生の統御を含意している。またこれらすべてにおいては、ある種の認識様式としての信念と、実践的な衝迫や感情的状態との、他に例のない混合が見られるのだ。

人間の社会化におけるこれとの類比がここで問題となる。私たちは、けっしておたがいに証明可能であると分かっていることにのみもとづいて、相互の関係を築いているのではない。むしろ、信念的と呼ぶほかないある種の表象において表れでるのは、私たちの感情と印象であり、そしてこの表象は、ふたたび実践的関係に逆にはたらきかけてゆくのである。私たちが「だれそれを信じる」ということばで言い表しているのは、まったく独特の、定義のむずかしい心理学的事実である。子が親を、部下が上司を、友が友を、個々人がみずからの民族を、臣民が君主を、それぞれ信じる。この信じるということの社会的役割については、なおまったく研究がなされていない。ただ確実なのは、それなくしては社会が崩壊するだろうということである。

たとえば服従ということも、信じることに幾重にももとづいている。服従の関係は、非常に多くの場合、権利と優越性についての明瞭な知識にもとづいているのでもなければ、かと言ってたんなる愛や指示にもとづくものでもなく、私たちがある人間への信頼やある集団への信頼と名づける、あの心的な中間的形成物に根ざしている。個人やある階層全体が、そこからのがれる力が十分あるのに、抑圧され搾取されるがままにとどまったのは理解に苦しむ、と言われることが往々にしてある。こうした事態を生じさせるのがまさに、うえに立つ者の権力と功績と優越性と善意への無批判的な信仰なのだ。それはけっして不確かな理論的仮定にとどまるものではなく、知識と本能と感情とがあわさった固有の形成物なのであり、それをひとはひとしく単純化して、だれそれへの信と呼んでいるのだ。あらゆる理にかなった証明に抗して、そうすべきでないことがあまりに明らかであるにもかかわらず、ある人間を信じつづけること――これは人間の社会を統合するもっとも強固なきずなのひとつである。この意味での信は、明白に宗教的性格をもっている。

私が言いたいのは、宗教がすでに存在し、そこからそうした社会的諸関係が宗教的性格を借り受ける、ということではない。むしろこの性格は、個人間の純然たる心理的関係形式として、宗教的な事実にまったくかかわりなく発生し、それがそののち宗教信仰においては、まったく純粋かつ抽象的に表出するかに見えるのである。神的なものへの信仰においては、なんらかの社会的対応物から解放されて、いわば純粋な信のプロセスが具象化する。ここでは逆に主観的な信仰プロセスからはじめて、信仰の対象が生じてくるのである。人間の諸関係のあいだに社会的必要性として息づいている信仰は、いまや独立した、人間に典型的な活動となる。その活動は、自発的に、人間のうちがわから現れるものである。まずある特定の対象が私たちのうちにある特定の心的過程を生みだし、しかしそののちこの過程が自立化し、みずからに対応する対象をみずから生みだすということは、他でもまれな現象ではない。人間同士の交際の実践は、日常的な内容のものであれ、もっとも高度な内容をもつものであれ、極めてしばしばそのにない手として信仰という心理学的形式をもつ。そのため、その実践のなかで、ともかくも「信じる」という欲求がはぐくまれ、そしてその欲求をつうじてそのために創出されたみずからの対象において、その欲求は確証をえることになる。これは愛や尊敬の欲求が、みずからを自分自身のなかから対象へと投げかけることとも似ている。その場合、その対象はそれそのものとしてはなんらそうした感情を喚起しないようなものかもしれない。その対象にそうした性質が帰せられるのは、もっぱら主観の欲求が対象に反映されたことによるのだ。また世界を創造した神なるものは、逆に因果関係を求める人間の欲求の産物とも見なされた。この主張は、創造神という表象が客観的真理性をもち、それに対応する現実があることをけっして否定するものではない。ここで問題としているのは、神の表象が表象として内部から成立したさいの動機となったものにほかならない。そこでなされうる想定は、以下のようなものである。因果律を繰り返しかぎりなく、そのもともとの領域である経験的・相対的なるものに適用しているうちに、因果的説明への欲求がついには独占的な関心事となり、その因果的説明は、その適用がもともと不可能なはずの絶対者の領域で、世界の原因である絶対的存在の観念をみずから設定することによって、満たされることとなった。このプロセスによって、信仰はそのもともとの場所である社会的領域から、いわばある種の有機体的欲求にまで高められ、神的なるものの表象においてその絶対的対象を生みだすのかもしれない、というわけである。

　宗教のいとなみにまで高まり、そこに対応するものを形成するにいたった社会のいとなみの第二の側面は、一体性という概念で言い表すことができる。私たちは、事物の印象の無秩序な多様性をたんに受けとるばかりでなく、それをひとつの一体性につなぎあわせるようなむすびつきや相互作用を探そうとする。事実、私たちは、個々の現象の上位にある一体性や中心をいたるところで前提とし、それによって諸現象の混沌を切り抜けようとする。これは、明らかに社会的な現実や社会的必要性によりはぐくまれた特性である。

個々の要素からひとつの全体がもっとも直截にそれと感じられるかたちで作りだされ、またその諸要素が分離し自由に運動しながら、それにもかかわらず現にある中心化によってもっとも強く支配されているような事象とは、氏族集団や家族や国家や、また他のあらゆる目的結合をおいてほかにはないだろう。原始的な結社がしばしば十人組で組織されていたことは、集団の成員の関係が指にも似たものであることをはっきりと暗示している。個々の指は相対的に自由で自立的に動かせるが、それでも他の指と一体となって協働し、分離しがたく共存することで、たがいに結びついている。あらゆる社会生活は、まさに相互作用であることによって、一体的なのだ。事実、一体性とは、多くのものが相互にむすびつきをもち、個々の要素の運命が他のすべてのそれとかかわっていることを意味するはずである。社会のこの一体性に対しておりにふれて抵抗が示されるということ、個人の自由が社会の一体性という拘束をまぬがれようとすること、社会の一体性は、そのもっとも密接かつ自然的なむすびつきにおいても、ある生体の部分組織におけるようには、そう自明のごとく貫徹されるものではないこと、ほかならぬこれらの事実が、人間の意識のなかで、社会の一体性を存在のある特殊な形式と価値として押しあげたにちがいない。

私たちがまずは社会領域でなじむことになる事物と関心の一体性は、その純粋な、いわばあらゆる質料性を脱した表現を、神的なるものの理念において見いだす。そのもっとも完全なかたちはもちろん一神教に見られるが、それはより低い段階の諸宗教においても相対的に認められる。神の理念のもっとも深い本質は、そこに事物の多様性と対立性が連関と統一を見いだすことにある。一神の絶対的一体性であれ、あるいは部分的な、個々の存在領域にかかわる多神教のそれであれ、そのことに変わりはない。たとえば、古代アラブ人の社会生活を支配していた氏族的一体性の強さは、それだけでもすでに一神教を先行形成していた。ユダヤ人、フェニキア人、カナン人のようなセム系諸民族においては、その社会的な統合と変遷が明らかに神の原理に反映されている。家族的統一が支配的な生活形式であったあいだは、バアル〔古代カナン・フェニキアの天候・農耕神〕は父を意味するにすぎず、人間はその子としてバアルにしたがっていた。社会共同体が、異質な、血でつながることのない家系をも含むようになるにしたがって、バアルは中立的な高みにある玉座に座る支配者となった。社会的統一が親族的結合という性格を失うと、宗教的統一もそれにならい、いわば社会的統一から引き離された社会的統一の純粋な形式として現れるようになったのだ。

のみならず実際、性別の差異を超えた一体化も、固有の宗教類型を形づくった。性的対立の心理学的消去は、シリアやアッシリア、リディアなどの社会生活において意味深いしかたで表れたが、このことは性差をみずからのうちに統一的にふくむ神性の表象というかたちで結実した。半ば男性的なアスタルト〔セム系の豊穣の女神〕、男女両性的なサンドン〔古代タルススの神〕、月の女神とのあいだで性のシンボルを交換する太陽神メルカルト〔フェニキアの主神〕などがそれである。これは「ひとは神々においてみずからの姿を描く」という、その一般性からして証明するまでもないありきたりなことを言っているのではない。そうではなく、人間的なるもののうち、その展開と誇張が人間の尺度を超えて神々を創りだすにいたったものの特徴を探すことが、ここでの問題なのである。

ここから認識できるのは、神々はたんなる個人の諸特性、つまり個々人の力や道徳的・非道徳的性向や素質や欲求などの理想化なのではなく、社会生活における個人間の関係形式こそが、宗教的表象にさまざまなかたちでその内容をあたえているということだ。社会的役割のある種の側面が一定程度強化されて、もっとも純粋で、抽象的で、しかし同時に具象的形態をとることによって、宗教の客体となる。だから宗教は、それが他の点ではなんであるにせよ、社会的関係形式において存立し、それらの形式は、宗教において、その経験的内容から解きはなたれ、自立し、固有の実体へと投影されるのだ、と言うことができよう。

ほかならぬ集団の一体性が、宗教的に展開されるべき作用のひとつであることは、なおふたつの考察から明らかになる。とりわけ未開の時代にあっては、集団はその外部と考えられるかぎりあらゆる関係をむすびながらも、その集団の内部には闘争や競合がない。集団が一体性を形づくるということは、こうしたことから生じ、またその事実によってきわ立つ。この競合なき共存という存在形式が、また目的と利害の一致が、かくも純粋にあますところなく示される領域は、おそらく宗教の領域をおいてほかにないだろう。もっともここで強調した集団生活内部での平和という特性は、相対的なものにすぎない。こうした集団内部でなされる多くの努力はまた、おなじ目的を追いもとめる者を排除したり、欲求と充足とのアンバランスを、他者を犠牲にしてでも可能なかぎり調整しようとしたり、あるいは少なくとも、他者と差異化することによって、みずからの行為と享受の自分なりの価値基準を追求しようとしたりするこころみとむすびついている。したがって、ほとんど宗教の領域でのみ、個々人のエネルギーはたがいに競合することなしに、あますところなく発揮されうる。というのもイエスの美しいことばにならって言えば、神の家には万人のために場所があるからである(「わたしの父の家には住む所がたくさんある」ヨハネ伝、一四-二)。目的はみなに共有されながらも、みながそこに到達する可能性が確保され、相互の排除ではなく、むしろ相互の結合が結果として生じるのだ。

ここで思いだされるのは、万人にひとしい目的を万人にひとしい手段によって到達させようとする宗教の意図が、聖体拝領において意味深いしかたで表現されているという事実である。あるいはまた、一体性への融合が性的オルギーへと高まることをつねとする未開宗教の荒々しい祭りから、あの至純にして、個別の集団を遠く超えでた「地には平和を」(ラテン語典礼文「栄光の讃歌」のことば)との呼び声(パックス・ホミニブス)(グロリア)にいたるまで、祝祭のなかでは、みながおなじ宗教的興奮にとりつかれて一体となるさまがそとから目に見えるものとなることが、思いだされる。集団の生活形式としての一体性を特徴づける競合のなさは、その集団内ではつねに相対的で部分的なものにとどまるが、宗教の領域では、それが絶対的かつもっとも集中的に実現される。信仰についてもそうであったのと同様に、ここでも形式と機能として集団生活を規制しているものを実体的に示す、というよりもある意味でその規制の実体化そのものである点に宗教の核心がある、と言うことができるだろう。

この集団生活を規制するものはまた、聖職者において、人格的な形式をとる。聖職者は、歴史的には特定の階級とむすびついていたが、その根本思想からすれば、聖職者はすべての個人を超えたところに立ち、まさにそれによってひとびとの理想的生活内容の交点ともなり統合点ともなるものである。だからカトリックの独身制は、聖職者をいずれかの構成分子や構成分子の集団とのいかなる特殊な関係からも解放し、それによってすべての構成分子とひとしい関係をもつことを可能にした。それは「社会」や「国家」が、各成員みなのうえに抽象的な一体性として位置し、成員間のむすびつきを統合したことと同様である。

まったく個別的な一事例についてここで述べることにしたい。教会は中世全体をつうじて、あらゆる慈善活動に、大きな便宜をあたえた。つまり教会は宝物庫の役割を果たし、そこに慈悲心に発するすべての寄付はなんらの疑いもなくながれ込んだ。他のだれかのために財産の一部を放棄しようとする者は、どのようにすればもっともよいかと思いわずらう必要もなかった。教会という宝物庫は、施しをする者とそれを必要とする者とのあいだを橋渡しするもっとも包括的な中央機関だった。集団内の社会関係の一形式としての慈善は、教会において超個人的な組織と一体性とをえたのである。

こうした事実関連のいわば裏面をなし、しかし核心においておなじことを示唆するのが、「異端者」に対する態度である。多くの群衆を異端に対する憎しみと道徳的非難へと駆りたてたものは、実際には教説の教義内容のちがいではなかった。ほとんどの場合、ひとびとはそうしたちがいなど理解してはいなかった。問題だったのは、全体に対する個人の対立という事実であった。異端者や離教者の迫害は、集団の一体性の必要性に対する本能に発しているのだ。とりわけ特徴的なのは、そうした迫害の事例の多くにおいて、あらゆる重要なことがらにかんして、宗教的逸脱は集団の統一と両立できるものであったという事実である。ところが宗教においては、社会の統一欲求が非常に純粋で、抽象的で、同時に実体的な形態をとっていたために、もはや実際の利害とのむすびつきは問題ではなくなり、離反ということ自体が、一体性を、すなわち集団の生活形式そのものとその理念を脅かすものと見えたのである。守護神やその他の集団の一体性の象徴は、一体性そのものとは直接的にはなんら関係がないにもかかわらず、それらに対する攻撃はこのうえなく激しい反応を引きおこす。宗教とはそのようにもっとも純粋な、あらゆる具体的な一体性の上位にある社会の統一形式であって、宗教のそうした性格は、内容的にはほんのささいな異端に対して向けられる弾圧のエネルギーからも証明されるのだ。

　最後に問題となるのが、個人とその集団とのあいだの道徳的むすびつきと呼ばれる内的な結合である。この結合は、個人の神に対する関係と非常に深いアナロジーを示すので、後者は前者を濃密にし変形したものにほかならないかのように見える。個人と集団との関係の秘密にみちた豊かさは、私たちが神的なものを感じとる際の多様性に反映している。強制し罰する神々、愛する神、私たちの愛に応えることのできないスピノザの神、私たちに行動の指示と、その指示にしたがう力をあたえてくれる、あるいは奪う神——これらはまさに、そのもとで集団と個人とのあいだの倫理的関係がそのさまざまな力と対立を展開する記号にほかならない。

たとえばしばしばあらゆる宗教の本質と見なされる依存の感情を見てみよう。個人はより高い一般者にみずからがむすびついており、自分がそこからながれだし、またそこにながれ込むと感じる。個人はその一般者から高揚や救いを期待し、またその一般者と異なると同時に、それと同一でもある。さながら焦点に集まるように神の表象のもとに集まるこういった感覚はすべて、個々人がその属する集団に対してもつ関係に還元することができる。その関係は、一方ではその個人に彼の存在の主たる形式や内容を伝えあたえた過去の世代に対してもつ関係であり、他方ではそれらの形式や内容の形成や展開を規定する同時代のひとびとに対してもつ関係である。すべての宗教は祖先崇拝、すなわち生きつづける祖先の魂、とりわけ英雄と指導者の魂への尊崇とその慰藉に発するという理論がもし正しいとするならば、その理論はここでの文脈を証明することになるかもしれない。というのも、私たちは実際に、私たちの以前にあったものに、またもっとも直接には子孫に対する父祖の権威に集約されるものに、依存しているからである。祖先、なかでももっとも行動力と影響力にあふれた者の神格化は――ひとびとの意識はまた別の動機を抱くかもしれないが――個人が時間的に先行する集団の生活に依存していることの、いわばもっとも目的にかなった表現である。

敬虔な者が、自分のいまあるありかたも、また所有するものすべてをも神に負っていると告白し、みずからの本質と力の源泉を神に見るさいの謙遜は、そのまま個人の全体に対する関係へと移しかえることができる。なぜなら神に引き比べても人間は端的な無なのではなく、ただ塵にすぎないので〔創世記、三―一九〕あり、か弱く、しかしながらともかくもまったく無力なのではなく、内容を盛り込むことのできるうつわである〔第二コリント書、四―七〜一八〕。存在と意欲、とりわけ私たちの内的な生の関心のあらゆる変化に富んだ多様性と対立性と差異が、神において起源と同時にその統一を見いだす。もし神の理念が解明されて、その本質がこうした点にあるとされるならば、私たちは容易に神を全体社会と置きかえることができる。なぜなら幾世代もの適応の結果として社会が私たちに残した遺産である豊富な欲求や、私たちがそのなかに立つ多様な諸関係や、私たちがさまざまな、しばしば統一の困難な世界の諸側面を理解するための器官の育成は、全体社会に由来するからである。

もっとも、個々の社会集団は、これら多様な影響の現実の統一点として、すでにして十分に一体的である。さらにまた、主君の神的起源なるものは、権力をその手中に完全に集中させるための表現にほかならない。社会の一体化、すなわち個人に対する全体の客体化が一定程度に達すると、その客体化は個人に対して、この世ならぬ力として現れる。またそれがなお直接的に社会的なものだと意識されているか、あるいはすでに神の理念の衣につつまれているかを問わず、つぎの問いがおなじように浮上してくる。すなわち、個人はそのなすべきことをなすためにどれほどのことをなしうるか、あるいはなさねばならないか、また個人に対し彼岸にある原理からそのためにどれほどのことがなされるのか、との問いである。

いずれにおいても問われているのは、この力に対する個人の自立性であるが、ただ個人に自立する力をあたえたのも、その目標と道のりを示したのもまた、この地上的ならざる力なのである。こうしてアウグスティヌスは、個人をひとつの歴史的展開のなかに位置づけるが、彼によればこの展開に対して個人は神に対するのとおなじように依存的でありまた無力である。神人協働説〔救いにおける神の業と人間の業との協働を説く説。東西両教会でさまざまに議論がなされた〕をめぐる問いは、教会史の全体を貫いているとともに、国政の歴史をも規定している。厳密な宗教的理解からすれば、個々人はたんに神の恩寵や怒りのうつわにすぎない。それとおなじように、社会主義の理解では、個人は一般性から発するもろもろの影響のうつわにほかならない。いずれの場合も、個人の本性と権能というおなじ根本的な倫理問題を反復しており、どちらの形式においても、自分自身を頼みとする個人がもはやいかなる内的な支えももちえなくなったとき、個人を超えた原理への帰依が往々にしてなお可能な最後の充足を提供しているのだ。*

＊ここでの議論は、拙著『道徳科学入門』第一巻による。

宗教的表象と倫理的・社会的表象とのこうした位置づけにおいて非常に特徴的なことは、神が、人間に神が要求する徳の直接の人格化として理解されていることである。神は、善、正義、寛容などの特徴をもっている、というよりもそれらそのものである。神は、実体的な完全性として表象されており、よくもちいられる表現で言えば、「善そのもの」、「愛そのもの」等々である。倫理性、すなわち人間同士のふるまいにかかわる命令は、神においていわば持続的形式を獲得したのである。実践的信仰が、人間関係の形式を超えて絶対化された人間間の関係であるように、また一体性が、事物の統一として人格性にまで高められて神的なものとして表れた、共生する人間同士の関係形式であるように、道徳もまた、集団の利害を是認する人間関係の形式をふくんでいる。したがって、相対的な内容を絶対的な形式で表す神は、一方では個人に対し要求しあたえる集団の役割を代理し、他方では個人が達成すべき倫理的・社会的行動様式からその相対性を切り離し、みずからにおいてその様式を絶対的実体性のかたちで表すのである。

　ありとあらゆる利害から生じ、相対立する諸力によってになわれ、このうえなく多様な形式にながれ込む人間相互の関係はまた、ひとつの凝集状態に到達するが、それが自立し、人間関係のそとに立つ存在とむすびつきをもつにいたったかたちを、私たちは宗教と呼ぶ。諸関係は、ここに抽象的でありながら、同時に具体的なものともなるが、この二重の展開にこそ、逆に宗教がそれらの関係に影響をおよぼすさいの強みがある。すべて人間的なものが相対的である一方で神は絶対者であるという古来の表象は、ここにあらたな意味を獲得する。すなわち、神的なるものの表象においてその実体的にして理想的な表現をえるのは、人間の相互関係なのだ。

　世界像の根底を極めようとするこうした探求は、通常はその探求の妥当領域が十分に包括的であると見なされることを望むものだが、ここでは逆につぎのことが憂慮される。すなわち、本論で主張されている議論が、その非常に明確に引かれた境界線を越えて、隣接領域にさながら王位簒奪者のごとく踏み込んでいるように見られるのではないか、という心配である。宗教の創造の歴史的な経緯については、本論での議論は述べることができない。ただそうした創造の多くの源流のひとつを示すことができるのみである。その源流が、やはり「なお‐宗教‐でない」領域に発する他のもろもろの源流と出会い、それらが合流することによって宗教を生みだすのか、あるいは宗教がすでに実体をもって存立していて、そのながれにここで考察した源流が副流として流入するのか、といったことは、未決定なままである。ここでの探求の有効性は、いかなる特定の歴史的なときともむすびついたものではない。

心的現実としての宗教もまた、できあがったなにかでも確固たる実体でもなく、ひとつの生きたプロセスであって、仮に伝承された内容がいかにゆるぎないものであっても、そのプロセスを、おのおのの魂がおのおのの瞬間にみずから生みださなければならないものなのだ。所与の宗教的なるものは絶え間なく感情のながれに引き込まれ、その運動は宗教的なるものをつねにあらたに形成しなければならない。それはちょうどつねに交代してゆく水滴が、それでも一定の虹のかたちを作りだすさまに似ている。まさにこうした要請にこそ、宗教のもつ力と深さがある。したがって、宗教の発生論的説明は、その伝統の歴史的起源のみならず、私たちが父祖から受けついだ宗教の宝を獲得し所有することを可能とする、各瞬間の力をも包摂するものと言っていい。この意味では、宗教の「諸起源」というものが実際にあるのであって、そうした諸起源の出現と作用は、宗教の「起源」のときからはるかにへだたったのちにも見られるのである。

ここで本論が宗教のひとつの歴史的発生理論を提示しているのだという疑いを退ける

こと以上に重要なのは、これまでの議論から、宗教の客観的真理性にかかわる問いをすべて排除することである。仮に人間の生における一現象としての宗教の成立を、ほかならぬその生の内的な条件から把握することに成功したとしても、そのかぎりでは、客観的な、人間の思考のそとにある現実が、そうした心的現実に対応し、それを証示するものをふくんでいるか否かという問いそのものには、まったくふれられていない。認識心理学は、なぜ私たちの世界像が空間的に延長をもち、三つの次元にひろがっているのかを理解しようとするが、そうした表象のかなたに事物の世界それ自体がおなじかたちで存在するか否かという問いについては、まったく別の種類の探求にゆだねている。もちろん私たちはいたるところで、内的な事実性の説明がたんなる内的な条件によるのみではもはや不十分で、なんらかの外的現実だけがその内的なものの原因の連鎖を説明できるような地点に遭遇するかもしれない。しかしこうした可能性ないし必然性に出会うことになるのは、宗教の本質と生成をあますところなく見極めようとする者のみである。私たちがなさねばならなかったのはそれに対し、宗教という焦点で出会う光線のひとつの方向をたどることだけであった。

そして最後に、もっとも重要な問題に言及しておきたい。宗教の感情にとっての意義、すなわち最奥の情緒に対する神の表象からの逆方向のはたらきかけは、こうした表象がいかに成立したかについての仮定とはまったく独立したことがらである。ここに、理念的諸価値を歴史的・心理学的に導出しようとする作業が例外なくもっとも被りやすい誤解がある。その成立が、もはや理解を超えた奇跡でも、無からの創造でもないと分かったとき、理想の魅力は地に落ち、また感情の尊さは零落する——このように感じているひとはまだ多い。それはあたかも成立を理解することを、成立したものの価値を問題視することのように受けとめ、出発点が低いことを到達した目的点の高さを貶めること、個々の要素の魅力に欠けた単純さを、それらの要素の協働や形成やからみあいから生みだされた生産物の意義をこわしてしまうことと感じるようなものである。人間がより低次の動物種に由来することが人間の尊厳を奪ってしまうと思い込むのは、愚かで混乱した考えかたである。それは人間の尊厳が、どこからいまある人間が成立したかとはまったくかかわりなく、人間が現にいまそうであるものにもとづくということを否定するにひとしい。

　これとおなじ考えかたはまた、それ自体なお宗教ではない要素から宗教を理解しようとするこころみに対しても、つねに異をとなえる。しかし歴史的・心理学的な宗教の導出を退けることによって宗教の尊厳がまもられると考える者に対しては、まさにそうした人間こそ宗教意識が薄弱なのだ、との批判が向けられていい。なぜなら、宗教意識がその生成過程の認識によってあやうくされてしまう、いやそもそもそうした認識が宗教意識に抵触すると信じてしまうことがすでに、そのひとの宗教意識が内的な堅固さと感情の深みに欠けていることを示しているからだ。ある人間に対する真正の、このうえなく深い愛は、あとからそのきっかけとなった原因が明らかになったからといって、異を唱えられるべきものではない。実際、愛の勝利の力は、そのかつての成立根拠がすべて失なわれてしまったあとも、愛がこわれることなく生きつづけることにある。これとおなじように、主観的な宗教感情の力は、認識がその感情をどのような起源に還元しようとも、自分自身のうちに安らい、そうした起源のかなたに自信をもってみずからの深みと心情とを見いだすことにおいてこそ、証明されるであろう。

宗教の認識論に寄せて（一九〇一）

原題　Beiträge zur Erkenntnistheorie der Religion

出典　*Zeitschrift für Philosophie und philosophische Kritik*, Bd. 119, 1901, 11–21（*GA* 7, 9–20）

内容　宗教についてのみずからの基本構想を集約的に示した初期の論考。ジンメルの死後に編集された論集『橋と扉』（*Brücke und Tür*, 1957）にも収録された。ジンメルは宗教をなんらかの教義的・思想的内容と同一視する宗教観を退け、宗教を主観的な感情要素にして、人間の存在の固有のありかた、生を規定する根本カテゴリーのひとつであるとすることによって、宗教の独自性を基礎づけようとこころみる。また信仰論の面でも、理論的信とは異なる宗教的信の特徴づけを目指している。

一

敬虔で信心深い心情のもち主は、往々にして不明瞭な宗教の概念をいだいている。つまり宗教が、神の存在や救済の事実の客観的現実性をそのまま含意しているか、あるいは宗教それ自身がそれらであるかのように考えてしまうのだ。しかし宗教そのものは人間の意識の過程であり、それ以上のなにものでもない、という事実は動かしがたい。もっともだからといって、宗教の主張や、創唱者の霊感や、宗教の対象の実在性や神との交わりの現実性などをけっして否定するにはおよばない。神と個々の魂とのあいだの通交というものは、なるほどあるかもしれない。ただ私たちにあたえられているのは、この通交のうち、魂のがわに属するもののみなのである。宗教はこの通交の全体、その諸要素をあわせた統一体ではない。たとえば旧約聖書における契約の関係、新約聖書における父子関係、あるいは神秘主義における神と人間との融合などが事実としてあるとすれば、それはふたつの関係の方向性があわさって、一体となった事実、すなわち形而上学的なできごとであって、それはなるほど宗教を基礎づけたり包摂したりもしようが、しかしそれが宗教なのではない。それはちょうど個人の行動形式としての合法性が、人間同士の客観的な合意様式としての法と一致しないのとおなじことである。宗教とはむしろ、いま述べた関係の全体の一方のがわをかたちづくる人間の主観的な態度、あるいはその通交の現実性に対する主観的反応にほかならない。

宗教とはなんと言っても、人間の感情であり信仰であり行いである。その他のどのような心の機能をあげるにせよ、宗教は神と私たちとのあいだの関係における私たちのがわのかかわりをなすもの、ないしそれを表すものであって、私たちには宗教はただ私たちの心の状態ないしできごととしてあたえられているにすぎない。宗教のいとなみの学問的分析をしようとするならば、この自明でありながら、あまりにもしばしば見のがされていることがらから出発しなければならない。神が世界を創造しみちびいていること、神が報いと罰により正義をつらぬくこと、救いと聖化が神に発すること――これらすべては、私たちが宗教的に感じ、論じ、信じる内容ではあるが、これが宗教なのではない。客観的世界は、思考過程の内容をなすものの、思考過程そのものとは区別しなければならない。ちょうどそのように、客観的に存立し妥当する宗教的内容と、主観的で人間的な過程としての宗教とは区別しなければならないのだ。

この区別を行うとき、宗教性を認識論の広範な視野のもとにおくことができるようになる。私たちの内的生の大いなるカテゴリーである、存在と当為、可能性と必然性、意欲と恐れなどは、ひとつの系列をなしており、意識の内実、事物の論理的に確定可能な概念的意味は、そうした系列を通過してゆく。これらのカテゴリーは同一の化学物質がさまざまな凝集状態となることに喩えてもいいし、あるいは同一のメロディーをさまざまな楽器が、それぞれ固有の音色で奏でるさまに比べてもいい。おそらく私たちに対して、おなじ事実内容を、あるときは存在し、あるときは存在しないものとして、あるときはなすべきもの、またあるときはのぞましいものとして示す、より適切に言えば、その事実内容があるときはこれ、あるときはあれであることを意味するのは、事実内容にともなわれるさまざまな感情であるのかもしれない。心の全体的な状態に応じて、私たちの心は同じ表象内容に対し、まったく異なる態度で接し、その内容にまったくさまざまな意味をあたえるのだ。

私の見るところ、宗教性はこうした根本的な形式的カテゴリーに属しており、ある種の表象内容、別の場合にはまた別のカテゴリーの規定を受ける表象内容に、固有の音調をあたえる。うえに述べた諸事実、つまり神および神の世界や啓示や罪や救済との関係は、端的に存在という観点から考察されることもできる。その場合これらは、大なり小なり証明可能な形而上的事実としてあつかわれることになる。またこれらの事実は、懐疑のカテゴリーにとらえられることもある。懐疑は、独特の内的な動揺状態であり、存在と非存在から事物のあるあらたな、特有の把握形式を作りだしている。さらにいくつかはまた、当為のカテゴリーにより包摂されるかもしれない。その場合それらは、事物と私たちの魂の秩序が満たさねばならない倫理的要請として表れることになる。

さて、これと同様に、それらの事実は、その表象内容をいささかも変えることなく、宗教的形式をもちうるだろう。――それはおそらく私たちにとってはまったく一体的な、ある統一的な心のありかたであり、それは上述の内容にある特有の意義と存在様式と妥当様式をあたえる。これらは心理学的に見れば、ただざまざまな種類の感情成分の複合とのみ記述しうるものである。たとえば自我の献身やそれと同時になされる自己の再受容、へりくだった謙遜と情熱的な渇望、至上の原理との融合とその原理からのへだたり、感性的直接性と、私たちによるその表象化の非感性的抽象性などである。これらおのおのがたがいに矛盾対立するように見えることは、宗教現象が、それらをばらばらに組みあわせたものなのではなく、固有の内的統一《スイ・ゲネリス》であるらしいことをうかがわせる。それをあとから構成するには、ただ相互に制約する心理学的対立項によるほかない。外的・実践的な文脈では、おなじ対象が、一連の関心領域を経めぐり、その領域のおのおのが、その対象に固有の重要性と、私たちの意志の中心から発する固有の反応とをあたえる。このため、上述の超越的諸概念は、あるときは、存在か非存在かというそれらの概念の理論的意義を決する内的な対立状態においてになわれ、またあるときは、文学的と呼びうる対立状態ににになわれ、実在性の問題にまったくかかわることなく、達成された世界像の調和が形式的・審美的に享受される。そしてまたあるときは、宗教に固有の対立状態によりになわれる。これは最初にあげた存在か非存在かという対立状態を前提とし、あるいはそれをまず基礎づけるものであるかもしれないが、それと同一のものではけっしてない。宗教的状態は、固有の、他によって代替しえない音調をもち、その音によって私たちの心はさきに述べた内容をメロディーとして奏でるのだ。

以上のような考えかたから、宗教の理論にとってつぎのことが確認できた。まず宗教性とは、ある統一的で基礎的な心の情態であることが認識された。したがって、宗教性がみずからの把握する諸内容にあたえる意義と妥当様式は、存在や当為や意欲等々のカテゴリーと、内容からすれば一線にならんでいる。これによって、宗教性により創られた世界は自立性をえて、他の諸カテゴリーの生みだす世界からの正当化をまつ必要はなくなり、これらの世界と対等にならぶことになる。これらのカテゴリーはおたがいに、さながらスピノザの語る思惟と延長のような関係にある。すなわちおのおのカテゴリーは、固有の言語で存在の全体を表現し、まさにそれゆえにたがいに干渉しあうことはない。宗教性がこうしたカテゴリーのひとつであり、本当にある特定の観点から見た存在の総体を表すとするならば、宗教性は実在性や意欲等々の他の世界像による検証のみでなく、これらのカテゴリーとのあらゆる内的・実質的な協働とからみあいを拒むことになる。個人の生においてはこれらのカテゴリーが「混合状態」で表れるにしてもそうなのである。

第二に、宗教性そのものをこのように概念のうえで、多かれ少なかれドグマ的なその個々の内容から分離することは、一連の重大な帰結をもたらす。もし宗教性が特定の概念内容の想起の一様式であるとするならば、そうした内容のあらゆる変換や発展にもかかわらず、宗教的心情そのものの心的性格と主観的意義とはまったくおなじままにとどまりうることが理解できよう。これはちょうど、相互に疎遠で、矛盾すらする存在内容が、それでも特有の実在感情をおなじようなかたちと強さでもち、そしてその感情を私たちが存在として客体化するのと同様である。あるいは相互にぶつかりあう道徳的命令が、それらをまさに道徳的なものとしている形式を、つまり当為を共有していることともおなじである。さらにこうした事情からまさに帰結するのは、宗教的心情がなんらかの特定の内容を論理的に必要とすることもなければ、そうした内容がそれ自身で宗教たるべき論理的必然性をもっているわけでもない、ということである。同様に、存在感情や存在概念からも、なんらの具体的な個別内容をもとりだすことはできない。その内容は、別の源泉からながれでて、ある特定の感情のかかわりをえてはじめて、存在の形式を身に帯びるのであり、内容に存在形式そのものへの請求を見てとることはできないのである。

神の概念からその存在を論理的にみちびきだしたり、存在の事実から神の必然性を演繹したりといったかつて犯された誤りは、宗教性のある特定の内容のみを正当なものと認めようとする教義的なこころみにも反映している。そうしたこころみにおいては、宗教的心情が内的矛盾に巻きこまれることなくながれこむのはその特定の内容のみである、と考えられたり、あるいは理論的世界像が生みだしたとされるその内容に対して、宗教固有の反応を論理的に強制できると考えられたりした。しかし宗教的なるものをひとつの形式的根本カテゴリーとして認識することによって、これらすべてから解放される。このカテゴリーは、存在のカテゴリーがそうであるのと同様に、たしかになんらかの内容を必要としてはいる。しかしやはり存在のカテゴリーと同様に、形式としてのその柔軟な性格は、それがになうことのできる内容の幅に表れている。結局のところこうした宗教理解こそが、宗教的感性を超越的対象との排他的なむすびつきから解放してくれるのである。

人間であれ事物であれ、この世の対象との感情関係のうちにも、宗教的としか呼びようのないものが、数多くある。美的感性をもった人間と明白に美的なものとの関係、労働者とその興隆すべく奮闘する階級との関係、あるいは誇り高き貴族とその身分との関係、敬虔な魂と伝統や伝承されたものとの関係、愛国者と祖国との関係、熱狂家と自由や友愛や正義の理念との関係――これらの関係はすべて、その内容はたがいにかぎりなく異なっているにもかかわらず、おなじ心理学的調子を共有しており、それは宗教的なものと呼ぶほかないものである。というのもその調子は、希求と享受、あたえることと受けとること、謙遜と高揚、融合と疎隔の、あの独特の交錯として分析できるものの、それらから合成することはできない特有の統一をもつものだからである。私の確信するところでは、狭義の、超越にかかわるものという意味での宗教は、こうした端緒、宗教の原理のこうした渾然とした低次の表れが発展をとげ、先鋭化し、純化し、絶対化したものとみることによってのみ、理解することができる。

もちろんこのように言ったからといって、宗教そのもの、ないし宗教の内容の実質的な意義について、予断を下すものではない。そうした意義は、その歴史的・心理学的生成とはまったく別に、妥当性と検証請求をもつものである。同様に宗教的形式を現世的な内容にも見いだし、本来の宗教を大きく越えてその端緒を求めようとするこのこころみは、エウヘメロス説〔古代ギリシアの哲学者エウヘメロスは、神々が人間の神格化であるとした〕のたぐいではけっしてなく、また宗教をあれこれのあまりにも人間的なことがらに還元しようとするくわだてとも関係ない。このこころみが目指しているのは、宗教を引きおろすことではなく、逆にある種の地上的な関係や感情を、宗教の圏域へと高めることなのだ。これらの諸現象こそは、宗教の根本原理の未発達で純度の低い現実化なのであり、一方この原理は、宗教においてもっとも完全でまざり気のないかたちで活性化するのである。宗教を理解不可能なものとしてしまう孤立化から解放するこうした見かたをとったからといって、宗教の尊厳はみじんも犠牲にされることはない。この見かたは、宗教性をひとつの基礎的な、しかしそれゆえに純粋に形式的なカテゴリーとして認識することにより可能となる。このカテゴリーは、私たちのうちなる本性の、多かれ少なかれアプリオリな根本形式をなす他のカテゴリーと同様に、その内容として豊かな現実の全体を受け入れることができるのだ。

二

客体の宗教的意味をになう機能と、その客体の存在を私たちに告げ知らせる機能とは、現実の心理学的展開においては、一方の機能が他方に付加されたり先行したりすることとなるであろうが、それとはまったく独立に、原理的に見た場合、両者は並存していると言える。これによってとりわけ、宗教的信仰と理論的信念との峻別を基礎づけることができる。

知的な意味での信とは、知と同一線上にある、たんに知の低い段階にすぎない。それは私たちがあることを知るというときの根拠よりも量的に劣る根拠にもとづいて、なにかを真であると受けとめることである。だから、私たちは、形而上学や認識論の探求を進めて、神の存在を妥当な、あるいは場合によっては必然的な仮説であると受けとるかもしれない。その場合私たちは、あたかも光を媒介するエーテルや物質の原子構造の存在を信じるのと同様に神の存在を信じていることになる。しかし宗教的なる者が「私は神の存在を信じる」と言うとき、それは神の存在を確実に真なる仮説であると受けとめることとはなにか異なったことを意味していると、私たちは直接に感じる。

これにかんして、感情へとさかのぼるもっともよく知られた理論は、カントの実践信仰の理論である。周知のように、道徳の基礎を宗教に置いてはならない、逆に宗教信仰は倫理的心情の表現ないし帰結にほかならない、というのは、一八世紀特有の思想モチーフであった。ところがカントにおいて信仰は、その出発点が理論を超えたところに置かれていたにもかかわらず、結局のところ知的ななにものかであるにとどまった。カントを神と不死性の信仰へと動かしているのは、「最高善」の実現、すなわちまったき美徳とまったき浄福との調和の実現に与ろうとの、道徳的必要性である。この必要性は絶対的なものであって、道徳的存在としての私たちは、それをけっしてなおざりにはできない。またそれゆえに私たちはその実現の可能性を信じなければならない。そうでなければ、私たちの努力は無意味になってしまうだろう。とはいえ、この実現が可能となるのは、神の存在や不死性といった超越的条件のもとにおいてのみである。

こうした条件の仮定は、もちろんその理論的証明や認識をけっしてふくむものではない。それにもかかわらず、このカント的信仰も理論的な信念にほかならない。なぜならこの信念は推論に、しかも二重のそれにもとづくからである。つまり、まず最高善にかかわる定言命法は、その実現を仮定せずには成り立ちえない。さらに、この実現は神と超越的正義をつうじてのみ生じうる、というのである。しかしこれらいずれの主張に対しても、つぎのように異を唱えることができる。個々人がその倫理的義務を、ある客観的で絶対的な、彼を凌駕する最高善の展開の一部分であると解釈することは、主観的な心理的欲求の問題であって、論理的必然のそれではない。道徳がそうした各個人の課題を超越した要請を行うか否かとの問いは、同じ論理的権利をもって、肯定することも否定することもできる。またもしそれをみずから認めたとしても、そうした要請を満たすことができるのは超越的な力をもつ存在のみであるということは、なおまったく不確定である。もしこの問題をせまい個人主義的な見かたから解放して、個々人の行為を独立したものと考えるのをやめ、人間性の発展の一要素と理解するならば、美徳と浄福とを終極的に、社会の運命の全体のなかでたがいに融和させるためには、社会へのなんらかの適応でこと足りる、ということにもなる。あるいは美徳と浄福の両者に生物学的な意味をあたえて、おなじ目的点をめざす純粋な自然進化と理解することもできる。

　私は、これらの可能性がカントの説よりもはるかに容易にこの困難な問題を解決するなどと主張するつもりはない。こうした可能性に言及するのは、カントの説が他のさまざまな理論的調停によって代替可能であることを示し、またそれによってカントの説自体の理論的性格を明示するためであった。カントの信仰は直接的ななにものかではまったくなく、倫理的衝動の理論的延長にほかならない。そのため、この延長をみちびいている原理が理論的に誤っていることや、あるいは少なくともそれが必然的なものではないことが証明されるならば、この延長のうちのなにものも、まったくなにひとつ残らないのだ。宗教的信仰を、本来の知へと上昇してゆくことがつねに可能な仮説から鋭く区別して、その地位を純粋に知的な系のそとに確立したことは、もちろんカントの大きな貢献であった。つまり宗教的信仰は、その起源と意図とを知性にではなく道徳において おり、知性の真理請求をまったくまぬがれているというわけである。ただそれでも、宗教的信仰に固有の本性は誤認されたままだった。というのも、理論的性格は、宗教的信仰の動機づけや関係性からは拭われたものの、信仰そのものは理論的にとどまったからである。だから意志の過程のかわりに感情を信仰の起源であるとするだけでは、宗教的信仰本来の色あいをとらえたことにはならないのだ。不安、絶望、孤独、あるいはまた同様に有限性の制約を打ちやぶる生の感情の横溢は、神への信仰につうじるかもしれない。しかしそれらによっても、この信仰そのものが記述されたことにはならない。なぜならそこでも信仰は、なおたんなる理論的仮説にとどまりうるからである。仮にその仮説が感情の必要性に由来し、また感情的充足をもたらすにしてもそうなのである。

宗教的信仰の最奥の本性は、私にはむしろ以下のようにのみ表現できるものと思われる。つまり、宗教的信仰とは人間の心の状態、ひとつの事実性であり、理論的なものがすべてそうであるような、そうした事実性のたんなる反映ではないのだ。確かに知性も心のある特定のありかたである。ただ、私たちの本性全体のうちでのその役割について見れば、知性の過程そのものとそこに表れた現実存在のありかたは、知性の内容の背後に完全に退いてしまう。理論的存在者としては、私たちは事物の実質内容の非個人的なうつわとして、無であり、無関心な鏡である。その固有の存在は、鏡に映るものにくらべて、とるに足らないものである。認識に向かうとき、関心は認識を支える活動に向けられるのではなく、その認識に支えられる実質的内容に向けられる。私たちが宗教信者である場合はこれとは反対に、非信仰者や他宗教の信者と自分たちを区別するにあたって、私たちは私たちの意識が反映する内容の差異ではなく――この差異はここで探求されている信仰の概念にとっては特別な意味をもたない――私たちの心そのものの状態によって区別するのである。宗教的神信仰は、内的な存在のありかたである。それはもちろん理論的側面とその理論的帰結をもつものであり、また理論的に表現されることもあるかもしれない。ただ理論的神信仰や理論的神認識においては、私たちの心の状態は、なんらかの表象内容の、たんなる無私の、後景に退いたにない手でしかないのだ。

そして、神の実在への信仰のみではなく、宗教的心情が広義の神の認識と呼ぶものは、神をなんらかの表象内容として意識することではなく、神との心胸のうちでの合一の事実なのであり、またその合一は神への私たちの帰依と、神を現実の事象として受けとることにある。この認識の表象的側面は、そのたんなる鏡像にすぎないのだ。ニュッサのグレゴリオス〔ca.335–ca.394　カッパドキア生まれのキリスト教神学者。三位一体論の確立に寄与〕

がつぎのように言うとき、その根底にあるのはこうした事情である――「その心をあらゆる悪行から解き放った者は、みずからの美しさのうちに神の本性の写しを見る」。すべての理論的信念は、その内容を変えても、それによってその人間が別の人間になるわけではない。というのも信念の機能は変わらぬままだからである。宗教的信仰においては、内容と機能はたがいに独立したものではない。異なる神への信仰は異なる信仰なのである。これは人間に対する心情的かかわりと同様である。つまり愛がある人間から離れて別の人間に向けられるとき、愛は対象を変えただけではなく、その愛が深ければ深いほど、それは私たちの存在にふれ、またそうであればあるほどそれは別の愛なのだ。ヤハウェを信じること、キリスト教の神を信じること、あるいはオフルマズド〔ゾロアスター教の最高神。アフラ・マズダーと同〕やアーリマン〔ゾロアスター教の悪神〕やウィツィロポチトリ〔アステカの神〕を信じること――これらは内容が異なるのみでなく、また作用においても異なるのであり、人間の異なる存在性〔訳注1〕を告げているのである。

理論的信念においては内容が問題であるのに対し、宗教的信仰においては存在性が、主観的過程そのものが問題となっているというこの解釈によって、そうでなければ逆説的とも思えるさまざまな事実を説明することができる。たとえば、信仰を求める祈りがそれである。常識的合理主義にとっては、これはまったく意味のない行いである。なぜなら明らかに人間は、その存在を信じているものに対してのみ祈ることができるのだから、もしすでに神を信じているのならば、信仰を求めて祈る必要もないわけである。実際この祈りは、理論的な意味での信仰を前提としている。祈ることができるためには、神が存在し、神が祈りをかなえうるということが、疑う余地なく確証されていなければならない。ここからすれば、信仰を求める祈りがかかわっているのは、客観性の問題ではなく、みずからの内的な現実、私たちの性状の変化なのである。私たちは、客観性の信においてはただその意識的根拠ないし残響とでも呼べるものを見いだすのみである。おそらくここに、神の存在をたんなる思考による推論からみちびきだそうとする存在論的証明の誤謬の深い根がある。そうした証明は、神の存在をひそかに前提としないかぎり不可能なのである。ひとはうしろめたさを感じるまでもなく、神を前提のうちにふくめていた。というのも、私たちはすでに神をもっていると感じられていたからである。それを論理学で証明しようとしたのは、宗教的神信仰が私たちの現実のありかたに属しているからである。理論的神信仰ないし神の証明は、ただ二次的な反映としてそこに発するものにすぎないのだ。

私たちはこうした証明の例において、おなじ根底のうえに、信仰を求める祈りとは逆の事例をあつかっていることになる。信仰を求める祈りにおいては、信仰の理論的意義は所与のもので、その人間存在にとっての意義が獲得されるべきものであった。他方で、ここで問題としている証明では、存在にとっての意義の確かな感情のもとに、理論的正当化が獲得され、定式化されるべきものとなる。それはおそらくつぎのように言いかえることもできよう。すなわち宗教的状態の統一性は、ふたつの側面に分かれる。知的側面は、救済の事実の存在の理論的表象となる。情緒的側面は、感情となる。ここで循環をいとわずに言えば、私たちは神を感じるがゆえに神の存在を(理論的に)信じ、他方で私たちは神の存在を仮定してはじめて、神を感じることができる。この言明は、まったく正当である。それはあの統一性の表現なのだ。ある統一的な要素Aが、αとβに分かれたとすると、非常に多くの場合、まさにαはβによってのみ、またβはαによってのみ基礎づけられる。私たちがある対象のために供犠を行うのは、その対象が価値をもっているからであり、その対象が価値をもっているのは、私たちがそれを供犠なしでは獲得しえないからである、と言うとき、議論は循環しているようにみえる。しかしこの循環には、事物に対する私たちの基礎的な価値評価のありかたがもつ統一性が表れている。*知性主義的な構成としての存在論的証明に向けられたカントの批判は、正当だった。しかしこの批判とならんで私には、なぜそもそもあのような粗雑な誤謬推理に立ちいたることとなったのかを認識することが重要だと思われる。そうしたことが起きたのは、感情ないし主観的存在状態が、いかなる生産力ももはやもたない、たんなる理論的概念に置きかえられたからなのだ。

＊私は、この価値理論的公理を、拙著『貨幣の哲学』において詳しく論じている。

これと同じ根拠によってさらに、信仰とむすびついているように見える種々の道徳的価値判断も説明できる。信仰が賞賛すべきなにかであるということは、信仰をたんに知的にのみ理解するならば、まったく馬鹿げたことだろう。あることがらについて理論的に確信するということは、道徳的ないし非道徳的な性質とはまったく異なることである。まったくの道徳的非道が神の存在についての懐疑なき信仰とむすびつきうることは、両者の系列が無関係であることを十分に確信させる。功績として評価される信仰は、したがって理論的信仰とはなにか別のものであろう。それは直接的な内的性質のみを意味しうるだろう。反対に、教会が不信仰を道徳的非難の対象としたことも、これと同様に誤っている。この見解にともなわれた誤りの恐るべき害悪については、あらためて論ずるまでもないだろう。その誤りは、まず信仰が意味する内的存在性の性質を、あっさりと道徳的性質と見なしてしまったことに、加えて――信仰の道徳的意義については認めるとしても――この性質に対応する心の全体的状態は、心の他の性質や運動によってもまた喚起されうることを見のがしたことに、さらには、こうした意義をもつはずの信仰を、あっさりとある特定の排他的な信仰内容と同一視してしまったことにある。信仰を実践的原則とする道徳的解釈が非難されるべきことは、かくして疑いもなく明らかである。もっともこの解釈の根底には、教会的不寛容という以上の、より深い本能がひそんでいた。それはつぎのような、根本的感情である。すなわち信仰とは、たとえばシリウスに生物はいるかいないかといったような、私たちの存在とかかわりをもたない理論的仮説ではなく、それ自身が存在性であること、信仰とは、私たちの本性に深甚なる帰結をもたらす理論的信念というだけではなく——なぜならそれが帰結にすぎないならば明らかに、その原因たる理論的信念と同様、それは私たちに帰せられるものではまったくないのだから——、信仰はこの私たちの本性によって規定されていること、あるいはむしろ信仰とはこの本性の規定性＝確実性そのものであること、こうした感情なのである。

〔訳注1〕ジンメルは、人間がうちにもつ宗教性は、Sein であると言う。通常は「存在」と訳される Sein は、ここではまずはなんらかの実体的な質であると言うよりは、人間の心＝魂の特有の「ありかた」を指す。この意味で「存在」というよりも「ありかた」とでも訳す方が適当である。religiöses Sein はなによりも、人間の「宗教的なありかた」なのである。しかし一方でジンメルは、Sein がより実体的な人間の属性でもあるかのように語ることがし

ばしばある。例えば本訳書二〇二頁、二五四頁などがそうである。また生の哲学への移行とともに、このようなニュアンスが増してゆくとも言える。こうしたことを踏まえ、人間の内的宗教性を意味するものとして用いられる場合、本訳書では両者のニュアンスをふくむものとして、基本的にSeinを「存在性」と訳した。ただし「存在」と訳すことが自然な文脈では、存在と訳したところもある。なお類語として、Existenzには基本的に「実存」、Daseinには「現実存在」の訳語を主として当てているが、これらをも「存在」と訳した箇所もある。

二　生・救済・人格

汎神論について（一九〇二）

原題　Vom Pantheismus
出典　*Das Freie Wort*, Jg. 24, 1902, 306–312（*GA* 7, 84–91）
内容　神の全能性の理念にふくまれる逆説を主題とした宗教哲学的エッセイ。私たちは差異をもとに生をいとなんでいるが、そうしたありかたを脱し、全一者につつまれることを希求する心情が、汎神論を生む。また神の全能性と、万象に神が遍在することとは矛盾しない。他方で神は、みずからに抵抗する力を必要としてもいる。魂もまた、神への希求において、神とのへだたりを必要としている。しかし神が全能となり、外部をもたなくなるとき、魂の悦びは消失し、神は自己を否定することとなる。愛は二者に分離されてあることでのみ可能である。結局のところ、超越神と汎神論の神とのあいだを私たちはゆれ動くが、その運動性においてこそ、無限なるものの光は私たちにあたえられる。

事物の形式および事物と私たちとの関係のかたちが私たちの関心と内的な興奮を呼びさますためには、ひとつの一貫した原理がそこになければならないように思われる。すなわちそこには、差異がなければならないのだ。ふたつのものは、分離された性質をもって向かいあい、または変化に富んだ感覚を私たちのうちに引きおこさなければならない。これは人間同士の関係においても変わらない。私たちを活動へとうながし、感情を生みだし、環境のなかでの私たちの位置を決めるものは、私たち相互の差異である。これは人間のあらゆる対自的なありかたの特徴であって、そのようにして人間は、すべての他者に向かって、他で交換のきかないひとりの人間として相対する。この、相違をもって相対する、ということがなければ、愛も憎しみもほとんど存在しないだろう。

私たちは、このようにしてついには、存在の全体に、つまりその冷淡なメカニズムにも、存在の根底である神性にも、相対して向きあうことになる。そうすることによってこそ私たちは自分を自分として感じることができるのであり、また自分を自分と感じるがゆえにそうするのである。というのも、生の意味は、存在にあたえるとともに存在から受けとることにあり、またこのことは相対することや区別することと分かちがたくむすびついているからである。この万物相互の、また万人相互の、さらには万人と万物とのあいだの打ち消しがたいへだたりなくしては、どのような生も考えることができない。そしてこのへだたりがあらゆる瞬間にその方向と規模を変化させることによって、そのへだたりの性格は、すなわち万象における差異性と不断にわきあがる対立性は、ただただ強められることになる。

あるいはまさにこの生の公式の普遍妥当性そのものが、私たちにそれを乗り越えることをうながすのかもしれない。まさに私たちがその公式にしたがうがゆえに、私たちはそこにとどまることができず、私たちのあこがれはその公式とは反対の形象や感情に逃げこむのだ。あの差異と区別、私たちと事物とのあいだのあの希求と回避、あの私たちに相対し、私たちにとってあること、これらを私たちは折々、遠さやせまさ、架橋しがたい孤独や貧しさ、冷たさや堪えがたい相互の無理解と感じる。そしてあたかも情熱的に腕をひろげるような思いで私たちは、存在との一体性を感じ、神が私たちをつらぬくことを願って、存在の胸のうちに飛びこむ。けれどもこの神は、それが私たちに向かって立ち、私たちがそれとは異なるなにかであるかぎりは、私たちの神ではない。だが、私たちが神のうちにあることを知るとき、他のすべてのものも神のうちへと溶け入り、神と変わらぬ存在となる。かくしてあらゆるものにひとしく世界の根底の深みが息づくこととなり、神と世界とのあいだのへだたりと、他であることの疎遠さは減じて、すべての魂とすべてのものは全一者につつまれる。全一者のなかには、もはや高いも低いも、大も小も、近いも遠いもない。もはや分離された自我ではなくなった魂は、この一者のなかで安らい、もはやその外部になにも望むものをもたない。なぜならこの一者はすべてであり、また魂そのものでもあるのだから。

　これらが、宗教や哲学において汎神論と呼ばれるものに結晶化することとなった心情である。神と世界とはもはや相対することなく、両者はひとつの無限の存在となり、それは星辰にも虫にも、たなびく雲にも人間の魂にも、ひとしく、また分かたれることなく顕現する。いかなる神の概念も、それが完全なものとなるためには、この神と世界との無差別を強く求めねばならないように見える。というのも、事物のいかなる自立性も、事物における神のいかなる不在も、本来限界を知らないはずの神の力の限界を意味するにほかならないからである。神の意志なくしては、一羽の雀すら屋根から落ちることはない〔マタイ伝、一〇-二九〕とは、神が世界の展開を受動的に観て、その展開にいかなる異議をも差しはさまない観察者などではなく、明らかにあらゆるできごとにおいてはたらき、動因となる力であることを意味している。しかもすべての事物は間断ない運動のなかにあり、一見したところこわばり、質料的と思えるものも、実際にはやすみない振動のうちに解消してゆく。もしそうであるならば、神が不在であるところなどあるだろうか。

もし世界が運動であり、神があらゆる運動を動かす者であるならば、世界は神のそとなるなにかではありえない。ひとりの人間の創作者の意志によって生みだされた作品は、その意志には解消されない。作品は、創作者自身とは異なるものである。しかしそれはほかでもない、彼がはたらきかける存在を、素材を、目の前に見るからである。しかしもし神が本当に全能者であり、すべてはその意志から生まれたとするならば、神のそとにはなにものもなく、神は万物の存在にして生成である。したがってまた、実在のさまざまな地点が神の意志によりさまざまに異なる度合いでになわれ、あれこれの現象が「神の指」〔出エジプト記、八－一五等〕を示唆する一方で、他の現象は反抗的な自由と「神からの離反」のうちに神からのがれる、などということは、まったく筋の通らないこととなってしまう。これでは私たちのちぐはぐな認識を、盲目さと鋭さがないまぜになった私たちの視点を、実在のなかにもちこんでしまうにひとしいのではないだろうか。神が世界の善き部分をみずからの領域として確保し、それに劣る価値をもつものとは一切かかわろうとしないというのは、神の尊厳をそこなう見かたである。のみならず、なんらかの現象から、ある者には偶然にも直接神の息吹が吹き、他の者は無関心で無気力なままに放置される、などというのは、世界に対する神のふるまいをありのままに言いあてたものではありえない。むしろ、存在のある一点が神の意志の表れであるとするならば、他のすべての点も、そうでなければならない。一方では宇宙の厳密な法則的連関が、他方では神の統一性が、世界の異なる場所で異なる神との関係をもつ、ということをさまたげる。雀が屋根から落ちることが、神の意志の力によるものならば、世界があますところなく神の統一性に与っており、神と世界のあいだにはどこにも対向関係や異他性などはありえない、というのは避けがたい結論である。

しかしまさにこの結論、すなわちキリスト教の神にまったく恣意的な制約を設けることを望まないことによって、神を全一者たらしめるこの結論は、それ自身の前提を否定することになる。無限にまで高められ、神と世界をへだてる制約を破棄した力は、もしそれ自身を証示してくれるようなものを眼前に見いだすことがないとするならば、なんの意味があろう。力とは、なんらかの抵抗を克服するところにこそあるものではないのか。もしあらゆる存在者があらかじめ、また必然的に、つまりはあとからの陶冶によることなしに、神の意志と一体であるとするならば、もし神の意志がそこにおいて行使される素材が、同様にあらかじめ神の意志により生みだされた、神にかなったものであるならば、力の概念はその意義を失うことになる。

ここですこし、神の表象のはじまりをまったく満たしていたと思われるこの力の概念について述べてみよう。魂を神へとつなぎとめる最初の、またしばしば最後のものは、神の力である。キリスト教の神をふくみ、数知れぬ多くのあらたな神が、旧来の神より強き神であることを示すことによって、受け入れられることとなった。改宗者は異教のデーモンを否定するのではなく、むしろ本当の敵に対するように、それらに十字架と祈りのことばをもって相対するのが常だった。なぜなら敵対者においてこそ、まさに真の神の力が示されるからだ。また神が「霊性《ガイスト》」として表象されることも、同じ源に端を発している。霊性が、低次の自然との対比で、また人間相互の闘争のなかで、人間の最高の力として認められるやいなや、神は霊性とならねばならなかった。一方、筋力が精神力よりもなお高く評価されているときには、それに応じて神々も身体的な力をそなえていたのである。神にはもっとも影響力の強いエネルギーがふさわしい。それはすなわち、もっとも強力な抵抗を克服するエネルギーである。それであるからみずからを明示するための対立者が無くなるとき、その力もまた無くなる。世界とひとつに溶けあった神は、その力に相対するいかなる対象ももたないのであるから、いかなる力ももちえない。無制約な地上権力は、まったく無意味なものになりかねない。なぜならあらゆる意志を欠いた奴隷の支配は、支配することのもつあらゆる意義と魅力とを失わしめるからである。石の抵抗する硬さがそれを造形することをはじめて許すとすれば、絶対的に可塑的な素材は、芸術家がみずからの造形思想を実現することを拒むだろう。それと同様に、その全能によって世界の自立性を無にする神には、力の概念を帰すことは不可能となるだろう。

同じように、神を所有するという魂の悦びも、魂が神のうちに吸収されるまでにいたるとき、わずかなものとなるだろう。このうえない安心と凪の海のような静けさのなかでもなおみずからの神を求める、という点に、宗教的心情の本質はある。神を見いだしたことによるこのうえない浄福においても、求めてやまないあこがれは魂のいずれかの層で浄福とともに残響のように響きつづけ、魂はなお感じられる神とのへだたりにおいてのみ安息を享受できるのだ。宗教的エクスタシーにおいては、すべての対向性や分離が消失するかに見える。しかしそのエクスタシーは、実際にはまったき分離の耐えがたさとまったき一致の不可能性とのあいだをゆれ動くことにほかならない。論理的な不備がここでは心理的なできごととなる。ともに生きるということは、同時に向かいあって生きてのみ可能である。理論的に言えば、魂が魂に向かいあうようなしかたで人間に相対する神の人格なるものは、神話のなごり、無限者の人間化と矮小化であるとも言えよう。しかし感情の欲求がそうした神を必要とするのだ。あらゆる外的な自然、のみならず有機的ならざるものもまた、私たちが自分自身を移入して感じることによってのみ近づきうるものとなり、私たちの内的な所有となるのである。柱や山の頂きには伸びあがるような感情を、石にはのしかかり、圧するような重さを、あらゆる角には方向がぶつかりあうような感覚を、私たちは移入する。魂にとってなにものかであり、なにかをあたえてくれるものすべてに魂の形式をあたえるのが、私たちの魂のありかたである。そして私たちが暗示的で不完全な魂を思わせる特徴から、外的な事物にすらすでにある種の人格の、対自存在としてのきざしを見ることからも分かるように、人格と感じられない魂は存在しないように思われる。人格とは、私たち自身の魂に対して自立した存在として向かいあい、それに私たちが帰依したり、それから受けとったりするなにかである。しかし、これらすべては、向かいあうということと結びついている。神との一体化にまでつらぬかれる情熱は、異他的であることの制約を残らずとり払おうとし、確かにその目標に向かう一歩ごとに、みずからをよりひろく、深く感じ、より以上の歓喜をおぼえるだろう。しかし完全に目標に達したと思える瞬間に、魂はみずからを空無のなかに見いだすことになる。二者であることの対立があますところなく消失するとき、もちろんそれが減少することには悦びがともなわれるのだが、魂はその悦びの意味と内容を喪失してしまうのだ。

　そうであるならば、宗教的心情には奇妙な矛盾がつきまとっていることになる。宗教的心情は、当然ながらその矛盾を抽象的な純粋さにおいてではなく、手さぐりで、動揺しながら、媒介をこころみつつ現実化するのがつねである。心情は、天と地を支配する神を求め、その神に愛をもってみずからをゆだね、また神から愛と救済を受けとる。しかし、本当に終極まで考えぬかれた全能者は、もはや世界がいかなる独自の存在をもつことをも許さず、またどのような存在の分離も神の支配力への制限である以上、神と世界は無差別な一体性となる。ここにおいて神の支配力はその反対物へと転化し、絶対的なものに昇りつめたところで、それは自分自身を否定してしまう。なぜならその力はもはや、働きかけるためのいかなる対象も自分自身の外部にもたないからである。感情の方はそれ自身のがわから、この神的なるものの汎神論的自己否定を反復する。というのも感情がより深く自身の神に沈潜し、いや増す情熱でみずからを神で満たし、神的なるもののたんなるうつわになろうとつとめ、まさにまったき合一にいたったとき、感情は神との授受の可能性を失ってしまうからだ。その可能性にこそ、宗教的浄福はむすびついているのであり、これ以前には魂もその浄福につつまれていたのである。

　ここにおいて汎神論は、私たちの内的な発展が内的な矛盾なしに到達しようとつとめながらも、そうした矛盾なしにはたどり着けないような終着点にして最高点の一例となる。そうした地点は、そこに到達するや否や、それまでそれが部分的に実現されていたときにもっていたのとはまったく異なる性格を帯びるようになる。これはおそらく社会主義にも当てはまるだろう。公共的なものを社会主義化の諸契機がつらぬくとともに、全体の幸福と力はまずは上昇を示すだろう。しかしだからと言って、完徹された社会主義があらゆる個人主義を残さず統合してしまうとき、まったく異なった特徴をもつ光景が繰りひろげられないともかぎらないのだ。ひとはこのまったき統合へと近づくことに、価値と真理の悦びを見いだしたが、まさに私たちの幸福のためには、その統合の絶対的達成は断念されねばならないのだ。したがって、倫理的に要請された利他主義の強化といっても、エゴイズムのまったき棄却にまでいたるその実行が、まったく矛盾にみちた、内的にも外的にもまったくあってはならないような状況を生みださないとも限らないのである。

　このようなタイプの理想に属する汎神論は、世界観としてはけっして完全に実現されることはなかった。それが抽象的に語られることは非常に頻繁であったが、事物のあらゆる対自存在が止揚され神的統一のみが存在するといったことは、哲学でも、宗教的現実においても、これまで貫徹されることはなかった。しかしそうした一方で、汎神論のきざしのまったく見られない宗教などもない。それは神と世界とをきわめて厳格に分けておこうとしたキリスト教においても同様である。たとえば、神との父子関係はひとつの汎神論的要素である。子のうちに、子を生みだした者は生きつづける。子はまさに親から生まれた、ひとつのあらたな形式であるが、その実体は親から、そして親からのみ受けついでいる。このように親子関係の象徴は、みごとなしかたで、人間の個人性と疎隔のうえに、神への深く本質的な人間の帰属を置いてみせた。そこでは汎神論的な神への流入と忘我は終極点ではなく、むしろ私たちの発展の始まりとして表れる。それは、いわば先在する汎神論なのだ。

キリスト教の根本的な要請としての神への愛は、区別における統一をより深く表現している。なぜなら愛とはどこにおいても、分離した存在の、自分たちの分離された状態との闘いであり、またその闘いはけっして勝利しないばかりか、その勝利は闘いの意味を無意味に変えてしまうほかないものだからである。二者であることにおいてのみ可能でありながら、二者であることを無化しようとすること——あらゆる愛のこの秘められた自己矛盾にこそ、愛の魅力の汲みつくしがたさと、もっとも親密な合一においてもさらになお親密な、さらになお深いむすびつきへのあこがれを抱かせる内的な活力は由来するのである。キリスト教の神への愛の原理においては、ユダヤ教や、キリスト教以外のほとんどの宗教で支配的な、神に対向する道と、ブラフマニズムや哲学的宗教性の特徴である、神との一体性への溶融の道が見いだされる。このうち前者には確かな温かみと親密さが、後者には実践的衝迫と動的な生命の横溢が欠けている。これら一方の道から他方の道へ、ということを私は言うが、両者の宥和ということは言わない。なぜならそうした宥和は不可能でもあるし、あるべきでもなく、また必要でもないからだ。というのも、世界に対向する神への信仰と帰依がひとを汎神論へと駆り立てながら、その汎神論は望まれた救済財の代わりにたんなる空虚な一体性を提供するのみであり、そこでまたひとは対向する神への信仰へと押し返されるというこの矛盾は、どちらの信仰形式をも無価値とすることはないからである。私にはむしろ、人間の本質のまったき深みと運動性は、魂がこれらの一方の道を歩んでは他方の道へとつれ戻されるということに根ざし、またそこに、魂と世界との関係が言い表されているように思われる。無限なるものと私たちとの関係を、一方向的な公式で終極的に確定しようと期待することなどどうしてできようか。私たちが見いだすであろう対向の公式と一体化の公式が、いずれもそれ自身から出て他方へと移るようにみちびくことによって、あの内的な運動の無限性が現出する。そしてこの運動の形態においてのみ、無限なるものから発する光は私たちのもとにとどくのだ。

魂の救いについて（一九〇二）

原題　Vom Heil der Seele

出典　*Das Freie Wort*, Jg. 2, 1902, 533–538 (*GA* 7, 109–115)

内容　ジンメルの死後に編集された論集『橋と扉』(*Brücke und Tür*, 1957) にも収録された、魂の救いという概念＝表象を論じた宗教哲学的エッセイ。ジンメルによれば、魂の救いは、魂のすべての最奥のながれが合流する理念的統一を表している。それはしかし魂のうちに潜在的に含まれている統一と完成が明るみに出ることでもあり、そこにおいて魂は願望であるとともに、その充足でもある。それはまた、真の自由の獲得をも意味する。ところが個の多様なありかたと救いの平等の理念とは、葛藤をもたらす。ここからキリスト教の誤った解釈、図式主義的な道徳的要求が生じた。とはいえ個の自己実現としての救いは、重い責任をも伴う。いずれにせよ、このような救済概念をこそ、個別性と一般性の綜合を希求する現代の人間は求めている。

宗教の精神的偉業のひとつは、ひろい範囲におよぶ私たちの表象や関心を統一的な諸概念へとまとめあげたことにある。しかもそれらの概念は、哲学の概念のように抽象的ではなく、生命感にあふれ、その現実存在を直観的かつ直接的に内側から把握することを可能とするものだった。

神――それはもっとも高き実在を意味し、個々の実存のすべてのながれはそこに発してそこに帰るとされる。万象のうえに、また同時にそのなかに息づく、一般者の最たるものであるとともに、すべての魂がもっとも身近に所有するものでもある。

聖化――あらゆる倫理的努力を集約し、完成させることであり、個々の行為のみによって到達できるものの彼方にありながら、たんなる倫理的理想の多くがそうであるような色あせた抽象ではなく、鎖を切ってのがれよ、との囚人にかけられる呼び声のように、魂の情熱全体をかき立てるものである。

永生――私たちの断片的な現実存在のあらゆる価値と力の合一にして完成であるが、しかしプラトンのイデア界のような概念的図式ではなく、私たちの個人的な実存と直接にむすびついたものと感得される。インディアンの彼岸である狩り場〔ネイティヴ・アメリカンの天国はしばしば狩り場として表象される〕であれ、永遠のシオン〔エルサレム地方のこと〕の城壁であれ、それらはこのうえなく確実な具体的現実として光を放っている。

こうした概念にならぶのが魂の救いであるが、これは魂の聖化とも不死性とも区別されるべきものである。というのも、この概念で意味されているのは、魂のあらゆる終極的な願いが満たされることであって、そこではけっして倫理にかかわる願いのみではなく、魂の浄福や完成への、魂が高くまた強くあることへの願いが満たされることが言われているからだ。そもそも、このことばは、そこからこうした充足が放射してくるような、なんらかの名ざしできるような財を意味しているのではない。むしろこの概念の要諦は、それがこれらすべての努力と心の動きが出会い、統一される点を意味していると いうことにある。この一点は、私たちのあこがれがそこに向けられるなにかとしてそれ自体存立しているわけではない。そうではなく、それは私たちのもろもろのあこがれの場所にあたえられた名前なのだ。この一点はまた、端的にうちなるものである。したがって、みずからの救いを見いだした魂が肉体のうちにいるのか彼岸にいるのか、という問いは、まったく外面的でどちらでもかまわない問いである。それは、私たちがある運命に見舞われるのがどの住居でのことであろうとどうでもいいのとおなじである。

魂の救いということばで私たちが言い表しているのは、そこに魂のすべての最奥の完成のながれが合流するような、至高の統一である。そうした統一は、魂と神との協約によってのみ成しとげられるものである。その統一はしかし、概念における統一ではなく、ひとつの統一状態である。その状態を私たちは感じることはできるが、所有することはできない。あるいはひょっとすると、その状態を私たちは、完成のかたちにおいて感じるのと同様に、あこがれのかたちでも感じることができるのだ。

この理想の枠組みのなかにはいることのできる数知れぬ内容のうちで、私にはひとつの内容がとりわけ重要と思われるが、それについては、キリスト教の教えのそここそで示唆されている。ある人間が、自身の最高点に達したとき、すなわち本当にあるとき、彼の理想にかなった、あるいは宗教的に言えば神の要請と神意にかなった存在になったとする。そこで私たちはしばしば、その人間はそれによってただもともと彼が内面において そうであったものを開花させ、そとに向けて実現したにすぎないと感じる。あるいは、彼の、なおいわば経験的ではなかった現実が、それによってこのあらたなかたちを受けとったのだと感じる。

こうした理解――これはもちろんただそこここで感じとられるのみであって、それと直接対立する理解もこれとならんで見られるのであるが――によれば、魂の完成とともに魂のなかになにかあたらしいものが入ってくるわけではまったくなく、それはまた熟した果実がそのたんなる萌芽に比べてあたらしいといった意味でのあたらしさですらない。むしろすべての人間のうちには潜在的に、しかし現実に自分自身の理想がある。それは彼の純粋な形式、彼がそうあるべきものであって、理念的実在として現実の不完全な実在に浸透してゆく。したがって、したにひそんでいる完全な存在がおもてに出るためには、ただ「古きアダムを脱ぎ」〔コロサイ書、三-九、参照〕さえすればよく、またすでに存在する私たちのよりよき部分が解放されるためには、ただ「肉が十字架にかけ」〔ガラテヤ書、五-二四〕られればいいことになる。ファウストの不滅の魂を完成へと運んでゆく天使たちは〔『ファウスト』第二部第五幕、実際には天使ではなく、昇天した少年たちのせりふ〕、それをまずは蝶のさなぎのかたちで受けとり、「この方を包んでいる／繭を取り除いて上げて下さい／もうこの方は神聖な生活のために／美しく、大きくなりました」〔相良守峯訳〕と歌う。最奥のものは、ただ覆いと制限から解放されるだけでいい。魂にそとからなにかが加えられたり、作り足されたりするのではなく、魂がただそれをつつんでいるものをすてさり、魂がすでにそうであるものになりさえすればいい。それこそがまさに、魂の救いなのだ。

神の子であるということは、あらためて獲得につとめるまでもなく、ただ思いだして、いわば掘りおこしさえすればいい完成の相続ということを意味するのでなければ、なんの意味があろうか。生の個々のことがら、とりわけ倫理的な実践にかかわることがらにおいては、私たちはもちろん多くのことを創造する必要があり、あらたな形式と内容を生みださなければならない。しかしこれらすべての行為と産出が魂の最奥の部分にとってもつ意味を問うとき、それらが善きもの、聖なるものであるかぎり、私たちはたんにみずからの本質の本来的な核の部分の覆いをとり去っているだけのように見える。その核はすでに以前から、私たちが自分自身を光と明澄さのうちに見るべくそこにあり、ただそれまでは罪と混乱がそれを認めがたくし、私たちのシルエットを暗い影で歪めていたのである。すべての外部的なものとその魂への影響力がまず魂から脱落しなければならない。しかも脱落することによって、魂はまたすでにその救いを見いだしたことになる。というのも、それによって魂はみずからを見いだしたのだから。「その魂を失った者は、魂を得るだろう！」〔マタイ伝、一六―二五等の言い換え〕。

まさにこれによって、すべてのエゴイズムはぬぐいとられる。なぜならエゴイズムとはつねに周囲の世界に対する魂のかかわりにほかならず、魂はそこからなんらかの承認を、幸福を求め、そのために魂は周囲の世界を利用しつくすからである。あらゆるエゴイズムは魂と外部とのまざりあいであり、自分自身を見失うまわり道である。魂はそれによって、自分自身ではできない自分自身の欠落の埋めあわせをしようとする。しかしあますところなく自分自身となった魂には、その必要はない。みずからのまわりのどこにも、魂のあこがれや我欲をかき立てる外部はなく、魂はいたるところで自分自身を所有する。いまや魂はその至純の内的なるものにほかならず、したがって魂はいたるところで同時に願望でもあり、その充足でもあるのだ。

ここから、魂の救いに資することを私たちが知っている、すべての行為にともなわれる自由の感情ということも理解できる。人間は、その本性の中心がその周縁を規定するほど、つまり私たちの個々の思惟や決意、行いや苦悩が、私たちの外部にある諸力により逸らされることなく、私たちの固有の自我を表現すればするほど、自由である。なんらの制約をも受けずに中空をただようことが、行動を自由にするのではない。そうではなく、私たちが自分の人格と感じる、みずからのうちの最深の点が、その力と色あいをさまたげなく行動に刻むことができることこそが、行動を自由にするのである。

キリスト教において、もちろんもっぱら断片的とはいえ、暗示されている魂の救いの理想に特徴的なのは、この私たちの人格の彫琢、人格の人格自身でないものすべてからのこの解放であり、自我の理念と法則にしたがってみずからを生き抜くことが、同時に神の意志への従属を、神の規範にしたがった生を、現実存在の終極的価値一般との一致を意味する、という点である。魂が求める救いとは、もしそれが魂のうちにいわば理念的な輪郭線であらかじめ描かれているものでなく、また魂が自分自身への途上で見いだすものでないならば、それは魂の救いではなく、味気ない、魂とは内的にへだたったなにかでしかないだろう。そこからすれば、さまざまな救済の概念のなかには、魂にその救いを強制的におしつけるようなたぐいのものもある。それは、さながら外部にある権力によってなされる、そとからの命令や改造のようなものである。外面的な行いやドグマ的信仰に依存するこうした救いは、魂自身にとって偶然的ななにかであり、魂の自由を損なう強制である。宗教的な要請の内容がおのおのの人間自身のうちで現実となるとき、そして私たちにおいて私たち自身でないものからの解放が要求されるとき、そのときはじめて宗教的救済の場所は、同時に自由の王国となるのだ。

　預言者期以前の古いユダヤ教との対比で、これはことに明瞭となる。そこでは自我と神の規範とのあいだの対立はきわめて緊張に満ちたものである。それはヤハウェが、その意志がおのずと法となり、ユダヤの民が下僕としてそれにしたがうような、オリエント的専制君主として顕現するときのみではない。両者の関係が、たがいに尊重すべき権利を双方にあたえる法的なものとして、契約としてむすばれる場合においてもそうなのである。いずれの場合にあっても、法は主観にとって外的なものであり、したがってその遵守に対する返報も外的なこと、つまり地上における安寧である。ここにまた、うえに特徴づけたエゴイズムの条件がある。つまり救いが、所有欲の対象とはなりえない、魂のもっとも固有の意味の実現にあるのではなく、魂の周縁部の富に置かれており、ひとはその周縁部があたえてくれるにちがいない力を可能なかぎり、服従や奸計や暴力によってその富から奪いとらなければならない、ということになる。そしてまさにこの生の感情が外部的なものに依存しているということから、生は自由にいたりえず隷属意識が残り、またそこに不自由とエゴイズムとの根深いかかわりあいが明らかとなる。律法はその実行のためになんらかの報酬を設定しなければならない。なぜなら律法の内容は、みずからの自我に発するのでもなければ自我にそったものでもなく、逆にこの自我に課せられる制約だからである。律法は、経験的な人間を、その人間自身の内的な理想によってひろげ高めることとして表れるのではなく、禁令のまさる形式による狭隘化として、「汝はしてはならぬ」というかたちで表れるのである。

　魂の救いのこうした解釈、すなわちつとに魂のうちにありながら、疎遠で、不純で、偶然的なものとまざりあっていた価値の解放としての、いわば価値の脱呪術化としての解釈は、当然のことながらまさにキリスト教のある根本的な前提と折りあわないように見える。その前提とは、すべての人間本性が絶対的な救いにあずかる能力をひとしくもっており、その救いはだれにとってもなしうる行為の実行によって条件づけられている、との教えである。神の家にはすべての人間のための場所がある〔ヨハネ伝、一四―二〕。なぜなら人間が到達できるもっとも高い地点は、同時に人間が要求されるところのもっとも少ない地点であり、そこではだれも原理的には拒まれることはありえないからである。すべての魂が、自分自身の内的な存在を、その目に見えない輪郭線が地上での不完全なありかたをつらぬいている魂の純粋な像を、あますところなく体現し、この像とひとつになること――もし救いがこうしたことを意味するにほかならないとすれば、魂が高さと低さ、ひろさとせまさ、明るさと暗さにおいて千差万別であるという事実は、宗教的達成の平等性や神の御前でのひとしい尊厳ということと、どのように一致するのだろうか。私たちの救いの概念は、まさに人間のもっとも個人的で、相互にもっとも異なるものをにない手としているのではなかったか。

　実際、神の御前での平等と個人のこの計り知れない多様性とを一致させることが困難であったことから、なすべき行動のあの均質性がもたらされ、キリスト教的な生の広範な領域が図式主義そのものと化したのだった。キリスト教の救済概念の個人主義全体が、だれもが自分自身の才能をうまく活かすべき〔原文は、ルカ伝、一九−一二〜二六に発するドイツ語の慣用句〕ということが誤解され、だれもが自分自身であるべきことを要求されるかわりに、だれもがひとつの理想を求め、おなじようなふるまいをすることを要求されたのであった。万人にひとしいものは例外なく、人格にとっては外面的なものである。信仰者の統一性と、あの完成された魂の平等ということは、個々の魂が自分固有の理念を、すべての外面的な業から抜きんでて成長させることにほかならない。そのさい、そのさまざまな理念の内容は、まったくさまざまであるかもしれない。イエスは多くの箇所で、ひとびとの素質が多様であることを評価するとともに、同時にそれにもかかわらずひとびとの生の最終結果のひとしさに変わりはないことを示唆している。すべては、人間自身のうちにあらかじめ描かれている自分自身の理想と、それがその人間の現実において貫徹されることとの関係にかかっている。

　そのさいもちろん以下のことを見誤ってはならない。すなわち人間の救いがもっぱら、おそらく他のだれにも比較できない、その人間ただひとりがそうであるものにもとづけばもとづくほど、またなんらかの一般的な内容の追求によって、この人間のもっとも固有でもっとも内的なものへの先鋭化が軽減されることが少なければ少ないほど、生は危険なものとなり、それだけその人間の内的な立場は危機にさらされ、自分自身に対する責任は重くなるということである。だからキリスト教を一種の簡易保険と考えたニーチェは、キリスト教を完全に誤解したのだ。救いの獲得のために自分自身を自分自身に抗してつらぬかねばならないことは、恐るべき内的危険を意味し、この危険は恩寵の選びとしてそとに向けて投影される。まさにすべてはひとつの主要事にかかっており、またその獲得のための一般的な処方箋はない。すべての個人には、それらがすべてひとつの宗教的目標につうじるとしても、おのおのの個人的な道があるのだ。

キリスト教がこうした救済概念に近づくとき、生をめぐる現代のもっとも深い問題にふれることになる。なぜなら倫理においても芸術においても、社会においても認識の規範においても、私たちは普遍妥当的であると同時に個別的であるものを、一般の権利であると同時に個人の権利でもあるものを、類型でありながら、個々の造形の無比の特徴をも引き受けるものを、探し求めているからである。これまで生に対し規範として掲げられてきたものは、これらのいずれかを強調するのがつねであった。しかし現代の生の決断の全体は、両者の綜合にかかっている。魂の救い、すなわちすべての人間的なるものに向けられた、もっとも包括的で、端的に一般的な要求は、自分のもっとも固有のもの、つまり理念においてはすでに現実的でありながら、なお純粋には形成されていないままにだれもがみずからのうちに蔵しているものをとりだす努力にかかっている——もしそうであるとするならば、現代人の生がふたたび本能的に宗教を手探りで求めていることの動機のひとつが、ここに明らかとなるかもしれない。すなわち現代人は、私たちのもっとも深い生の欲求が、宗教のうちに、その欲求の解消とは言わずとも、その欲求がすでに久しい以前より人間の欲求であったということの表現と慰めを見いだしているかのようである。

生の対立と宗教（一九〇四）

原題　Die Gegensätze des Lebens und die Religion
出典　*Das freie Wort*, Jg. 4, 1904, 305–312（*GA* 7, 295–303）
内容　世界と人間のうちなる対立を統一する神の理念と宗教の機能を論じるとともに、現代世界における宗教性の決定的変容にまで言及した論考。ジンメルによれば、神による世界の諸対立の統一と、宗教による人間の内的生の諸対立の統一とは、アナロジカルな関係にある。宗教的心情は生の諸対立が収束点を見いだす固有の形式である。宗教は人間の低き部分を切りすてるのではなく、低く不活発なものにも働きかけ、高きものと低きものとの和解を求める。生の苦境と貧しさは、魂を宗教的感覚に向けて開き、一方生の豊かさと横溢もまた宗教の起源となる。宗教は生の一部であるとともに、生の全体性でもあり、また生を超えて生の諸対立を和解させる。しかしこの和解のプロセスは、永続的に繰り返される。現代人は、終わりなき対立性と運動性にうちにこそ宗教の未来の課題を見いだすこととなる。

coincidentia oppositorum——対立するものの一致、分裂したものの一体性、これが、一五世紀のこのうえなく深遠な哲学者、ニコラウス・クザーヌスが神にあたえた名前である。クザーヌスは、コペルニクスの先駆者であり、またいかなるものも他で置き換えがきかないが、他方ですべてのものはその無比の性格にもかかわらずおのおのの場所で普遍的宇宙を体現していると説くことによって、近代の個体性の感覚を先どりした。しかも世界をこのようにかぎりない多様性として展開せしめたものは、神のうちに一体性としてふくまれている。これはもちろん悟性には証明不可能なことなのだが、また証明が必要なことがらでもない。なぜならそれは、現にある存在に対して魂がもつ感情的かかわりの反映にほかならないからである。所与の現象の多様性の背後にその存在の統一を感じとること、これがあらゆる神秘主義のめざすところである。しかしこの一体性は、私たちにあたえられることはけっしてない。したがってそれは――私たち自身がひとつの統一体であることから――直接にはただ私たち自身のうちで把握することができるのみである。すべて神秘主義なるものは、自我と神性とが溶けあうことである。なぜなら事物の堪えがたい多様さと異質さをひとつの統一へとみちびく橋渡しとなるものは、私たち自身の魂をおいてほかにないのだから。

宗教は、世界像のもろもろの断片と対立に対しこのようにすべてを包括し、それらの共通の源泉となるものをあたえ、世界像を統一化した。これは歴史的に見ればもっとも早い時代になされたことだろう。しかし宗教にとってそれは、あるいは副次的な成果にすぎないのかもしれない。より本質的なのは、とりわけ現代人にとっては、宗教が内的な生の対立にかんして成しとげることである。有神論と汎神論の神秘主義において、相互に離れればなれになっていた世界の諸要素は、神のうちに重なりあい、宥和しあう地点を見いだす。それとおなじように、魂のうちにある対立する欲求や不和は、宗教的な態度において、和解へと、矛盾対立の止揚へといきつく。宗教が主観的に魂にとってもつ意味は、宗教の対象が客観的世界像について為すことを反映している。

神をこの世のなんらかの個物において認識しようとすることは、子供じみた迷信である。すべての個物を超えた全体の連関においてこそ、世界を超えた力は予感されるだろう。それとおなじように、いずれかの個別の感情に立脚する宗教性は、すべて一面的であり、個人の運命の偶然性への依存をまぬがれない。そうした感情としては、謙遜と高揚、希望と悔恨、絶望と愛、情熱と静穏がある。こうした感情のいずれかがついには主導権を握ることがあるにしても、こうした対立的感情のすべてにひとしく場所をあたえることにこそ、宗教性の意味はある。またこれらの感情があらかじめ存在する宗教性によりかき立てられ、受け入れられるというわけではない。そうではなく、通常は世界と私たちの運命がもつさまざまな対立性によって個々に呼びさまされるそうした感情が、ひとつのながれの波のように合流し、それらの対立点が、あたかもある生体の統一的生命をになうさまざまな部分の機能にすぎないかのように、秘められたより深い意味の統一を明らかにする——これこそがまさに宗教性のありかたなのだ。

宗教の対象は、いわばその内的な場所ということで言えば、これら魂のあらゆる層から到来する波動が交差するところに確認される。あらゆる物体は、さまざまな感覚知覚を一身に集めることによって、私たちにとっての現実となる。見えるだけで触れえない幽霊を、私たちは対象物とは呼ばない。少なくとも潜在的には、対象物はさまざまな感覚によって確認できるものでなければならない。そしてその確認できる感覚が多ければ多いほど、対象物はより客観的で、確実で、安定したものとなる。これと同様に、宗教的対象の地位を安定させるためには、多くの異なる生の関心が収斂しなければならないし、それらの関心のさまざまな方向性が作りだす多様性が活きたものとならねばならない。そのさいそれらの関心は、あらかじめ存在する宗教的対象において交差するのではない。それらが交差することによってはじめて、宗教的対象は成立するのだ。そして経験的な生のいかなる場所もこの豊かで多様な内的方向性を統合することはできない以上、その交差する地点も彼岸におかれなければならないことになる。

存在一般にとって神がそうであるように、内的生活の多様性全体にとって、宗教的心情は統一性を意味する。それであるから、本当に宗教的な人間にとっては、宗教的心情はある特定の瞬間にのみ感じられる神聖さのようなものではない。それでは、あたかも祝祭のときに飾ったバラが、夕べには萎れてしまうようなものである。少なくとも可能性としては、宗教的心情はむしろ人生のすべての瞬間に現前するものでなければならない。なぜなら宗教的人間はその心情を、そこから自分のすべての活力が生まれる、自分自身の土台と感じるからである。このことはしかし、このうえなく多様な内的なながれが、対立する水源から流出しながらも宗教的領域で出あうという事実の反映であり、反転である。経験的世界の状況にあっては、愛と疎外、謙遜と享受、法悦と悔悟、絶望と信頼はただただ断片的に、混乱して、相互に関連なく併存しているかのようである。しかしいわば地上的な地平を超えて延長してゆくと、それらはある一点で交差することになる。私たちが宗教的高揚と呼ぶ独特の高揚は、これらすべてを受け入れる。というよりもむしろ、それらがあわさり作用するところに、宗教的高揚は生まれるのだ。もっとも私たちが、自分の内部の活き活きとした力によって培われた情熱を、逆にそうした力を生みだすものであると容易に信じてしまうように、宗教的人間にとっては、あたかも宗教的心情がそれらすべての情動の源であるかのように見えてしまう。実際にはしかし反対であって、宗教的心情は、魂のすべての対立がそこに収束点を見いだす、宗教的人間に固有の形式なのである。

力が表れ感じとられるためには抵抗が必要である。それと同様に宗教的対象と宗教的態度との一体性が宗教的人間にとって切実に感じられるためには、もろもろの感情間のそうした緊張と反発が必須である。このことがもっとも強く表れるのは、愛の感情の領域においてである。プラトンは、所有と非所有の中間状態を愛と呼ぶ。愛は所有と非所有というわべの対立の彼方に、第三の状態として存立し、そしてこの状態は、より決然と表に出る愛にあっても、その比類なく特別な色あいを、その愛のもっとも深い魂として露わにする。しかしそれだけではなく、愛はまた両者の本当の混合であり、所有であると同時に非所有でもある。それは限りなく確実な所有でありながら、ただ保持するだけでなく、日々たゆまぬ努力によって獲得されねばならぬものでもある！　というのも、所有には増殖への内的な必要性があって、そうした必要性は、愛が際限なく自分に属しながらも、なお愛は獲得すべき最終の秘義を残しているのだ、という感覚にまで達するからだ。それを自我性の止揚ともなんと呼ぼうとも、愛はあたかも到達しがたい目標をもっているかのようだ。そしてその目標に、愛は無限に接近できるのみである。神と人間との独特な向かいあいかたは、この二重性を決定的なかたちへと駆りたてる。人間にとって神は、みずからの自我と同様に、あらゆる所有物のなかでもっとも確実なものである。私たちは自我をしばしば唯一現実的なものであると感じる一方で、反対に世界全体を「たんなる表象」と、夢のように非現実的な影の像と感じることがある――信心深い者にとっては、この世の現実は無であり、はじける泡であり、ゆれる影である。これに対し唯一者は、堅固で確実なものなので、あらゆる所有物――「からだ、財、名誉、子と妻」〔ルター作の賛美歌「神はわがやぐら」の一節〕をそのために犠牲としうるものなのだ。なぜならそれらは所有物などではなく、夢と幻影に過ぎないからである。確かにこのゆるがしがたく確実な信仰者の所有もまた、無限の彼方にある。とはいえ、「主よ、信じることをお教え下さい」と祈る者がすでに神を信じていなければならないように、神を日々あらたに、より深く、より十分に獲得することを望む者は、すでに神をもっているにちがいないのである。この極端に宗教的な段階では、所有への極端な欲求と極端な所有の享受という論理的矛盾はひとつの心的現実としてからみあうが、すでにあらゆる愛はこの段階に近いところにいる。なぜなら愛においては、すでにあこがれの段階で、焦がれる享受が先どりされて生きられるからである。というのも、この享受は、あこがれの反対像であるとともに、享受のなかにはまた、けっして満たすことのできないあこがれが生きているのである。したがって、神が「愛」そのものと名づけられることとは、至当である。なぜならそれによって神はあますところなく、神が私たちのために生きる場所である魂の諸力の形成物となるからである。神への感情において、所有と非所有のあいだの緊張は、その頂点に達する。なぜなら、所有と非所有の両者は、有限なものへの愛においてはそれ自身有限であり、ただおぼろげな予感や無意識のうちに有限性を超えたものを暗示するのみだが、神に向けられるとき、それらは真に無限なるものにまで拡張されるからである。所有の感情と非所有の感情とは、おなじ強さの糸で、信仰深い魂を神につなぎとめる。というよりも、そうした魂にとっては、信仰深き者の神はこれらふたつの互いに反対の方向に走る糸が無限のかなたで出会うところに生成するのだ。

私たちのうちにある宗教的諸力は、いわばさらなる身振りで、生の内奥のなお深い諸対立をも克服する。それらの力は、たがいに争うものを調停するのみではない。それはほとんど容易な課題にすら思える。そうではなく、宗教的諸力はさらに、たがいに疎遠で、ぶつかりあうこともなく併存しているものをも調停するのである。私たちの魂のなかでいわば重力にしたがうもの、魂の本性の曇った不活発な現実は、この下降しようとする生を上方へみちびこうとする理想や規範の要求に対して、けっして直接に、一貫して抗っているわけではない。底の浅い道徳主義は、そうした闘いに精を出している。しかし「律法」とパウロが「肉」と呼んだものとのあいだの対立のもっとも恐ろしいところはむしろ、両者がそもそもまったく異なる次元に属していることなのだ。私たちのうちにある、暗く、罪深く、利己的で、官能的なものと、もうひとつの、炎のように上方をめざし、自然的なものを超えて生成するものとは、往々にしてまったく接点がないように見える。両者のあいだにはさながら、かつてふたつの国境のあいだに置かれた荒れ野のような中立地帯がひろがっているかのようだ。内的生活の多くの状況は、つぎのようにのみ言い表すことができるかもしれない。すなわち私たちのうちなる、明るい理想の国と、重く無気力な国とのあいだには、空虚で無関心な越境しがたさがあり、両者の直接的争いがそれによって回避されている。私たちのうちの最良なるものは、往々にして私たちのうちでより以上の影響力を行使するための手がかりをえられず、端的な事実としてそこにあり、積極的に争おうともしない悪を根こそぎにするための、なんらのきっかけももたない――これは、私たちのもっとも深く、それゆえ当然ながら不完全な比喩でしか表すことのできない経験のひとつである。ひょっとしたら、これが「心は燃えても、肉体は弱い」〔マルコ伝、一四-三八〕ということばの究極的な意味なのかもしれない。すなわちこの肉体は、それ自身のがわからは、より高きものによって引きあげられ、霊化され、理想へと浄化されるための、いかなる接触点も提供しないのである。この対立が単純な闘いではなく、離ればなれに在ることであり、それゆえに一方が他方に勝利するということはほとんどの場合ありえないことを、パウロは深く感じとっていたように見える。

ここから、両者を超えて、両者が貫徹しえない対立を引き受けて戦い抜く、ある第三者が必要とされる。ひとりの人間の全体が神と和解することによって、その本質部分である律法と肉も和解しあう。肉の復活などといった、ある種の唯物論的な粗野さを宗教にもちこんでいるように見える表現はすべて、神は理念的であるとともに現実の神なのだという感情を不器用に言い表したものにほかならない。それであるから、宗教性はまた人間の暗く、重くのしかかる、感覚的な部分をもつらぬきながれるのであり、それはエクスタシーと同様苦行においてもまたそうなのである。ちなみにこのことからも、宗教をたんなる道徳に還元することがいかに誤ったことであるかが分かる。道徳は、たんにより高いもののためにより低いものを克服したり否定したりすることをめざすからである。宗教はそういった一面的なものではけっしてない。キリスト教においても未開の供犠儀礼においても、宗教が「和解」を意図するときには、この魂の事実としての宗教は、その形而上学的な意義とはまったく別に、人間の本質部分相互の和解をめざす。宗教は魂に全面的な刺激をあたえることによって、その不活発で受動的な層をまず溶かして、より高い、霊的で倫理的な力がそれを造形できるようにする。これがたんなる道徳ではそうした力を、不活発な層に対して硬直した対立物として突きつけるだけなのだ。

宗教における、というよりも宗教をともに作りあげる対立性のもうひとつの類型としてあげられるのが、生の貧しさと豊かさという対立である。外面的な、あるいは内面的な苦境が神を創り、苦境が祈りを教える――こうしたことは、ふつうは皮肉を意図して言われるのだが、そこには深い意味の真理がある。確かに多くの人間は、生の他のすべての手だてがつきたときにはじめて、「十字架へと這って」(慣用句で、屈辱的な譲歩をする、との意味もある)ゆく。とはいえ、そこで求められているのは私たちの欠乏を直接におぎなうことや、なにかをもちたいということばかりではけっしてない。そうではなく、苦境は逆に、往々にして魂をいわば宗教的感覚に対してとりわけ開かれた形式へともたらすのである。私たちが避けがたい現実存在の諸力にゆだねられた、風にゆれる木の葉であるということは、幸福によって学ぶこともできようが、実際にはただ苦難のなかでのみ、そのことは十分に迫ってくる。運命のなんたるかは、そもそも生の苦境のなかではじめて知られるものである。よく言われるように、報われない愛を抱く者こそが、愛のなんたるかを知る。苦境こそが、私たちのうちに、無限なるものに対峙するという、宗教に固有の感情を受け入れる余地を作りだすのである。宗教的な素質をもった人間にあっては、まさにあまたの個人的な苦難が、個人性を超えたところへとつうじている。それはあたかも苦難が自我の狭小なうつわを打ち壊し、無限への通路を開くかのようである。確かに個々の、外面的な苦境にさいして神に助けを求めることは、子供じみたことかもしれない。しかしこの苦境が人間の最奥にあたえられた、人間の本性と人間の理想や現実との必然的なかかわりとして感じられるとき、もはや神への叫びは個人的主観の苦境ではなく、被造物の苦境、存在一般の苦境であり、現世を超えたものに対する権利の要求なのである。その叫びは、出発点であった偶然的な個人的苦境から抜けだして、私たちの本性が到達しようとしている目的点によってのみ、規定されるようになるのだ。

　ところで、私たちの生の豊かさもまた、まさにこの目的点に向かって成長している。宗教は魂の高揚からもまた生じるのである。その高揚が、幸福のあまり魂のうちにおさまらないとき、魂はその幸福をいわば自分自身のなかからそとに、無限へと投げかけて、そこからまたそれをとり戻す。あたかもなんらかの絶対的な力が魂のそとにあるはずであり、その力からのみ、この魂自身によっても把握しがたい感情が到来するにちがいない、と感じられるのである。ここでは宗教はなんらかの欠乏をおぎなうものではなく、生の感情の溢れるまでの至福であり、人間を超えでるもの、人間自身の乗り越えである。人間自身が自分自身にとって小さすぎるということではなく、大きすぎるものとなるのだ。まさにこの生の横溢、このみずからの力と満ちあふれる生の絶対化こそは、これとは逆の苦境や生の貧しさとまったくおなじように、宗教の起源であり、宗教の形式へとながれこむ内容のひとつである。そして両者は、あるいはおなじ魂によって経験されるかもしれないのである。

最後にもうひとつ。宗教は生の諸要素のひとつとして、生のなかにあり、生の他の要素に順応し、またそれらすべてと相互関係をもたねばならない。それによってこそ、生の統一性と全体性が実現するからである。その一方でまた宗教は、ふつう私たちが経験的生の全体と感じているものに対し、それと同等の力として対峙し、それ自身のしかたで生の全体を表し、生の全体性をおぎなうものとなる。かくして宗教は全体の一部であるとともに、ひとつの有機的全体であり、また存在の一部であると同時に、より高い、内面化された段階では、存在そのものでもある。宗教は生の内部で、生のすべての内容とこのうえなく多様な、また対立的な関係をもつが、それと同時に、宗教は生を超え、それによってその至高点においてみずからをも超えでて、生のひとつの要素としてみずからがその一翼をになっていた生の諸対立に和解をもたらすのである。あるいはこの独特の和解の形式は、これと反対のしかたで表現したほうがいいかもしれない。つまり人間は、みずからの欲求と満足、当為と行為、理想の世界像と現実との分裂を融和するために、宗教を必要とするのだ、と。

ただ宗教は、この和解の頂点にもとどまることはない。宗教はふたたび闘いの場へと降りてきて、審判であると同時に闘いの当事者ともなる。しかもこのように生じた葛藤をさらに宗教は超えてゆき、自己自身のより高い審廷となり、みずからのうちでみずからが招いた対立を和解させる。だから宗教は、いかなる瞬間においても、統一であるとともに、生成しつつある統一でもあり、みずからの外部に見いだされる対立を統一するとともに、自己自身と残余の生の全体とのあいだに生じる対立をも融和するのである。

これは明らかに終わりのないプロセスである。生と生自身との、また生と宗教とのあますところない統一の高みに、人間はとどまることはできない。いわば魂の谷間からたえず霧が立ちのぼってはさまざまなかたちをむすび、そしてそれらの形象は、これまでよりはうえの審級においてではあるとはいえ、あらたな闘争を、自分たちのあいだで繰りひろげ、あるいはまた宗教的生に対して挑むのである。そしていまあらたに生じた統一と、それをさらに超えでようとする要素やそれを融和しようとする諸力とのあいだに生まれた不和を克服するためには、ふたたびより高い飛躍や、絶対者とのより深いかかわりが必要とされる。とはいえ、宗教がまさにこの無限の課題として、この際限なくすべての段階を超えでてゆく発展過程としてとらえられるときにこそ、現代人はあらためて宗教に近づくことができるようになる。現代人は、万象の対立を神において融和させるかわりに、自己の生の諸対立を融和することを宗教に、神への主観的かかわりに求める。しかしそれのみが、現代人の本性ではない。現代人にとっては、融和する審廷そのものもまた、あらゆる対立を超えた不可侵の安らぎのなかにとどまり、凝固することは許されないのだ。この休むことのない展開が、つねにあらたに生まれてくる対立を通りぬけて、ついにすべての対立の融和そのものを意味する形象をつかみとるとき、現代の生のリズムは、最後の抵抗を克服し、この上ない明瞭さで、未来への課題を課すにいたった。すなわちそれまではたんに対立性からの逃避だけが提供するかに思われた救済と融和を、この終わりなき対立性と運動性のうちにこそ見いだすという課題を。

宗教哲学の一問題（一九〇五）

原題　Ein Problem der Religionsphilosophie

出典　*Vossische Zeitung*, Nr. 179, Morgenausgabe vom 15. April 1905, Feuilleton-Teil, Berlin (GA 7, 310–320)

内容　神の人格性と人間の宗教的欲求との関連を論じた哲学的論考。現代の無神論的環境のなかで、ひとびとは宗教を位置づけえず、困惑している。その場合、足がかりとなるのは、ドグマではなく、宗教的欲求であり、宗教的憧憬である。これらは超越の表象とドグマを生みだす。神の人格も、そうした表象のひとつであり、また啓蒙主義によりとりわけ強く批判された表象である。人間の人格は、人格の理念がもつ真の統一性には届かない。ここから、真の全体性へのあこがれが、神の人格を要請する。それは投影というよりも、完全性による補完である。個々の内容を統一しながら、それを超越するのが、人格の特性であり、それは世界と神との関係形式でもある。また人格は自己を二重化し、自己に向きあう。神は拡大された人間なのではなく、人間が縮小された神である。また神の人格性は、神のうちに没入することと、神を対象的に把握することへの、人間の二重の欲求と対応している。本論の内容は、「神の人格」および「宗教的状況の問題」の両論考に引きつがれた。

無神論的な環境のなかで育った現代の人間にとって、宗教はあるいは精神史のもっとも謎めいた、それどころかもっとも不気味な事実かもしれない。そうした人間は、私たちが、さながら皮膚につつまれているようにぴったりと経験的世界にはまりこんでおり、なんらかの知や信仰や感覚を手段として、なんであるにせよ現世の彼方にあるとされるものに到達するなどということは、意味をなさず、矛盾もはなはだしいと思っている。そうした人間にとっては、此岸の境界を突破することを許すような裂け目などは存在せず、そうした境界を超えたところを見たり感じたりしようとすることは、まるで皮膚の限界を超えて手をのばそうとするのと同様の、望みのない企てである。他方でしかしこのように幻想やきまぐれとしか見えないことがらを、数知れない偉大な人間たちが疑うことなく、深い確信をもって信じていたことを、彼は知っている。かくして彼は、どのようなかたちであれ、彼にとって明らかな不合理、まったくありえない認識としか思われないものを、その精神の力と深さにおいて自分をはるかに凌駕すると思われる人物たちが信じていたと考えざるをえない。これは、なんとも落ち着かない、苛立たしいことである。つまり自分にはある種の感覚が欠けているのではないか、自分が誓ってなにもなく、なにも存在しえないと思っているところに、他の人たちはその感覚によって、あっさりとなんらかの実在を見るのではないか、と思わされるのである。

宗教に対してこうした精神状態にある者にとっては、あらゆる宗教にはなんらかの「正当な核心」があり、ただそのまわりを個々のドグマが非本質的な外皮のようにつつんでいるのだと考えてみたところで、まったく解決とはならない。むしろ宗教の教えの内容はどれも、それが超越への接近を説くかぎりいずれも「壁の向こうがわを見る」というありえないこと、あの不可能事におなじようにつらぬかれているかに思える。所与の存在のうちに捕らえられている私たちの観点から、ドグマのいずれかの一点に最初の一撃が加えられるや否や、ドグマはあますところなく崩れてしまう。そしてドグマの諸要素のうちには、他の要素に比して原理的な真理請求権をもっているような要素は見いだしえない。現世に束縛された私たちの立場の論理的帰結をまえにしては、ドグマの一部分を切り離すことによってドグマを救うことはできないのだ。

むしろいかなる場合であれ宗教においてあとに残るもの、またあの自分を信じきることもできないでいる批判的精神がそこに確固たる足場を見いだしうる場所は、宗教の教説のうちにではなく、いわばその下部にある。宗教において残り、充足をあたえるのは、さまざまな心的な力や欲求なのである。それらはもちろんそのときどきのドグマの集合体においてのみそとに表れるが、しかしこの集合体に加えられる致命的な批判をも、ちょうど果実をもがれた樹がまた翌年果実を実らせるように、生き延びてゆく。宗教を生みだすものは、それそのものがすでに特定の信仰表象という意味での宗教だというわけではない。それはむしろはるかに一般的な、人間の存在の奥深くに埋めこまれている本能的欲求であり、内的運動である。ドグマ的な主張が、「真か偽か」という問いのまえに立たされ、打ち負かされてしまうのに対して、存在性は、すなわちそうした本能や欲求の事実性は、まったくこの問いの彼岸にある。宗教における永遠なるものは、この、なお宗教ではないが、宗教において生産的となり、宗教において終息点を見いだすあこがれなのである。

終息とは言っても、それは個人にとってのことであって、歴史的生は宗教的内容を休みなく生みだしては破壊するのであり、また一見したところこのうえなく堅固に存続している内容でさえも、たえず大小の改変にさらされている。ひょっとしたら宗教の不穏な分かりにくさは、究極的にはつぎの理由から生じるのかもしれない。つまり宗教は心の要求と動因に発し、実際的表象内容や悟性の基準などとはまったく関係がないのだが、不可避的に此岸と彼岸の世界についての主張へと変容し、それによってやはり不可避的に、まったく別の起源をもつ知的な諸基準と矛盾をきたすことになるのである。断片的な生存の補完への、人間の内部と人間間の葛藤の宥和への、私たちをとり囲むすべてが動揺するなかでの確固たる支点への、生の正義と生の無慈悲さへの、生のもつれあった多様性における、またそれを超えた統一への、私たちの献身と私たちの幸福に対する渇望の絶対的な対象への欲求――これらすべての欲求が、超越の表象をはぐくむ。人間の飢えがその養分なのだ。信仰者は、宗教が理論的に可能であるとか不可能であるとかといったことには頓着せずに、もっぱら自分のあこがれがその信仰に流入し、そこで充足をえたことを感じるのみである。このようにして成立したドグマが真かどうかは、いわば二義的な関心なのだ。本質的なのは、ドグマがともかくも思考され、感じられることであって、その真理性は、ドグマを生みだすにいたった内的な欲求の運動の強度の、直接的で補完的な表現なのである。これは、強度の主観的感覚知覚が、論理的に考えれば疑わざるをえない場合でも、その知覚に対応する対象の存在を信じることを私たちに強いるのとおなじことである。

こうした根底のうえに、宗教の諸内容は、そこへと駆りたてた欲求によってくまなく照らされることになるが、以下ではこうした前提のもとに、神の人格という概念にどのような宗教哲学的意義があるかを論じてみたい。啓蒙主義は、他のいかなる宗教的表象にもましてこの表象を激しく批判したし、他のいかなる宗教表象にも認められないような神的なるものの人間化を、そこに見たのだった。ただ表層的な考察をわずかでも深めるならば、おそらくこの表象に、感情や世界観の非常に深い欲求とのむすびつきに発する権利を認めることになろう。

人格なるものがなにかということは、私の見るかぎり、ふたつのことがらによって規定される。まずは内的な生がかたちづくるさまざまな特性や力や過程の、閉ざされた完結性ということがある。あらゆる非人格的な存在にあっては、個々のものがたんに並存するのみであり、また身体組織においてはじめてそれらはある種の統一体へと合体してゆく。そこでは、当然ながら外部からの条件とも絶えず協働しながらではあるが、すべての部分が他のすべての部分により規定されている。さらに心がはじめてみずからのすべてのエネルギーを、より制約のない相互作用へと織りあわせ、その現在をそのすべての過去により規定し、すべての個別内容を、それがある全体の部分であり、またこの全体は個々の部分をさらに超えたところにその意味と中心的意義をもっているのだ、との意識によってつらぬく。それであるから、知的な形成がいちじるしく、また関心が千々に分散した時代には、真正の人格はもはや無いのだ、としばしば考えられてしまう。さまざまな表象や奮闘があふれるなかでは、まさに個々の部分の相互作用と関係性によって活かされるあの統一性を作りだすことは、ひどく困難に見えるのだ。

しかしこの時代史的な問題の先鋭化ということを度外視しても、人間はその本性からして、純粋な人格の概念をあますところなく実現することはなく、また自己自身のうちにおいて完全な統一を達成することもできない。それは、人間が世界の一部であって、世界の全体ではないことによる。人間の生命はむしろ、世界の絶え間ない浸透と世界への絶え間のない浸出のうちに展開する。人間はつねに、みずからのうちでは産出されえず、彼自身を原因とはせず、浸入の瞬間には純粋に内的な相互作用の所産とは言えないような諸要素をとり入れては、おなじように絶え間なく、人間のうちに戻ることのない作用を世界に引き渡している。人間とはしたがって世界の運動にとってたんなる中央駅のようなもので、けた外れに多くのものをとりいれ、それを一定のあいだみずからのうちで相互作用のもとに保持し、それからまたあらゆる内容をふたたびそとに排出するのである。人間は持続的な統一体ではなく、また持続的にその心的内容を、自己充足的で自己閉鎖的な相互作用へともたらすことはできない。ということはすなわち、人間はたんなる不完全な人格であり、あるいは別の言いかたをすれば、不完全な有機組織体である。なぜなら有機組織体の本質とは、そのすべての部分が全体のために存在し、また全体はすべての部分のために存在するという相互性のもとにあるからだ。私たちが人格と呼ぶものは、身体組織が精神的至高点に達したものにほかならない。しかしすでに述べたように、私たちの身体も心も、完全な組織性にはただ無限に近接するのみである。私たちはたったひとつの完全な組織体を、唯一の本当の統一体を知っている。それは存在するものの全体である。なぜならそれはみずからの外部にそこから作用を受けるようななにものももたず、またそこに作用を放出するようななにものももたないからである。私たちがここで語っているのは全体なのである。全体のいかなる個別部分も、それが最高度に組織化された人格性ある人間であったとしても、それ自体は本当の統一性ではなく、存在の全体がもつ、すべての部分の無制約な相互作用を有してもいないのである。

神の人格という概念を真摯に受けとりつつ、それによって私たちは、ほかならぬこの全体存在という性格を言い表している。自分たちが接することのできる存在は、全体存在から抜きとられた一部分にすぎない、と私たちは感じる。この断片的な存在ということが、私たちの生と経験の内的な特性である。この特性のポジティヴな色あい、それはより完全なものとの比較によって生まれるのではなく、反対に断片的存在からまず湧きあがるものなのであるが、それは全体への、存在の本当の閉じたありかたへのあこがれ、私たちを統一的世界の理念へ、その唯一可能な実現へとみちびくあこがれである。私たちがただ現実存在の一部に過ぎないがゆえに、私たちに拒まれていること、それはまったき自足性と純粋に内部的に進行するすべての要素の相互作用性——それこそが私たちにあっては完全な人格性ということになるのだが——であり、それをもっているのが、全体としての存在なのである。この全体存在の形式ないし特性は、いわばそれ自身のなかからある個別的本質として、人格神として浮かびあがる。それはちょうど限定的な宗教的視野のなかで、神が愛そのものないし正義そのものとして描かれるのとおなじである。つまりそこでは、人間みずからがその完成を願っているなんらかの地上的・断片的な価値が、それ自身で、それ自身の絶対性において存在する本質へと高められるのである。しかしこれらのいささか人間的にすぎる形象に対して、神の絶対的人格性は、私たちのたんに相対的な人格に対する完成された対立像として、より深く実質的な根拠をもっている。というのも、存在一般はその全体性と統一とにおいて私たちの超越への予覚に唯一ふさわしい身体性なのであるが、現実にこの人格的性格をもっているのである。私たちが神を人格として描くことは、浅薄な啓蒙主義が主張するところとは異なり、人間の限定されたありかたの子供じみた投影、私たちの像にならって神を描くことではけっしてなく、まさにその反対、つまり私たちの人格の補完ということなのだ。

これは以下のような感情に発している。すなわち私たちは自分たちのもっとも固有で深い価値の座である人格という形式を、完全には実現していないこと、私たちがその要素たるにすぎない全体性に私たちが織りこまれていることが、その実現を許さないこと、それゆえに唯一自己完結し、すべての関係性をみずからのうちにもち、外部に一切関係性をもたないこの全体性においてのみ、私たちのあこがれは断片的なありかたから流れ出ることができるということ、こうした思いである。そしてすでに私たちが自分自身の不完全な統一を自我へと凝縮し、その自我が謎めいたしかたで統一をになっているように、世界存在の本当の統一はひとつの完全な自我形式、絶対的な人格へと結晶化するのである。もしひとが「人格としての神は、単に神としての人格にすぎない」と言うならば、それは確かに真実である。ただそれは人間の小さな人格ではなく、まさに世界大のものであり、それはあの拒まれた人格性の規定の理想を実現し、それによって宗教的感情に合致しているのだ。この感情がいわば万象の形式に向けられることによって、形式によりひとつにまとめられた万象の個物の彼方で、感情の対象としての神は存立し、その神へとこの全体の感覚は合体するのである。

私たちが人格と呼ぶ精神的な存在の形式は、生の中心と生の個々の要素を、他のどこにも見られないような関係によってむすびつける。あるときは、あらゆる個別的な心の内容がその中心から浮かびあがって、自我のなかにあまさず集められ保持される。そこでそれらの内容は自我により見まがいようもなく色づけされるので、なにが語られようと、ことばを発する声の響きで、話し手を誤認することはない。そのときどきの内容のおのおののなかへと、一瞬のあいだ自我は没入し、残りなくその内容のうちに生き、そしてこの個々の生の瞬間の総体が自我の現実存在の境界線を閉じたものとする。しかしまた自我は、個々の思念や感情、おのれのすべての強みや弱みから、みずからがきわだっていると感じ、個々の内容の総和には解消されないひとつの統一性、個々の名指しうる達成の彼方にあるものとして、みずからを感得する。それはちょうど国家がその個々の市民の存在の彼方で、それ自身の、理想的であるとともに具体的ないとなみをもつことや、教会が、たんなる信者の総和とはまた異なる、それ以上のものであることと比較できよう。このもともと矛盾対立するものをひとつにすること、ある存在が、それが生みだしたもののなかで生き、それにあまさず没頭し、その総体によって表現されながら、それと同時にそれらが生みだしたものに対して自立した存在をもち、それ自身が、そうしたひろがりや多数性によっては解消されないような、ひとつの中心となること——これら両者を統一するのが人格の目的である。それはなんらかのかたちであらかじめ明確な人格があり、それがこの二重の役割を演じるというのではない。そうではなく、この二重の役割ということに人格の概念はつきるのであり、この端的に無比のことがらをなすものを、私たちは人格と呼ぶのだ。

神の概念一般が世界とのかかわりで意味するところを要約してみるならば、いま言いかえた定式を満たすものと言える。多神論的宗教において嵐の神が嵐のなかに、妖精が樹木のなかにあますところなく息づくように、純粋な形式の一神教においては、神はあらゆる存在のにない手である。その意志は世界の過程の総体のうちに生きており、また人間の存在が神の高みまで手をのばすことによって、神はまさにこの人間の存在の神となり、その存在を満たし、閉ざされた小部屋のなかから、「我が頭上の星またたく天空」〔イマヌエル・カントのことば〕にいたるまで、あらゆるところで、神はまるまるとらえることができる。しかし世界とのこうした関係の彼方で、その世界の創造者にして維持者として考えられた神は——しかも古い時代には、まことに意味深いことに、その維持は間断なき創造として思い描かれた——自足する存在として、世界を必要とせず、それ自身のうちに閉ざされた統一としてあり、その統一はその創造物のいかなる部分によっても、またその総和によっても、汲みつくされるものではない。私たちはみずからの心的な生の人格であり、その生に収まりながら、私たち自身によって生みだされた生の多様性や差異性に対して自立した統一性として対峙しているが、神はこの論理的概念に解消されえない存在形式を、世界との関係において反復する。神はそこにそうした関係が顕現する一人格としてあたえられているのではない。そうではなく、信仰者は神を二重性のうちに感得する。つまり、あらゆる力のうちの力として、あらゆる被造物のうちで作用し続ける創造者であるとともに、いかなる個物にもふれえない、あらゆる多様性の彼方なる統一として、神は完成された無限の形式において、私たちが自分たちにかんして人格と呼ぶ形式を実現させるのである。私たちにかんする表象を、このように超越的なものにまで高めることを峻拒するむきもあるかもしれない。しかし、これを絶対者の人間化と呼ぶことはできない。そうではなく、むしろそれとは反対に、それは人間の自我をあるまったく一般的な存在形式のもとに置くことであり、人間自我はその形式のひとつの、限定された事例にすぎないのである。信仰対象としての神は他方で、その形式の絶対的な、世界全体に向かいあいつつ完遂される実現なのである。

　こうした考えかたは、すでに人格の第二の規定にかかわっており、またこれをもって人格ははじめて完成されることになる。すなわち人格は、その諸要素の統一と自己完結ということにはつきない。人格は同時に、自分自身における、自分自身からの離床なのだ。心は、第三者に対するように自分自身に対向することができ、自分自身の対象となることができる。心は、自分自身を愛することも憎むこともできるし、評価することも貶めることも、観察することも、あるいは自分自身から逃げることもできる。人間が、みずからに対して「私」と言うことで、自分自身のうちでみずからを分裂させるというこの注目すべき事実、すなわちつねに内部的な二重性を前提とする自己意識は、うえにのべた内的統一、つまり私たちの生の総体の唯一点への収斂と相まってはじめて、人格のまったき意味をかたちづくる。それはあたかも両者が、その直接的な無差別性においては私たちにとって秘密にとどまる存在形式の、ふたつの側面であるかのようだ。観察する自我、この自己意識の自我は、しかし同時にそれが意識する我全体のうちにふくまれている。自我はうちにもそとにもいる。それは部分がひとつであることにおいてはじめて開かれる分裂であり、また分裂によってはじめて意識にのぼる一体性なのだ。

これが自己を所有するさいの人間特有の様式であるとすると、それに対応する人格は、神の表象にはまったく応用できないように思われる。なぜなら、自分自身の分裂なるものは、人間化も極まったものと言えるからである。*ただ、ひょっとするとここでもまた、神の概念がおのずとこうした存在形式へと通じるかもしれない。もっとも一般的な意味での人格は、全体の一部がこの全体に対向しながら、同時にその全体にふくまれているところでは、どこにでもある。それであるから、国家は人格なり、ともひとは言う。というのも国家の要素は国家に対し自立性をもちながらも、国家の一体性のなかに包含されているからである。人間は全体性である。というのも、その全本質が今の意識にうちに反映しうるからであり、また人間は心の全体からある観察する部分をいわば切り離すことができ、心の全体がこの部分にとっての対象となることによって自分自身を意識できるようになるからである。この分離によって人間が自分自身に関係するのとおなじように、全体としての人間は宇宙と関係する。人間は全体に対向する部分であり、全体をみずからの表象として自分のなかにとりこみながら、同時に全体のなかにとりこまれており、宇宙における部分としてのその地位をすてさることはできない。私たちは、みずからの存在を感じ、直感しながら、またまさにそれによって人格となりながら、私たちの一部を切り離す。その部分がなお全体のうちにとどまりながら、その部分を、それをふくむ全体に私たちが対置するとき、それによって私たちは限定された規模で、私たちをつつみながら、それに対して私たちが独立してもいる、全体世界の命運を反復しているのである。宇宙のこの存在の意義と形式をいわばその質料から切り離すことによって、私たちはそれを神と呼ぶ。全体の意味と形成的力とされることによって、神はこの全体における「人格」となるのだ。

＊ことにこの分裂が、あるイギリスの宗教哲学者がしたようなかたちで論証されるならばなおさらである。この哲学者によれば、私たちが自己意識をもつならば、神も自己意識をもつにちがいない、なぜなら神は何かを私たち以上に所有することはあっても、私たち以下に所有することはない、というのである。もしそうならば、次のように言うことも、同様に正当であろう——私たちは歯痛をもっている。であるがゆえに、神はさらに大きな歯痛をもつにちがいない。

おなじ質料から異なった形式をあたえられた世界、そのいかなる構成要素にもうえに見た二重性を許さない世界を考えることもできよう。それはその世界が絶対的統一であるからかもしれないし、絶対的不統一であるからかもしれない。しかし私たちは、その世界の神を人格と呼びはしないだろう。神を人格と呼ぶことは、絶対者を私たちの存在のせまく相対的なありかたに押しこめようとするからではなく、逆に私たちがみずからの実存そのものを、ある一般的な生形式のたんなる偶然的な事例と見ることによって、引き起こされるのである。その生形式の絶対的な実現は宇宙であり、またその諸部分の宇宙における、また宇宙に対する関係である。そもそも所与を抜けでて超越にまで歩みを進めるならば、その超越のうちで、私たちに到達可能な世界存在の生と形式はある統一点へと収斂するだろう。神が全体としての現実存在を意味する汎神論とは反対に、一神論にとって神は、現実存在の意味とその形態のにない手であり、存在そのものの彼方にあるその存在の本質である。ここでの神は人格であるが、それは人間から見てのそれではなく、宇宙から見てのそれである。かたちづくられた宇宙がひとつの最高点へと結晶化し、まさにあの部分と全体の固有の分離を表し、またこの分離が人間のうちで繰返される。ここからすれば、このように約言することもできよう——神は拡大された人間なのではなく、人間が縮小された神なのだ、と。

もちろん人間のあこがれが神をこうした表象へと押しあげたということは、否定すべくもない。それは二重の欲求、すなわち、あるより高い、このうえなく高い、絶対的なるものに帰属するとともに自律的でもあること、高きものに受け入れられながら、他方でその高きものを表象と信仰によって対象化して受容すること、への欲求である。シュライアマハーが宗教を依存の感情で説明したのは、一面的であった。おそらく宗教のもっとも高次の形式は、依存の感情と非依存の感情とがあわさったところから発生するだろう。人間とその神との関係は、これらが「まざりあった」ものなのではない。そうではなく、この関係はあるまったく統一的なものであって、それがふたつの側面をもち、これらのふたつに別れていくとともに、ふたたびあわさってゆくのである。人間が人格であるためには、みずからのうちで全体を表象し、観察し、評価する意識的要素と、またこの自律的な部分をそれでもうちにふくむ全体そのものという両者への分離が必要であった。それと同様に、神の人格も、この二重の欲求を満たすために神が魂に対し行使しなければならない機能の表現であった。神は魂を包摂し、魂は神に身をゆだねなければならないが、このように魂が神の一部であり、それにとどまるのに対して、その一方で魂は神に対峙し、神を信じ、神を観じ、神にそむく罪を犯し、あるいは神に帰ってゆき、神と争い、神を愛する。神が人格であるということは、私たちがみずからを意識するさいの個々の表象が私たちの魂の全体に関係するように、私たちが神に関係することを意味する。また神はその自己のこの形式によって、神のうちにいることと神のそとにとどまることへの私たちのふたつの熱情を、やはり神自身の統一的本質によって鎮める。この欲求そのものがふたつの側面をもった、ひとつのものなのである。

したがって、完全なもの、絶対的なものへのあこがれが人間をこのような表象へと高めたということは、その表象がたんに無限なものへと幻想により高められた人間の有限性そのものなのだ、という結論を正当化するものではけっしてない。芸術が、形而上学が、実践的な理想構築がそうであるように、これらの表象も、存在のひとつの形成作業であり、固有の意味づけである。往々にして、価値の基準として「現実性」への問いが、誤って立てられている。私たちに唯一あたえられている表象世界を、私たちはこのうえなく多様な地平に投影し、そのさまざまな有意性から、さまざまな世界を構築する。「現実」世界もまた、これらのひとつにすぎない。生存競争と理論の必要性にかられて、私たちは自分の表象、存在の内容を、私たちが現実と呼ぶようなしかたで把握し、そうした意味の方向で形成する。この現実世界に妥当する基準は、他の必要性を満たす世界からは、あっさりと拒まれるだろう。そうした世界が「錯誤」となるのは、その現実世界がみずからの基準を他におしつけるときである。存在の内容には、意味や形成の可能性がきわめて多く潜んでいるため、これらのひとつへとみちびく私たちの主観的欲求はあらかじめ、たんに自分のまわりを踊ったり、たんなるあこがれをその充足へと粉飾することで満足したりするように宿命づけられているわけでは断じてない。確かに宗教はいわばそれ自身からおのずと人間にあたえられるわけではなく、宗教的欲求がまず宗教を求めなければならない。しかしそのようにして人間が見いだすものは、たんに自分であると認識できないようなかたちへと変容した人間自身にすぎない、ということはけっしてない。これは芸術の美が、同様にあらゆる「現実」のかなたにありながら、そしてそれを生みだす欲求なくしては存在しえないながら、その内的欲求を超えたものであるのとおなじことなのだ。

神の人格（一九一一）

原題　Die Persönlichkeit Gottes

出典　*Philosophische Kultur*, Leipzig: Alfred Kröner, 1911, 349–366（*GA* 14, 349–366）

内容　初出は一九一一年。同年刊の論集『哲学的文化』（*Philosophische Kultur*）に収録。

神の人格の理念を論じた哲学的論考。ジンメルによれば、人格神の理念は啓蒙主義以来、さまざまな批判にさらされて来たが、一段高い視点からその形而上学的根底を考察する必要がある。人格とは、身体ある有機体の形式が高まり、完成のきわみに達したものである。それは心的諸要素のもっとも高次の有機的統一性である。神の人格は人格理念の真の実現であり、世界を対立と合一のうちで統合する我である。それは汎神論に対立するものではなく、生きた汎神論である。また人格神の理念は、擬人論ではない。ひとつの存在様式が、神と人間をアナロジカルにむすびつけているのである。人格のもうひとつの特徴は、自己を分裂させ、客体化する能力であり、知るものと知られるものとの同一性である。人格とは、擬人的概念ではなく、抽象的形式理念であり、人間の人格はその不完全な実現にほかならない。

神の存在をめぐる論議はしばしば、それを肯定的に主張する者のつぎのような言明にいきつく。いわく、「神がなにか、ということは確かに語りえないが、神が存在するという事実は信じている、あるいは知っている」。神が「一箇の無」であるという表象は、神秘家たちのものではない。なぜなら神秘家は神についてのいかなる個別的な規定をも語ることを許さないからである。そうした規定は、必然的になんらかの意味で一面的、制限的、排除的なものであって、それによってすべてをつつみこみ、つらぬき、絶対的であるという神の原理を否定してしまう。神秘家の語る神の「無」とは、神がいかなる個別的なものでもなく、まさにそれゆえに全体である、ということを意味している。冒頭にかかげた主張はしかし、こうした汎神論的意味あいをまったくもっていない。その代わり、それがそもそもなんであるかについてなにひとつ語りえないものの存在を主張する、というおどろくべき非‐論理がそこにはふくまれている。

いかなる権利でこのなにものかを神と呼びうるのか、批判者は手もなくこのように非難することができるだろう。もし神の実在を主張しながらも、神の名のもとになにが実在するのかということをけっして示しえないとするならば、神とは空虚なことばにすぎないのだ、と。こうした態度の心理学的根拠はつぎのようなものだろう。すなわち神の概念はあまりに多くの異なった歴史的内容と解釈の可能性に晒されてきたので、現代人にとってもはやいかなる内容によっても規定できないような感情が残るばかりとなった。それは、言うなれば神の概念のさまざまに異なる規定のすべてに共通するものを表す抽象概念よりも、はるかに一般的ななにかである。

これは信心のきわみとも呼びうるものだろう。というのも、いわばそこでは信じられているのみであって、信仰という形式そのものが、その内容をなおどのようなかたちであれ示しえないままに、魂のうちで作用しているからである。これは対象のがわから見れば、つぎのように表せる。つまり、存在の問いないし事実が、宗教的意識の論理において、優先権を獲得した。実存はいわばその内容を飲みこんでしまったのだ。こうしたことの強調は、最初はパルメニデース〔古代ギリシアの哲学者。プラトンらに影響を与える〕

において明らかになった。彼にとっては、すべてを包括する統一的存在のみが存在し、その一方であらゆる意味での規定、あれであったりこれであったりということは、すべて本質を欠いた無である。したがってそこではすべての関心が神の存在にむすびついており、そして――このように抽象的に表現することは奇異に見えるかもしれないが――神がなにかということは、この存在の思惟の深淵において消えさってしまうのである。この客観的側面と、あの主観的側面は、かかわりあっている。すなわち、存在が信仰の対象なのだ。神がなにであり、いかにあるか、ということは悟性と直観と伝承が決める。しかしそれらによっていわばできあがったものとして示される形象は、そのままではまだ、理念的でなお疑わしい概念として宙にういた状態にある。信仰がはじめて、その形象を存在の堅固さへと押しだす。この存在は、悟性や想像力の、たんなる量的・質的な規定によっては、まったく把握しえないものである。信仰とはいわば、存在そのものを私たちに伝達する感覚器官なのだ。

　存在がただ信仰によってのみ近づきうるものであり、信仰は正確にいえば存在にのみ向けられているというこの両者の密接なかかわりは、いうなれば宗教的志向性をもつ意識のひとつの極を意味している。もう一方の極には、神の本質の規定や、救済の事実や、行動の命令など、その内容にしたがって宗教的世界を構築するような心のエネルギーが集まる。宗教的生の現実においては、当然ながら両者、すなわち宗教的内容とその実在性への信仰は、無条件かつ直接的に一体のものであるけれども、分析においては――それのみにおいてではないが――両者は分離する。すなわち、分析された両極においては、宗教的人間そのものと宗教哲学者が対峙しているのである。宗教的人間にとっては、信仰が本質的であり、信仰の内容は、自己を犠牲にしてでもその真理性を擁護することがあるとはいえ、いわば二義的なものにとどまる。これは、深く宗教的な本性をもつ多くの者があらゆるドグマに対して無関心であることにもうかがわれ、また他方でドグマが歴史的状況のかぎりなく多様な偶然に依存していることからも分かる。この一方で、そのように多様な内容を信奉するひとびとの宗教的な存在性が本質的にひとしいことは、疑いない。彼らの実在信仰そのもの、すなわち宗教の形式は、その内容がこのうえなく異質なものであったとしても、おなじなのである。他方で、これらの内容が宗教哲学者によって、構成と心理学的説明と論理的批判の対象となるとき、宗教哲学者にとっては、それらの内容が信じられているか否か、それらが現実のものか否かは、どちらでもいいことだろう。それは例えてみれば《ムタティス・ムタンディス》ちょうど、幾何学的図形をあつかう数学者が、その図形に対応する像が現実の空間に見いだされるかどうか、あるいはそうした図形と、みずからが見いだしたその図形の法則性が実践的な意識の過程でどのような役割を果たすか、といったことに無関心であるのと同様である。

この意味での哲学は、宗教的諸内容に内在しつつそれらの意味や連関や論理的価値などを判断する一方で、それらの現実性について判断することはないため、宗教的決断をする義務をまぬがれている。以下では、この意味での哲学のうちにとどまりながら、神の原理の「人格性」の概念について探ってみることにしたい。おなじ領域に属する概念のなかで、この概念ほどこのうえなく多様な立場から、かくも断固たる調子で批判をあびた概念は、ほかにはないだろう。この概念は、「啓蒙主義」にとっては宗教が人間性の神格化にすぎないことの証であり、汎神論や神秘主義は逆に、神的なるものの人間化であるとして、この概念を拒んでいる。しかし、これら両者の批判がとり逃がしている、より高い視座がある。人間が人格存在であることは、「人格的神」の心理学的発生のひとつのきっかけではあるかもしれない。しかしその論理的・形而上学的根底は、このことには左右されはしないのだ。

人格性とはなにか。私の思うところ、それは身体をもつ有機体という形式が心的存在にまで進むことによって勝ちえた上昇であり完成である。有機体は物質的な現実存在に属し、その一部分であるが、それを構成する諸部分は、私たちが非有機的と呼ぶ諸要素の統合に比べて、より密接な相互関係のうちにある。「生命」は、ある閉ざされた範囲のなかを循環しており、そのなかではどの部分も他の部分によって規定されている。この範囲を、その力動的連関のゆえに、私たちは「一体性」と特徴づける。この客観的意味においては、いかなる非有機体も「一体性」とは呼びえない。一塊の岩石や金属は、それらに適用される概念のひとつの実例なのであって、ただ数量的な意味において「ひとつ」であるにすぎない。そうした塊を機械的に砕くと、おのおののかけらはそれだけでなお岩石ないし金属であり、いずれももとの塊と同様の意味において一体的である。ところが、生命体の切断された部分はいずれも、もとの全体がそうであったのとおなじ意味において一体的ではありえない。

さてしかし、身体ある有機体の諸要素がみずからの形態と機能を相互に規定する場となる閉鎖性は、完全なものではない。というのも、生命体は、環境とのやすみない交換関係のうちにあるからだ。生命体は、受容し、排出しながら、より大きな全体に組みこまれており、したがって生命体は、自足した、内部の諸部分の相互関係のみから完全に意味理解しうる全体という、厳密な意味での一体性とは言えない。しかし有機体において意識的な心が生まれること、またその心の諸内容は、身体的一体性をはるかに超える度合いの結合と相互規定とを示す。

これは精神的なものと身体的なものとの根本的な相違にもとづいている。身体的なものにあっては、原因はその作用のうちに消えてゆく。つまり作用が現れると、原因は分解されどうでもいいものとなるので、作用から原因を確実に推量することすら不可能である。この種の因果性は、精神的なもののなかにもある。しかしその因果性のそとに、あるいはより正確にはその内部に、なおもうひとつの種類の因果性があり、それを私たちは記憶と呼んでいる。これが意味するのは、過去のできごとが、たんに原因となるだけではなく、つまりそのできごとがみずからの一定量のエネルギーや方向性や特性を、形態学的にはおそらくそれとはまったく異なったかたちをもつ作用へと置きかえるだけではなく、その内容、いわばその形態学的同一性をたもちながら、後続のできごととして再帰するということである。あらゆる物質的作用が、すでに示唆したように、原則的にさまざまな数のまったくことなる原因により引き起こされうるのに対し、記憶表象は、それが想起されたものであるかぎりは、ただひとつの原因しかもたない。すなわち内容面で同一の、過去の一時点で意識されていた表象である——もちろん両者のあいだに横たわる経過と、現時点で協働するそれ以外の心の状態がその想起を許すことが条件ではあるが。これらはしかし、非常に独特の状況をもたらすものである。時間の経過そのものは、過去のものが過ぎ去るままにし、後続のものに作用することを許すのみであり、またこの後続のものは、この作用に応答し、相互作用へといたることはできない。しかし記憶は、時の経過には比較的無頓着なままに、過ぎ去ったものを現在へともたらすのだ。

さて、意識の要素は、他の意識の要素からの影響を無条件に受ける。すなわち、私たちはみずからの内的生の持続的なながれをただつぎのような象徴のもとでのみ思い描くことができる。つまりそのながれの諸内容は、私たちの抽象作用によって個々の「表象」へと書き換えられ、結晶化されて、相互に修正を加えるのであり、したがって人間の現在は、大局的に見れば、その過去の所産なのである。ただ、これに加えて、記憶は過去を現在にするので、私たちのうちで息づいている過ぎ去ったものは、このあいだに、また現時点で生じている表象要素からの影響を受ける。すなわち、一意的な、ただまえへと突き進む時間の因果性は、心的な生においては、相互作用へともたらされるのだ。心のうちで私たちは過ぎ去ったものをなお同一にたもつ記憶内容としてもつので、心的生では一見したところ逆説的なことが生じる。つまり現在が過去へ、また過去が現在へと同時に作用するのである。私たちのそのときどきの意識状態においては、現時点であらたに生みだされる内容は原則として最小限であって、意識状態は主として想起された表象を供給され、その全体像は、想起された表象の相互作用から、あるいは相互作用として生じる。それらの表象は言うなれば、私たちのこれまでの生全体を表象し、またあらたな内容を現在において産出する。こうして私たちは、意識の織物においてひとつの相互作用を、つまりは閉鎖性ということでは私たちの身体的本性をはるかに凌駕する、ひとつの有機的・人格的一体性をもつこととなる。また私たちは、意識的過程と、それがなんらかのしかたでそこにもとづく意識されざる諸過程が、持続的な相互作用のもとにあると考えざるをえないだろう。実際、「表象」を浮上しては下降し、むすびついては離れるような存在物のごとくとらえる機械主義的心理学の描く像はまちがっている。そうした像は、論理的に表現しうる内容が持続的で一体的な内的生のながれから抽出され、一種の体性を着せられたことに起因する。そのため、そこではそうした内容が、いわば自立的に存在し、これらのがわからまず内的な生が合成されるかのように見なされるのである。境界により輪郭づけられた、それ自身能動的かつ受動的な要素としての「表象」は、ある種の純粋な神話的要素であって、物理学の原子論とのアナロジーが誘発したものである。

とはいえ、さしあたって私には、心的なるもののこの二重の考察法を避けるすべはない。つまり、心的なるものは、あるときは次元分けをもたない生の一体性のうちに展開される、直列をなす過程であり、あるときは、たがいに多様なかかわりをもつと思しき、相互に区別された諸内容の複合体である。この後者の像の象徴的かつ投影的性格を忘れてはならず、また「表象」が最初に現れてからのちに複製されるまで、あたかも冷蔵室におかれていたもののように、あるいは書割りの影で出のきっかけとなるセリフを待つ役者のように、無意識の内部で正確《タレ・クワーレ》にそのまま保存されていたなどと考えてはならない。しかしそれとともに、なお表象のある種の謎めいた「持続」は見まがいようもない。この持続は数しれぬ表象に当てはまり、またいかなる表象もその再浮上にあたって絶対的に固定された内容の同一性をもたないがゆえに、いまふれた潜在期においても相互の影響や修正ということが仮定されねばならない。なんらかのかたちで意識の彼岸で私たちのうちに存続する心的要素は、かくして持続的な相互作用のうちにあってたがいを鍛えあげて、私たちが人格と呼ぶ一体性を作りだしている。なぜなら、人格はたんなる持続する一中心ではなく、あらゆる表象内容一般の領域内での相互浸透であり、機能的調整であり、転移であり、関係づけであり、溶融なのである。したがって、切り離して考察された心的要素がそれ自体いわば位置づけがなされず、収まる場所もないように見えるのに対して、私たちの「人格」は、私たちがあらゆる要素間の相互作用という象徴形式で表す現象として生成するのだ。

　もしこうした相互作用が完全に閉じたなかでなされ、個々の心的現象がその動因をもっぱらほかならぬこの範囲のうちにもつならば、私たちは形式的には完全な人格であろう。ただ現実にはそうではない。私たちは身体と同様に、心においても、私たちのそとなる世界に織りこまれており、心のうちでは、心だけからでは説明のできない作用が生じる。また心の内的過程のある種のものは、外部へと消失し、その可能な作用のすべてが心的過程へとおよんでいるわけではない。私たちの身体が純粋な有機体の概念を実現していないのとおなじように、私たちの心は、純粋な人格の概念を満たしていない。この概念が、心理学的には私たちの自分自身にかかわる経験から生まれたとしても、その意味からすれば、人格の概念は「理念」であり、カテゴリーであって、経験的な個々の存在が完全にその条件を満たすわけではないのだ。私たちの現実の存在が時間的経過をその形式としてもつこと、したがってその内容をひとつの、またつねに断片的な相互作用へともたらすためには「想起」が必要であることは、私たちが絶対的な意味での人格となるための、あの諸内容の一体性をさまたげる。有機体の理念はただひとつの表象、つまり全宇宙という表象においてのみ、あますところなく実現される。なぜならこの表象のみが、その概念からして、あらゆる要素の完全な、閉ざされた相互作用をやぶるようななにかを外部にもたないからである。

これと同様に、神の概念とは、人格性の本来の実現なのである。なぜなら神は、形而上学的に首尾一貫した宗教性が想定するところによれば、人間的・時間的な意味でのいかなる「想起」も知らないからだ。想起は、つねにその対立物である忘却をふくむ。神には、過去というものはない。過去はその内容をただ断片的に現在という状態の相互作用に委ねる。「想起」をまずする必要のないものにとって、時間というものはなく、その存在の全体性と一体性が、分散する時間のもつ断片性と欠如性におちいることもない。神の「永遠性」、時間的制約の超越と言われるものは、神が絶対的に人格的であることを可能とする形式である。この人格的であることによって、神は人間化されるのではない。そうではなく、神はほかでもない人間の達しえないことを、すなわちあらゆる存在内実の絶対的な結合と自足を呈示しているのである。人間のような、全体の一部をなす存在は、けっして完全な人格性をもつことはできない。なぜなら、そうした存在は、外部のものを摂取して、外部に排出をするからである。隣接関係という形式においてそうであるように、私たちの実存は、前後関係という形式をもつ記憶にも頼っている。私たちの実存のいかなる契機も、それ自身で閉じたものではなく、すべての契機は、過去と未来に依存しており、本当にあまさずそれ自身であるわけではないのだ。

人間が神をみずからの制約へと引きおろせばおろすほど、神はより人格的になる、などと理解するならば、それはまったくまちがっている。なぜなら、人間自身が全体ではなく全体の部分にすぎないこと、また人間の現実の存在が時間的な、記憶にむすびついた瞬間へと分散しているがゆえに、人間はけっして統合された一体性ではないこと、これらのことが人間を制約しており、まさに人間がまったき本来の人格となることをさまたげているのだ。まさに神の理念が現実の全体であり、時間なき一回的なもの、そのすべての存在契機の絶対的な結合であればあるほど、すなわち人間を超越すればするほど、神は人格の概念を満たすのである。すでに私たちが自分自身の不完全な一体性を自我へと凝縮させ、その自我が謎めいたしかたでその一体性をになうように、世界存在の実際の一体性は結晶化し、あますところない自我形式に、絶対的な人格になる。もしひとが、人格としての神とは神としての人格である、と言うなら、それは確かに真実である。ただそれは人間の小さな人格なのではなく、人格規定のあの機能せざる理想を実現し、それによって宗教的感性にもかなった、まさに世界大の人格なのだ。宗教的感性がいわば万象の形式へ、つまりこの形式によって一体化された万象の個々の事象を超えたところへと向けられることによって、宗教的感性の対象は神となるのであり、この全体の意味は神へと集約されるのである。

もう一度強調されなければならないのは、この神が客観的に存在するものなのか、あるいは主観的に信仰されるものなのかということは、神の概念のこの純粋な理念的規定にはなにも関係がないということである。この規定にとっては、存在か非存在かは問題とならない。なににせよ、この規定によって、汎神論的な神の原理の理解か人格的なそれかという選択は、あるあらたな基盤へともたらされる。もし人格の概念を真剣に受けとり、人格を私たちの存在の制約あるありかたにおいてではなく、私たちが制約された存在としてまさにそれではありえず、私たちの存在がただ限定された程度において分ちもつにすぎないなにかとして理解するならば、人格の概念はただある絶対的な存在においてのみみずからを現実化しうるものであることが分かるだろう。その存在とは、世界の全体とひとつのもの、「実体あるいは神《スブスタンティア・スィウェ・デウス》」〔スピノザ『エチカ』第一部、定理一一〕か、あるいはいわば世界の全体性のモメントを意味するもの、「有機的身体の完全現実態《エンテレケイア・ソマトス・ピュシクー・オルガニクー》」〔アリストテレスによる魂の定義、『魂について』第二巻、第一章〕としての魂に比しうるものであろう。ただ、汎神論の思想はなおさらに神の概念における問題と矛盾を目に見えるものとするのであり、人格形式の神概念はそれらにひとつの解決をあたえるのだ。

　神の原理の意義は、あらゆる宗教の歴史の大部分において、神が信仰者とその世界に相対しているということとむすびついている。帰依の対象である神は、なによりも力あるものである。もっとも粗野な迷信からもっとも崇高なキリスト教の思弁にまでつうじるこのモチーフは、神がそれを形成し、克服し、みちびくことによってその力を証示する現実存在が、なんらかのかたちで自立していることを前提とする。その現実存在と一体に溶けあっている神は、いかなる力ももちえない。なぜならその力をふるう対象をもたないからである。神と個々の存在とのあいだのこの対峙は、愛のモチーフにとっても必須のものである。神秘主義的熱情が神との一体化へと突きすすみ、神と異なってあることにかかわるあらゆる制約をとりはらおうとするとき、その熱情は一歩一歩この合一へと進むごとに、みずからがより広大に、より深く、またより以上に愛による喜悦に満たされていると感じるだろう。しかし完全に神に到達した瞬間に、その熱情はみずからが空無のなかに立っているのを見いだすことになる。なぜならこのまったき一体性においては、その熱情がつかみとることができるのは、自分自身だけだからである。二者性があますところなく消失するならば、あたえ受けとることの、愛し愛されることの可能性が消えてしまうだろう。魂のそもそもの特性からして、宗教的浄福は、この可能性とむすびついているのである。

　この浄福が見いだされ、所有されたとしても、それを求める憧憬は、なお魂のいずれかの層に残響を響かせている。神のうちでの安息もまた、それにもかかわらず感じられる距離感のもとでのみえられる。愛が、そしてとりわけ威力が要求するこの対向性はしかし、神的存在の絶対性とは折りあわない。なぜなら事物のあらゆる自立性、事物が神でないことは、限界を知らないはずの神の威力の限界を意味するからである。神の意志なくしては、雀一羽すら屋根から落ちない〔マタイ伝、一〇―二九〕ならば、神は受け身の観察者として世界のなりゆきに一切介入しないのではなく、明らかにあらゆる現象において作用し、原因となる力である。しかしながら、あらゆる事物は絶え間ない運動のうちにあり、すべて物質性と見えるものも、やすみない振動へと解消される。そうであるならば、神がそこにいないものなど存在するだろうか。もし世界が運動であり、神があらゆる運動の起動者であるならば、世界は神のそとにあるものではない。人間の創り手の意志によって生みだされた作品は、この意志に解消されるものではなく、意志そのものとはまた別のものである。というのも人間は、それに対してはたらきかける存在である素材を眼前に見いだすからだ。しかしもし神がほんとうに全能であり、すべてが神の意志により存在するのだとするならば、神の外部にはなにもなく、神は万物の存在であり生成であるだろう。そうであるならば、もし現実のさまざまなポイントが、神の意志によってさまざまに異なる度合いでになわれていたり、諸現象がそこここで「神の指」〔出エジプト記、八―一五等〕を示しながら、他の現象は反抗的な自由と「神なき荒涼」のうちに神の目をのがれているなどということは、まったく恣意的ということになる。これは、私たちの認識の差異、盲目と明敏さのまざりあった私たちの視線を現実に移しいれているに過ぎないのではないか。もしひとつのポイントが神の意志の表れであるならば、他のすべてもそうでなければならない。一方では宇宙の厳密な法則的連関が、他方では神の一体性が、そのさまざまな場所によって世界が神に対し異なる関係をもつことを禁じている。もし雀の地への落下が神の意志の力によるならば、世界が神の一体性のうちにあますところなく包摂されていること、また神と世界とのあいだにはいかなる意味での対向性や他性も存在しえないということは、避けがたい帰結だろう。

この弁証法的プロセスは、一貫した神概念を汎神論にまで展開させるが、そこにとどまることはできない。なぜなら欠くことのできない宗教的価値が、神と世界、あるいは神と人間とのあいだの対向や分離の関係にむすびついているからである。このプロセスは、その動揺とともに、神の原理の絶対性を真剣に受けとめるすべての宗教の最奥をつらぬいている。あるいはこの溶融と分離の相克は、なんらの「宥和」をも必要としないのかもしれない。このように一方から他方へと駆りたてられることは、あるいは無限なるものと私たちとの関係にふさわしい唯一の表現なのかもしれない。無限なるものは、一方向的な定式で確定してはならないのだ。ただ、こうした消息がいわばその直観的象徴として見いだす神の表象が、神の人格なのである。なぜなら、諸内容のおのおのが残らず一定の自立性をもつという意味で無制約でありながら、それらが連関する一体性の内容ないし所産として把握されねばならない、というのが人格の本性だからだ。自我はその思惟と感情と意志的決定のすべてをみずからにおいて、みずからのなかでのみ可能であり現実的であるものとして、みずからの存在の脈動としてつつみこむが、それと同時に自我はこれらの内容に対し、それらには解消されないなにかとして相対する。しかしまた内容も自我に解消されはしない。なぜなら自我は内容のおのおのを判断し、受け入れることもあれば拒否することもあり、支配することもあればしないこともあるからだ。自我から生みだされたこと、自我の生の一部であることは、自我から離れ自由であることをさまたげない、独特の帰属関係なのである。すでに身体的生について見ても、四肢は、機械的で融通のきかないシステムの一部分が全体に対してもつ関係に比べて、身体組織全体に対してより密接かつ自由にむすびついている。この対向関係は、心的なもののうちではまったく異なるエネルギーをもって緊迫の度を増す。私たちがみずからを人格と感じ、自分の自我が個々の内容のいずれからも独立していると知れば知るほど、いずれかの内容が自我を圧倒することは少なくなる。それと同時にこの発達段階にいたると、また個々の内容のいずれもが、その論理的、倫理的、あるいは力動的で歴史的な権利をもって自我に相対し、他の点では規定された自我の全体運命へと引きずり込まれることもなくなる。とはいえ、私たちが人格であればあるほど、私たちはみずからの内容の総体を自我の色あいで染める。それとともにおのおのの内容は、私たちに属するものとしてその特徴をより認識できるようになり、また自我は、個々の内容に依存しない、という意味のみでなく、それらを支配する、という意味でも主権的となる。

あらゆる「人格」は、みずからのうちに個々の要素と統一的全体とのあいだのこの二重性と対向性をもつ。これによって人格は、外面的には類縁性をもつ現象、たとえば国家などと異なったものとなる。なぜならどれほど絶大な力をもつにせよ、国家はつねにその国民の実存全体のある一部を包摂するにすぎないからだ。人格へとかたちづくられた魂の存在形式においては、他では通用するあらゆる論理的カテゴリーが破綻する。そこでは個々の魂の要素が自我のうちに根をおろすように住まい、自我がそれらの要素の最奥で息づいている。それでありながら、両者はたがいに相対しており、このうえなく多様な近さとへだたり、対比と溶融の経験をもたらす。こうしたことは、記述不可能であり、体験されるほかない。これについては、私たちの伝来の表象世界では、ただひとつのアナロジーがあるばかりである。すなわちあの、まさに論理にとってはきわめて問題的な、神と世界との関係である。宗教意識が持続的に体験する、対向的であることと一体であることとの同時性は、けっしてたわごとではない。これについては、私たちはいわば人格の体験のうちにそのあかしをもっている。神についてそもそも思考しようとするならば、かの二重関係にしたがって言えば、神は人格と考えられねばならない。すなわち現実存在の一体性と生命性として、人格はその個々の産出物に相対し、それらを支配し、しかしまたときにはそれらの自立性を認める。人格は個々のものすべてのうちで生きながら、またそれらから距離を置こうとする。そのへだたりは、疎遠さないし背反からこのうえなく親密な融合にいたる無限の段階を示す。中心にして周縁であること、ないしは統一的全体にして部分であり、また両者のあいだのあの無比なる関係であることにおいて、神の人格は汎神論の反対者ではなく、いわば生命をもつにいたった汎神論そのものにほかならないのだ。

　諸要素の閉じた相互作用という人格の第一の規定の神的原理への転移がそうではないように、この人格の第二の規定も擬人論ではない。なぜなら、たしかに私たちは、同時につつみこみ、また分離するという全体と個別者とのあいだのこの関係を、自分自身のうちにおいてのみ体験できるとしても、その関係は、その意味からすれば、ある特定の存在にはまったく縛られない、一般的な存在形式だからである。この形式は、非常に異なった度合いで現実化しうるのであって、それは私たちがみずからの存在の直接的な諸事実を直観し、表現することを可能とするカテゴリーなのである。神的なものにかかわる擬人論は、人間の経験と実存そのものから発し、それらに原則的にむすびついた概念が、超越的なものへと転移されるときにのみ見られる。しかし逆に、その意味からして人間の存在の上位に位置する概念、理念的でいわば絶対的な概念によって、まずはそれに多かれ少なかれ分与するものとして人間の実存が解釈されるならば、そうした種類の概念においてまさに、神的なものをその種の概念の完成として、その絶対的な意味の実現として考える唯一正当な可能性をもつ。存在するものとしての神的なるものへの信仰を原則的に拒絶することはよしとしても、信仰するにせよしないにせよ、神をその理念において人格として描くことは、けっして神の人間化なのではない。そうではなくむしろ逆に、それは人間の自我を、ある存在様式についてのまったく一般的な概念のもとに置くことなのである。人間の自我がその存在様式の個別的で限定された事例であるのに対し、神はその絶対的な、世界全体に相対するかたちでの実現たりうるのだ。

こうして私たちは人格のこの本質像をなお別の、いわばより集約的なかたちにおいてみることができるようになる。一にして同一である主客の内的な自己分離、他者を汝と呼ぶようにみずからに我と言う能力、自分自身の機能を自分自身の内容とする自己意識こそが、人格的精神の決定的な特徴であるように見える。自己意識によって、生はみずからのうちで屈折し、自分自身をふたたび見いだした――これは当然ながら、端的に一体的な作用を時間的継起へと引きはなして表現したものにほかならない。人間精神が、その統一のうちにとどまりながら、それでもなお自分自身を自分自身に対し対向させること、これは根本事実であり、そう呼びたければ、精神の根本的奇跡と呼んでいいことであって、それが人間精神を人格的精神とするのである。自分自身の存在や自分自身の知をめぐる知に見られるような、知るものと知られるものの同一性は、ひとつの根本現象であって、これは一者性と二者性との機械的・数量的な対立のまったく彼方にある原現象なのだ。生命の道のりにあっては、その生体のあとにつづく瞬間のおのおのが、先行する瞬間によって生きるが、両者は異なるとともに、なおひとつの生命である。またそこでは産出されたものが産出するものを引きつぐが、両者は異なるとともに、なんとはなしに同一である。この時間的に延長された道のりは、自己意識においてうしろへと曲げ戻される。あるいはそこにおいて、その無時間的な根本形式を見いだす。有機体と機械的機構とをもっとも深く分けるのは、複数性がそこでは一体性へと統合されており、一体性が時空間にしたがって見れば複数的な生へと展開されるという事実である。この事実は、人格的精神の本質において、すなわち自己自身についての意識において、さながら一点へと集約される。なぜなら、生あるものと精神一般の本質である「相互作用」は、自己意識において、つまり主体がそれ自身の客体であることにおいて、いわばその絶対的なかたちを獲得したからである。

　ここにおいて神の本質である一体性が象徴化される形式は、もっとも純粋に表現されているように見える。宗教史学のがわからは、いまだかつてまったく純粋な一神教があったためしはない、との主張がなされた。神の原理は、それが熾天使なり「諸霊」なりが神を支えるといった程度のことであったとしても、分裂への傾向を避けがたく自己のうちにもつように見えるのだ。そして、汎神論や、部分的には神秘主義にも感じられる神のまったき一性は、同時に現実の諸現象の複数性への、神のもっとも完全な解体なのである。

人格概念への接近は、以上で示されたものと思えるのだが、当然ながらここではことに注意深くそれを擬人論と区別しておかなければならないだろう。思惟は自己意識とともにその統一性のうちにとどまりながら自分自身の客体となるために、自己のうちで自己を分裂させる。この自己意識は思惟一般の根本事実であり、思惟のもっとも集約された類型にしてそのもっとも純粋で確かな形式であり、いわば個々の内容ある思惟すべての予型である。

思惟はいかにして自己自身のうちにとどまるプロセスでありながら、なおなんらかの対象をもつことができるのか、またどのようにしてその経過が純粋に主観的なものでありながら、なおみずからに対向するものをみずからのうちに引きこむことができるのか——思惟を覆うこの大いなる闇は、思惟がこの自己への内在と外在、閉鎖性と対向的なものの包有を、自己意識としてすでにみずからのうちにもつこと、主客の同一性が思惟固有の生の形式であることを考えれば、解消されることになる。ここではもちろんただ人間の思惟のカテゴリーの内部でのことではあるが、これによって神の原理が経験する、あの分裂の理念形式が描かれる。もっともこの分裂においては、そしてそれは宗教の発展とともにますますそうなのだが、神の形而上学的一体性が損なわれてはならない。したがって「神の自己認識」というモチーフが宗教哲学の思弁の全体をつらぬいているが、このモチーフはほとんどの場合、「神の人格」の別の表現ないしその一解釈にほかならないのである。

神的原理は端的な一体性そのものと考えるべきではない。なぜなら、そのような一体性は私たちの表象能力にとっては不毛なものとなるからだ。神的原理がこうした一体性のうちにあると考えるとすれば、自己意識ある人格とおなじようなカテゴリー的問題をかかえることになる。すなわちいかにしてみずからを自分自身のうちで分離させ、それによって運動であり、作用であり、生であるような対向性を獲得しながら、それでもみずからの一体性につつまれたままでいるのかという問題である。こうした事態は、思弁的なファンタジーによって、たとえばキリスト教の三位一体のような、一種の内在的なパンテオンに仕立てあげられるかもしれない。またもしそれをやはりファンタジーによって、スピノザの神秘主義にうかがわれるように、豊かな世界過程がそれ自身の対象への神の一体性の拡張であるような汎神論にしてしまうならば、私たちの神への愛は、神が自分自身を愛する愛の一部ということになってしまうだろう。こうした人格理解は、それが神の人間化へとずれこんでしまわないためには、非常に高度の抽象化を必要とする。

しかしまさにこの人間化された人格理解なるものは、徹頭徹尾精神とむすびついているように見える。だが、神的原理を精神の概念に限定することはできない。神を精神と呼ぶことは、転倒した唯物論にほかならない。なぜなら、そこでは唯物論とおなじように絶対者が特定の実体であると決めつけられているからだ。むしろ、神の人格ということが妥当であるためには、それはある一般的な形式として把握されなければならず、また私たちが唯一経験的に接近できる精神的自己意識は、そのひとつの特例としてこの形式に属するにすぎない。私たちが、主観それ自身の対象である主観を経験できる唯一のしかたは、そうした精神の自己意識である。しかしその形式がある絶対的な存在、そこにおいて現実存在がその全体性をもつような存在にあてはめられるためには、この特例である基盤から、その形式は解き放たれなければならないのだ。

私たちには、この概念上の要請を直観的に表すようなより詳しい表象を描くことはできない。神の本質は、死せる一体性を超えて、それと生きた相互作用をなす対向するもの、他なるものをもたねばならないが、しかしこの他なるものとそれへの対向は、神の一体性をやぶってはならない。そうではなく、神は、このまったき「自己充足」的な、あるいは世界そのものを意味する関係において、つねにそれ自身にとどまらねばならず、主体と客体は同一でなければならない――もしこうしたことが、神の本質を表象するにあたって絶対に不可避であるとするならば、その表象はもちろん人格の形式ということになるだろうが、しかしそれはけっして人間的な人格ではない。そこでは、擬人論によってたんなる一体的な二者性の意識様式という人間的制約が神のなかにもちこまれているわけではない。そうではなく逆に、「人格」とは完全に形式的な、もしそう呼びたければ抽象的な規定であって、この抽象性の規模で現実化することはただなんらかの絶対的存在にのみ可能なことなのである。一方その規定のより不完全な、ただ一面的で精神的な段階が、私たちの生のことがらなのだ。だから、ただしく理解されるならば、つぎのように言うこともできよう。すなわち、神は拡大された人間なのではなく、人間が縮小された神なのだ、と。

これによって、本論の考察をみちびいてきた原理がもういちど描かれたことになる。私たちの生の現実を秩序づけ評価するために、私たちは一群の理念に依拠する。そうした理念についての意識は、もちろんその心理学的発生からすれば経験的生の偶然的で断片的な状態から生じるものだが、理念はその意味から見れば観念的な自立性と閉じた完結性をもつ。私たちの人間的実存の諸内容は、いわば引き算によって、その表現可能性と、その領域と固有形式とを、その閉じた完結性から借りうけているのだ。これが生じるのか、生じるとすればどの程度生じるのかという問いは、事実性にかかわる問いである。そうした問いは、そうしたカテゴリーの確定や、その意味連関や、その論理的・規範的意義などを侵害することはない。なんらかの神の本質をその内容や、それがなんであるかについて考えるとするならば、問題となるのはほかでもない、上述の理念であり、しかもその絶対的ないし純粋なありかたにおいてである。神と人間との違いは程度の違いであり、神は人間以上の力と義《ただ》しさと完全さをもっている——こうした量的な亢進は明らかに人間を出発点にすえており、擬人論にほかならない。そうではなく、信仰者にとって神とは、存在のかたちをとった力と正義と完全性の理念なのであり、その内容は直接的には人間の相対的な現実存在を超えた、その理念的カテゴリーとして、その純粋な意義としてあるものなのである。私たちの相対的で不完全で混成的な生は、ともかくもこの理念から、その意義と形式をえているのだ。

こうしたことは、発達した宗教心ある人間すべてのうちにひとつの動機として見いだされるものと思われる。この動機はまさに、神が人間のうえに立つことではなく、人間が神のしたに立つことが重要なのだ、との逆説的論理によってのみ言い表すことができる。前者はいわば自明のことであるが、しかし後者からはじめて宗教的な生の感情と人間の課題とが湧きでてくる。神と人間という関係においては、人間のみが相対的なものであり、神は絶対的なものである。神は、あの理念的なるものの現実性であって、この現実性によって人間はみずからの相対的な本質に、かたちと位置づけと意味とを付与するのだ。

この現実性が信じられるか否かは、宗教が決めることであり、宗教哲学のことがらではない。宗教哲学が語りうるのは、宗教的人間にとって——これもまた論理的逆説ではあるが——往々にして二義的なことがらだけである。すなわち、神が存在するか否かではなく、神の本質とはなにか、ということである。本論の課題は、まさにしたから、人間のがわから形成されたことがかくも明らかに思われる人格という概念にかんしてひとつの位相を示すことであった。その位相においてのみ、私たちの思惟はなんらかの神的存在を規定することができる。人格概念は、その核心とその純粋なありかたにおいて把握されてこそ、ある秩序に属することを示すことができる。その秩序はみずからの意味をしたから受けとるのではなく、反対に、したにあるものに意味と形式をもたらすのであって、それはちょうど信仰者にとって神の存在が人間の存在の上位にあるのとおなじように、人間固有の形態内容の上位に位置している。神の存在が人間のそれに依存することなく、まったく異なる魂の源泉と事実の秩序から養分を汲んでいることからして、宗教哲学は「神は人格である」と主張することはなるほどできるが、「神が存在する」と主張することはまったくできないし、そうすることも許されない。こうした位相にとどまることによって、宗教哲学は不法な思弁の彼方に立つことになる。なぜならそうした思弁は、存在の内容の理念的整序というその本来の権限に満足せず、なんらかの存在を案出してしまうからである。宗教哲学は、宗教との不当な競合から離れたままでいるならば、直観される世界の詳細と連関の内的論理や意味を絵に描く権利をもつ。その絵画は、それがもつ芸術形式によって、世界の偶然的な現実とは異なるものとなる。これに対し思弁はいわば、パノラマ〔一九世紀に流行した、円筒形の大規模な建物の内部に遠近法で描いた絵をめぐらした見世物〕のようなものである。それは、確かにあの理念的世界を構築するには適していても、経験的な現実にせよ信仰のそれにせよ、現実というものを築くには不十分な手段によって、現実の産出力にとって代わろうとするこころみなのである。

三　芸術としての表れ

キリスト教と芸術（一九〇七）

原題　Das Christentum und die Kunst

出典　*Der Morgen*, Jg. 1, No. 8, 1907, 234–243（GA 8, 265–275）

内容　ジンメルの死後に編集された論集『橋と扉』（*Brücke und Tür*, 1957）にも収録された、芸術と宗教との関係、とりわけキリスト教美術と宗教的教義の内的連関を論じた論考。ジンメルによれば、宗教も芸術もともに、その対象を私たちから遠くへだてながら、同時にこのうえなく魂にとって身近なものとするという共通点をもつ。この形式的相同性において、両者は緊張関係にある。キリスト教もその例外ではないが、他方でキリスト教は、豊かな感情的芸術表現の源泉ともなっている。とりわけ聖母と嬰児イエスの描写は、両者の錯綜した形而上学的関係を描いている。また十字架上の裸形のキリストは、キリスト教の深遠なパラドックスを描きだす。さらにキリスト教芸術は、イエス、マリア等の「個人の類型」というユニークな表現形式を確立した。加えて、キリスト教芸術がはじめて、苦難の芸術表現を達成した。宗教と芸術は、それぞれが完結したコスモスであるとともに、相補的な関係にある。

宗教と芸術とのあいだの歴史上のかかわりについては、すでに数えきれないほどくりかえし探求がなされてきた。儀礼を目的として神々の像が成立したこと、宗教的祝祭と神々への呼びかけから詩の諸形式が発展したこと、宗教の興隆と衰退が芸術の興隆と衰退に同様の、あるいはまったく逆の影響を与えたこと――これらすべては文化史上の既知の事実となった。しかし、ことの本質において、宗教と芸術には、その一方が他方を惹きつけたり、あるいは拒絶したりする動機がある。そしてまたこの動機に照らすとき、これら両者の歴史的むすびつきは、より深く原理的な連関がさまざまな度合いにおいて現実化したものにほかならないと見えてくる。これらの動機については、なお解明がなされてはいない。

近さとへだたりという空間的比喩は、外的な測定可能性というふくみをもつ。心の内容相互の関係は、こうした象徴にはまったくなじまないものだが、私たちは数知れぬ機会に、そうした内容をこの比喩によって語ることを余儀なくされる。ともかくも、理解しやすさということを考え、ここでは宗教的なるものと芸術的なるものとの共通性を、以下のように描くことができよう。

　両者はともに、その対象をあらゆる直接的な現実の彼方の、遠くへだたったところに置くが、それによって同時に両者は、その対象を私たちのごく近いところ、なんらかの直接的現実をつうじて可能となるよりもはるかに近いところまでもたらす。ある宗教が、実際に宗教の純粋な概念にふさわしいものに近づき、心の他の領域に発するさまざまな種類の要求や制限がそこにまざることが少なければ少ないほど、宗教は神を「彼岸」へとおしやる。すべての把握可能なものや私たちの現実世界とその神との「へだたり」は、高く優越した人間が他のすべての人間から遠くへだたるさいの、そのへだたりを絶対的なまでに高めたものである。とはいえ神は、このへだたりのなかにありながら、同時にそこにとどまるだけではなく、あたかもそのへだたりが助走のための後退であったかのごとく、魂を自分にもっとも近く、もっとも親しいものとして奪いとり、ついには神秘的合一にまでいたることになる。

宗教と私たちの現実とのこの二重の関係は、芸術においても反復される。芸術は生の他者であり、生との対立をつうじての、生からの救済である。この対立においては、それが主観的に享受されようとされまいと、事物の純粋な形式が、私たちの現実からのいかなる接触をも拒む。しかし存在とファンタジーの内容がこのようにへだてられることによって、それらの内容は現実の形式において可能となるより以上に、私たちにとって近いものとなる。私たちの生においては、現実世界のあらゆる事物を、手段や素材としてとりこむことができる。ところが、芸術作品は端的にそれそのものである。しかもそれらすべての現実は、私たちに対するある最後の、深い疎遠さを保持している。そして私たちの心と他者の心とのあいだにおいてさえも、あたえ受けとることへの私たちのあこがれは、絶望的な架橋しがたさを見いだすこととなる。ところが芸術作品だけは、あますところなく私たちのものになる。芸術の形式にそそぎこまれたときにのみ、私たちはひとつの魂に完全に近づくことができる。芸術作品は、他のなにものでもない、それ自身となることによって、他のなにものにもまして、私たちにとって存在するものとなるのだ。

生の内容そのものについて私たちは、その内容が私たちに親しいものとなるには、現実存在のなんらかの運動が、なんらかの「運命」が必要なのではないか、あるいはそれがたんに現実に存在するだけでは、私たちに属するものとはならないのではないか、といつも感じている。私たちの信じる神だけが、そして私たちの享受する芸術だけが、あらかじめ、そしてたんにそこに存在するというだけで、私たちの魂へとさだめられているのだ。大いなる愛もまた、おたがいのためにあらかじめ定められていることを意識しており、相あわさる運命をまっとうするが、愛は宗教や芸術とは異なり、まったく個人的な本質をもつものである。ただこのひとりの人間と、まさにその人間であるがゆえに、もうひとつの魂はその人間と純粋にむすびつく。しかし信仰者がすでにその実存によってみずからの神とひとつであると知るとき、芸術に心うたれた者がそれを自分自身の内的必然性のように感じるとき、そこにはすでにして個人的な特殊性は作用していない。その代わりに、人間の自我全体が確かに作用していながらも、その自我が個人性を超えた、個人の特殊なかたちから離れた法則性と存在意味のにない手と感じられるような、深い層がはたらいている。宗教と芸術の両者だけが、絶対的にそれ自身のためにあるような存在性を、もっともうちなる、また自明であらかじめ定められたかのような魂の所有物たらしめる。そして私にはこれこそが、宗教がいたるところで芸術の先行者であり、芸術がいたるところで宗教的心情を喚起することのもととなる、両者のもっとも深い形式的相同性であるように思われる。

宗教的生の形式と芸術の形式とのこうした原理的関係は、さまざまな文化で、非常に多様なしかたで現実化した。キリスト教においては、両者のこの関係が高まることによって、この原理的関係はときとして正反対のものとなるかのように見える。あらゆる既知の宗教のなかでもキリスト教には、神のへだたりと近さのあいだの緊張と和解がもっとも強く表れている。というのもそこには神との心胸でのむすびつきがあり、それが神との無限の形而上学的なへだたりのなかでも、まったき克服の力を開示するのである。これによって、なんらかの生の内容をみずからよりはるか彼方に遠ざけるとともに、それをみずからのうちにあますところなくとりもどしたい、という多くの魂の欲求は完全に満たされるため、それと並行する芸術の成果は余分であり、のみならず容認しがたい競合相手とも見えるのだ。キリスト教は非常にしばしば芸術を直接に拒絶したが、これはつねに感覚的刺激に対する禁欲主義的非難に発するのでもなければ、同様につねに美的感覚の欠如によるのでもない。そうではなく、他のさまざまな動機とならんで、つぎのような本能に由来するのである。すなわち、魂は芸術をもはや必要としない。なぜなら所与の彼方の領域への延長とその再獲得とを、魂はすでに残らずわがものとしているのだから、というわけである。

こうした一方で、キリスト教はまたその伝統に見られる人物やできごとをつうじて、またたとえばキリスト教固有の情緒的状態が然らしめる身体表現などによって、芸術的造形に格好のモチーフを提供しているように思われる。へりくだり、祈り、内的なエクスタシー――これらすべては、身体をことに巧みに関係づけ、四肢を胴体に引きよせることによって、身体の完結性と直観的一体性を引きたたせる。祈るために伸ばされた腕さえも、横にひろげられた腕とは異なり、外見の集中性を損なうことはない。なぜなら、両手があわされている場合は像に決定的な統合感があたえられ、あるいは両手がひろげられる場合でも、それはある理念的な焦点をめざしており、その焦点において両手の内的な運動性の方向が合流するからである。それは、平行線が「無限の」かなたで出会う、と言われるのとおなじである。あらゆる良質の芸術においては、身体の輪郭全体が厳密に統合されている。これは、たんなる目に見える刺激が内的・心的規範の象徴となるために要求される条件のひとつである。なぜなら私たちは個人に対し、そのすべてのそとへの表れがある中心点により支配され、特徴づけられていることを求めるのであり、それらが人格の統一にかかわりなくアナーキーに流動化してしまうことを望みはしないからである。したがって人間の造形的表現においても、四肢がその人間の中心的な統一に発するすべての刺激に完全にしたがっており、全身を循環している生のながれから逸れるもののないことが要求されることとなる。魂が身体を統一的につらぬき、身体を「人格」のにない手にするありさまは、あの輪郭の完結性と、四肢のおのおのが神経伝達によって中心に支配されているさまが感じられることによって、感覚的直観へと高められるのだ。身体に「魂がこもっている」という私たちの言いかたは、身体の統合への芸術的要請を別のかたちで言いかえたものである。したがってそうした姿勢すべてにおいて、キリスト教の生きる目標ともなる魂の無条件の統御が、十分に表れている。これらの姿勢は、この要請をおのずと満たすことによって、現実においてすでにして芸術形式を準備している。ここで直観形式が心の状態の表現としてもつにいたった特別な意義は、これらの厳密な統合性の形式が、まさに強い内的な運動性につらぬかれていることにある。これに対し、インドや日本の彫像に見られるブッダにおいては、その表れの芸術的完結性はまったく完全なもので、それによって表現される魂のありようは、そもそも動的なものではない。それはむしろ、絶対的な諦念と、端的に運動性を欠いた状態への魂の退出である。もちろんこの状態は、そこで生の拡張がまったく止んだがゆえの、純粋な統一性である。他方であのキリスト教特有のしぐさは、まさに遠くへと、まったく唯一無比の、最内奥の、決定的な一点へとむけられた情熱をうかがわせるものである。

こうしたことは、キリスト教神話のある人物において、もっとも影響力ある先鋭化ないし特殊化を見いだす。芸術家の本能は、はじめからその芸術形式としての意義を認識していた。すなわち、幼児をいだくマリアがそれである。すべての本質要素の、あの内部へと向けられたむすびつき、さきに述べたあの生の集中的な統一性は、女性性のなかにもっとも直接的にあたえられている。女性は――この見かたがいずこにおいても、また今後も変わらず正しいか否かはおくとして――男性に比べて分化せざる存在として、その力と欲求とがより緊密かつ統一的にむすびついており、またある一点からのはたらきかけに一体的に応じるものと受けとめられている。これと対応しているのが、生身の、またそれ以上に芸術における女性の身体的な表れであり、そこには完全な完結性と求心性が期待されている。その所作はおおげさな身振りではなく、統合的なものであり、それは直接にはそとに向けられたものであっても、内的なるものを示唆し、女性がもっているものすべてをつつんで、いつもその本性の輪を閉ざしているのである。

マドンナが嬰児とむすびつけられるとき、こうしたことは一見解消されているように見える。聖母はいまやみずからの実存の意味を、自身の外部に見いだすからである。それにもかかわらず、嬰児によって聖母の統一性が損なわれはしないこと、また嬰児は確かに彼女の非我ではあるが同時に自我でもあること、こうしたことは母性が本来的にもつ秘義に属する。ここでは、みずからに向けられた存在と他者に向けられた存在との対立が克服されているが、それはエゴイズムの意味においてではない。エゴイズムは、しばしば愛する人間をみずからのうちにとりこんでしまい、その分だけ自己は拡張されるが、それでもエゴイズムのままにとどまる。そうではなく、ここでは生のより高い意義が開示される。すなわち、うちに向けられた生の集中は、固有の存在へと成長したその生の意味へと方向づけられることによってはじめて、まったき力と聖性とをあたえられる。嬰児への集中をつうじて聖母の存在の統一性が一見したところやぶられることによって、実際にはその統一がはじめてあますところなく感じとられるのである。この母性の心的構造は、子を抱くマリアの描写にそのもっとも高度な形式上の課題を課す。その課題が解決されたときには、女性のすがたは、子とともにあって芸術的に完結したものとして直観されながらも、それ自身において完全に統合的となる。ある存在が、もうひとつの他の存在とともに統一をなしながら、それによってたんなる部分や一片になるのではなく、まさにそれによってそのもっとも固有の完結性に到達するということ――ここではこうしたことが、美的直観にとってあますところなく実現されているのだ。

母体の一部《パルス・ヴィスケルム》であるかのような、母親への子の動物的な従属関係を排する嬰児イエスの独自の意味あいによってまさに、両者の緊張関係と、また聖母の子への関係という宗教的・形而上学的問題を直観せしめるという課題とは、最高点に達する。この課題の解決とともに、芸術はあるまったくあらたな形式の領野を形成しはじめた。すなわち、ある個体の描写が、まさに他の個体との関係においてそのもっとも固有の意味をもつことを許すような形式がそれである。これはキリスト教神話の一般的な構成であって、そのことによって、それは古代の神話とは異なっている。つまり、個々の人物がその構成において、他の人物と、本質的な、その人格の意義を決定するような関係のもとに置かれるのである。洗礼者ヨハネは、イエスのために存在する。これとは別のレベルにおいて、マリアも天使たちもそうである。イエスはみなのために存在し、聖者は信者と非信者のために存在する。教会はキリスト教的生のすべての段階を、相互に作用しあう部分からなるひとつの組織体にまとめあげる。そこでは聖なる諸人格の最深の宗教的本質から溢れでる、あるいはそうした本質を規定する相互関係のネットワークが、それらの人格の領域をつらぬいている。これに対し、古代の神々や英雄たちのあいだの関係は、外面的な親族的つながりか、あるいは挿話的な性格のものであって、個々の人格の固有の宗教的意義にはほとんどふれない。ここからして、古代においては彫像が特徴的であったのに対し、キリスト教の宗教芸術においては、絵画が特徴的となる。というのも、彫像が

図１　ボッティチェリ「聖母子と歌う天使たち」(1477 年頃)，ベルリン絵画館蔵

それ自身において自足する個々の姿を示すのに対し、絵画は複数の人格の関係を描く形式だからである。

　聖母が芸術の形式的発展におよぼした作用に負けず劣らず革命的なものとして登場したのが、嬰児の問題である。幼児の肉体は、その嵩ではとるに足らぬものであり、分化もとげておらず、強く訴えるような表現にはほとんど向いていない。ところがそれにもかかわらず、直観的には、絵の正当な中心として、その内部を支配し、意味を付与する力として、表れることとなる。画家たちがこの矛盾を克服すべくとった手段を跡づけてみることは、きわめて興味深い。ボッティチェリはたとえば、ベルリンにある美麗な円形画において、他のすべての人物を垂直に描く一方で嬰児を水平に配することで、幼児を例外的に強調してみせた。アンドレア・デル・サルト〔1486–1531 ルネサンス期イタリアの画家〕は、ウフィツィ美術館蔵の大きなマドンナ像で、他の人物がまったく静止したように立つなかで、嬰児だけを活き活きと動く要素として描くことで、同様のことを達成している。多くの場合嬰児は裸で描かれるが、そのことは他の着衣の人物たちのまえにあって、嬰児を官能的に浮きたたせている。

ミケランジェロは、祭壇画において、形式的というよりは、より心理的な手段に訴えている。すなわち彼は、この幼児がこの両親にとって中心的なことがらであり、したがっておのずとこの嬰児が絵画全体の主たる関心であると感じとらせるのだ。他の絵画においてしばしば生じるのと同様、ここでも嬰児に向けられた他の人物の態度は、見る者につぎのような推理を強いる。すなわちこの小さな存在が周囲の環境の中心に置かれ、尊崇されている以上、この存在はそうしたことを正当とするような優位性をそなえて

図2　アンドレア・デル・サルト「アルピエ(ハルピュイア)の聖母」(1517年)，フィレンツェ，ウフィツィ美術館蔵

図3　ミケランジェロ「聖家族」(1506年頃), フィレンツェ, ウフィツィ美術館蔵

いるにちがいない、と思わされるのだ。

　この難題は、イエスの生涯の反対の極において表れる、同様の困難と対応している。十字架にかけられた、あるいは十字架からおろされたイエスは、彼をとり囲む活き活きとした興奮の動的な中心となる力をもはやもっていないかのように見える。一見したところ一塊のモノのごときイエスの遺骸は、重力の法則にしたがうばかりで、そこには精神の方向、すなわち上方へと向かう、物質の重さへの勝利が、欠けている。このため、それでもイエスが行使するはずの優越性は、感覚的には把握しがたいものとなる。この矛盾を克服するための絵画的手段は、さきの問題におけるそれと似ている。つまりここでもまた、裸体がアクセントをあたえる要因としてはたらくのだ。さらに、この身体は、ほかでもない、ただただ激情的に動揺している身体群のなか

で、唯一不動の身体である。結局のところここでもまた、事実として喧伝されたイエスのはたらきの並外れた強度が、まさにそれと見て分かるような正当化とは反対のすがたによって、またそれだけに一層説得力あるしかたで示されることになる。ある種の不確定な感情要素によって、キリストの外観はそれが本来なしえないはずのことをなす——これこそがキリスト教の深遠なパラドックスの表現、すなわち、魂に本来不可能なこと、つまり地上的存在に反する超越的価値の獲得が、不完全なものに反する完全性が要求されるということの、絵画的表現なのである。この課題は非常に困難なものであって、実現不可能にも見える。しかしながら、少なくとも理念的には、あるいは「聖なる者」のすがたにおいて解決されることによって、魂の計りしれない力がはじめて現れる。いわば「可能性」の段階が飛び越えられるのである。キリスト教の絶対的課題に対して、魂は不可能性の状態にありながら、にもかかわらず実現と完成の状態にある。キリストの「仲保者」たる性格は、いわば「可能」という審級の無効化を表している。魂はここにおいて為しえないはずのことを為しとげる、ということを感得させるために、ひとりの理念的な仲介者が出現するのだ。このキリスト教の根本的な特徴は、知性の側からは「不合理ゆえにわれ信ず」〔キリスト教教父テルトゥリアヌスのことば〕という言句が言い表しているが、それを芸術がとりあげ、まさに一見したところそうしたことをなしえないように見えるすがたに、目に見えるかたちで説得力を行使させている。

キリスト教は芸術において、絶対性という点ではこれに劣るものの、芸術的観点からはこれに劣らず興味深いしかたで、つぎのことを為しとげた。すなわち、救済史の諸形象を、史的・写実的な忠実さと個性的・芸術的なファンタジーとのあいだの、不可避とも見える二者択一から遠ざけたのである。過去の重要な人格の表象は、連想の豊かなひろがりと、時代的へだたりによって、ある種の曖昧さをともなうが、そうした人格を絵画に描くことは、いつもきわめてむずかしい。作品のなかの男性像が、フェイディアス〔古代ギリシアの彫刻家〕だと言われたり、プラトン、あるいはカール大帝であるなどと言われるとき、私たちは往々にして当惑を、あるいは滑稽の感をまじえた失望を覚えずにはいない。ある定まった核を中心として曖昧に境界づけられたひろがりのなかをゆれながら、当の人格をめぐって私たちが内的像をかたち作るさいの表象の多様性は、具体的な描写によって不当に狭隘なものとされてしまう。そうした描写はそもそも、すべての具象性がもつ一定の限界のゆえに、私たちのファンタジーの要求に見あうことはけっしてなく、そうしたファンタジーを貧しくし、侵害してしまいかねないのだ。歴史的・写実的な肖像が伝えられている場合には、こうした困難はない。なぜなら、現実はどうだったのかという確信が、あの漠たる表象のゆれに打ち勝つか、あるいはそれをこの疑う余地のない像へと収束させるからである。

キリスト教会の芸術は、その人物に一貫した類型を創出することによって、この二元論を見事に回避した。そうした類型は、その固定化によって、歴史的真実のはたらきをすることとなった。私たちは、キトン〔古代ギリシア人の服〕を一着におよんだ、まったく恣意的な外貌をもつあの男をフェイディアスだと信じたり、あるいは王笏を手にしたこの男がカール大帝であるなどと信じたりはしない。ところがキリスト教芸術の伝統は、そうした信憑性を達成したのだ。私たちは、青い衣をまとったこの男がイエスであると、樹に縛りつけられたこの男が聖セバスチャンであると、ぶらさげた竪琴とともに描かれたこの女が聖セシリアであると、信じる――この場合「信じる」とは芸術の理念的領域におけるそれを表す。しかし教会の伝統がこれらの姿にあたえたこの、言うなればあとづけの現実性は、十分に間口がひろく一般的であるので、可能なかぎりあらゆる個性的な形態や、ありとあらゆる芸術的ニュアンスや、多様な様式化を許すこととなった。これによって創造されたのは、ある個人の類型といういきわめて意義深い形式なのだ。一方で芸術家による歴史上の人物の特定の表現が、貧しく、狭隘で、説得力を欠くように見えるのがつねであるのに、ここではそれが特別なコンビネーションによって克服されている。つまり、宗教的伝統はそうした類型に対する信を生みだし、それをもって形象の実在的・歴史的真実性の代わりとしたのである。この信仰によってのみ、描写は狭隘化という欠陥をまぬがれたのであった。しかもそれがまさに知ではなく信であるために、そこでは個々の芸術的創造に対し、無制限な自由があたえられたのである。

　こうしたことすべてによって、キリスト教の心魂的内容は、芸術をあらたな形式の創出へと動機づけた。身体を感じとれるものとし、それに重要性に応じたアクセントをあたえるための、構成と、輪郭と、様式に関わる問題——これらすべての形式上の問題が、いまや火急の課題となったが、その解決は宗教的主題を超えて、あらゆる主題において実りをもたらすものとなったのだ。

　最後に、キリスト教から芸術が受けとり、それを純粋に形式的な性格のものとは言いがたい手段によって表現することを余儀なくされたあらたな内容の一例を強調しておきたい。それはすなわち、苦難の描写ということである。苦難は、キリスト教によってはじめて、その終極的深みにおいて根拠づけられることで、具体的で芸術的な描写を要求する主題となった。古代芸術も、ニオベーやラオコーン〔ともにギリシア神話に登場する人物。子を殺害され苦難を味わう〕のような人物を描いた。しかしそこでは苦難は外面的な運命であり、それはキリスト教が苦難を示すさいにともなわれた深い必然性の対極にあるものだった。後者にあって苦難は、魂そのものの結実、あるいは永遠の運命へと召命された魂が地上性とぶつかりあうことによって生みださざるをえなかった響きとして表れる。こうした一方古代には、アマゾーン〔ギリシア神話の女性部族。アキレウスはその女王ペンテシレイアを殺害したことを悔いた〕やアンティノウス〔ローマ皇帝ハドリアヌスの寵愛を受けた青年で、早世ののち神格化される〕がいた。とはいえそこでの苦痛にみちた感情は、哀悼である。哀悼とは、苦しみに対する苦しみであって、運命そのものの第一次的な苦痛ではもはやなく、いわば魂の一般的な層における苦痛の反映である。これによって哀悼は、すでに現実のできごととしては、運命に直接囚われているありかたから内的に距離をもち、解放されているのである。こうした距離化と解放のゆえに、哀悼はおのずと芸術形式に適したものであるように思われる。しかしキリスト教芸術の達成は、なお哀悼へと改変されない、まったく直接的な苦難のために、美的な可能性と造形的形態とを見いだしたことにある。

キリスト教は、生の他の秩序においては、また往々にして他の宗教においてもたんに否定的な性格を付与されるにすぎない価値の多くを、肯定的なものへと転化させた。キリスト教では、地上の財や、身体的なもののすべての放棄は、魂がその永遠の運命へと上昇するにあたっての障害をとりのぞく解放の行為であるばかりでなく、この放棄自体がすでに貴重なものであり、魂の財である。それはすなわち、この上昇の道の途上で重荷を放棄することを意味するだけではなく、少なくともその道そのものの一部なのだ。さらに倫理的帰依と自己否定によって実行されるのは、我欲とは正反対の、ひとつの客観的な道徳命令のみではない。それらは直接的に魂を高めるものなのであり、自己否定はそれ自身、自己獲得なのである。死は生の重荷からの解放であるだけでない。キリストの犠牲は、死を生の頂点そのものとして、生の本来の神聖さとして、此岸と彼岸とのあいだにある魂のために、いわば肯定的にさしかけられたはしごとして、示した。それであるから、キリスト教にとって苦難は、けっして否定的な状態、生の貸借表における負債なのではない。そうした見かたは、他のもろもろの世界観がキリスト教を、あるいは論破し葬り去ろうとするか、あるいは生の価値全体にマイナス記号をつけるものとして意味づけようとするときにとられる解釈である。しかしそうなのではなく、苦難は宗教的生を構成する不可欠な部分なのだ。なぜなら、まさにここにおいてすでに実現しはじめていることによって、神の国は地上の秩序と力との衝突のなかで、苦難を生みださざるをえないからである。だからこそ、義なる人間が苦しまねばならず、苦難と重荷を背負った者こそが祝福へと定められているのだ。かくしてキリスト教にとっては、あのギリシアにおける表れとは対照的に、苦難はそれを哀悼すべきものではない。苦難は、その恐るべき真摯な意味を減ぜられることを望まないし、またそうしてはならない。この肯定性への転換によって苦難は、それを芸術から排除する原因となる抑鬱的な性格を脱した。もし苦難が生の低減を意味するのみであるならば、苦難は、生を高めるという、芸術がめざすところと矛盾することになるだろう。たしかに詩においては、情調や運命の展開が前後につづくことによって、苦難を宥和し、それをいかなる高みや豊かさへも発展させることができる。造形芸術はしかしただひとつの視覚的瞬間しかもっておらず、苦難そのものが肯定的な生の契機へと高められることによってのみ、苦難との対立矛盾を克服できるのである。キリストの受難や殉教者の苦悶においては、苦痛はもはや生の敵対的破壊者ではなく、他のなにものによってもえがたい強度にまでいたる、生の絶頂であるかに見える。いまや苦難はひとつの意味によってあますところなく精神化される。その意味は、苦難のもつ抑鬱性と厭わしさをぬぐい去り、苦難をあらたな価値や使命とする。キリスト教は、それによって苦難の美的価値を発見し、その宗教的意義に視覚の言語をあたえたのだ。

これらすべての関連において宗教が芸術を「刺激」し、あるいは芸術にあらたな課題をあたえたとしても、そうしたことはより深い考察によってはじめて想定可能なものとなろう。それ自体としては、宗教と芸術はたがいになんら関係はない。両者は、たがいに接点をもつことなく、相互に干渉することなく、それぞれの完成に達することができる。なぜなら両者はそれぞれがすでにそれ自身において固有の言語をもち、存在の全体を表現するからである。ひとは世界を宗教的にも芸術的にも、あるいは実践的にも学問的にも把握することができる。もろもろのおなじ内容が、それぞれ異なるカテゴリーのもとで、統一的で比較不可能な性格をもったコスモスをかたちづくる。私たちの心はしかし、短期的な衝動と、断片的な能力のゆえに、こうした世界のいずれをも、その理念にならった全体性において形成することはできない。いずれの心も、偶然的な刺激に依存しており、そうした刺激は、それらの世界の、あるときはこの部分を、あるときは他の部分を、私たちのうちに喚起する。しかしこれらの世界像にその内実の自己充足的な完成が欠けているという事実こそが、このうえなく深い生命性と心的なむすびつきを生みだす。なぜなら、おのおのの内実は、もしそれらが内的に欠けるところなく完結していればみずからのなかに見いだしたであろう刺激や内容や課題を、他の世界像の内実より汲みとるようにと、指示するからである。これまでのわずかな例が示したように、宗教が芸術にそうした貢献をすることで、確かに芸術はその折々のそれ自身のありかたにおいて、無条件な固有の創造性という面でみずからに欠けているものを開き示すこととなる。しかしまさにこのことによって芸術は、ある世界を他の世界によっておぎなうことにより、魂がみずからを両世界の統一点として、そうした潮流のひとつを他の潮流によって養うことのできる力として感じることを可能とする。なぜならいずれのながれも、もとはと言えば、魂のうちに湧きだしたものにほかならないのだから。

レンブラントの宗教芸術（一九一四）

原題　Rembrandts religiöse Kunst
出典　*Frankfurter Zeitung*, Jg. 58, Nr. 179, S. 1–3; Nr. 180, 1–2, 1914（GA 13, 70–89）
内容　みずからの宗教理解からレンブラントの作品世界を解読した論考。ジンメルはレンブラントに託して、みずからの宗教的ヴィジョンを詳述する。宗教には教義や教会など客体的側面と、主観的宗教性の両側面があり、キリスト教芸術もこれら両面をさまざまなかたちで反映している。ビザンティン美術が客体的宗教の描写の極にあるとすれば、その対極にあるのがレンブラントの諸作品であり、そこでは宗教的対象が描かれるのではなく（あるいは描かれる場合であっても）、類例のない仕方で、宗教的生そのものが描かれる。それは客体的宗教性とは無縁の、内的生の描出である。これはレンブラント自身が信仰心に溢れていたからではなく、レンブラントによる生の描出のプロセスそのものが、宗教性を実現していたことによるのである。本論考は、著書『レンブラント』(*Rembrandt*, 1916)の基礎稿の一部となった。

人類史において、宗教のいとなみはふたつの根本形式をとって表れる。一方で宗教的なるものは、神や救済の事実、あるいは儀礼や教会として表れる。他方で宗教的個人は、そうしたものを受け入れたり、あるいはそれらに創造的にかかわったり、また自分自身の救いのみを求めたり、あるいはみずからを犠牲にして帰依したりする。宗教のいとなみのこのような二重のながれは、それがひとたび生じると、完全な分裂にいたりかねない。一方には、宗教や教会の事実がもつ客観性がある。それは自足した、それ自身の法則によって築かれた世界であり、その意味と価値は個人に対してはまったく冷淡であって、個人はその世界をただただ受容したり、仰ぎ見たりするのみということもありうる。他方には、もっぱら主体の内的な生へと置き換えられた宗教がある。超越的なものや儀礼は、形而上的現実であるかもしれないし、そうでないかもしれない。いずれにせよ、その宗教的意義は、ここではただただ個々の魂の特性や運動のなかにある。それらは超越者や儀礼に喚起されることもあれば、場合によってはそれらがまず超越者や儀礼に意味と生命をあたえることもあるだろう。前者においては、神的なるものと魂とは端的に対峙しており、両者はいわばあとからはじめて受け入れあう関係となる。後者においては、心的な生そのものが、個人のもっとも深い産出力と自己責任からながれだす。心的な生は当然ながら、みずからのうちに、宗教的な存在性として、主観性を超える形而上的な意義と聖性をもっている。

歴史上もっとも壮大な客観的宗教世界の実現は、カトリシズムである。これに匹敵するものは、宗教的存在のもうひとつの、主観的源流には認めがたい。このことは容易に理解できる。なぜなら宗教を歴史的なもの、目に見えるものにする構造物、つまりドグマや儀礼や教会は、宗教をなんらかの体験や生の態度や色あい一般に、あるいは魂の神に対する直接的な関係のうちに見いだす者にとっては、せいぜい二義的なものであるだけだからだ。そうした直接的関係は、魂自身のうちでのみ宗教的な関係として生じる。こうした種類の宗教性は、まずは個人のそとには表出せず、したがっていかなる歴史的な集合現象をも形成しない。またこうした宗教性はけっしてプロテスタンティズムによって代表されるものでもない。なぜならプロテスタンティズムもまた、まったく客観的な宗教的事実に依拠しており、そうした諸事実は、宗教心のうちに場所をもつのではなく、むしろ宗教心を対象とするのである。そうした諸事実としては、人格神の世界統治、キリストが人間のために勝ちとった救済、現実存在の事実的・宗教的構造が魂におよぼす運命などがある。もし主観的宗教性が実際に、まったき純粋さで実現されるとするならば（これはおそらく、客観的であるのみの宗教が存在しないのと同様に、現実のものとなることはないだろう。これら両者の形式は、むしろつねに何ほどかまざりあって表れるのだ）、そうした宗教性はむしろ生そのもののプロセスに、宗教的人間が刻々生きるその生きかたのなかにあり、なんらかの内容や、なんらかの現実への信仰のうちにはないだろう。

宗教的生一般のこの対比的ながれは、確かにキリスト教芸術を党派的分断によって二分したわけではない。ただ、それらの純粋なありかたと混合したありかたがひとつのスケールをなしていて、そのうえのいずれかの点に、おのおのの宗教的像が位置をしめている。

ビザンティン芸術は、超越世界をまったく客観的に描写することにつとめる。ラヴェンナのモザイク画（西ローマ帝国の首都ラヴェンナで五〜六世紀ごろに制作された初期キリスト教モザイク壁画）では、キリスト教の秘義にかかわる人物と象徴がそのメタ宇宙的な崇高さで示されており、そこでは体験する人間主体に対するまったくの無関心が支配している。この宗教性が描きだす人間は、当の芸術家をもふくめて、みずからをあますところなく脱主観化させており、彼らのまえには神々の天が、自己充足したおそるべき存在の力がそびえ立ち、その表象には個人の感情や内的運命などは、出発点としても終着点としても、なんらのかかわりももってはいない。

トレチェント〔一四世紀イタリアの文化期のこと〕では、このスケールのまた異なる段階が達成された。ドゥッチョ〔ca.1255/1260–ca.1319 イタリアの画家〕やオルカーニャ〔ca.1308–1368 イタリアの画家〕、また幾人かのより小粒な彼らの同時代人においては、聖人像の完結した厳粛さのなかに、叙情的な人間性のトーンがながれこんでいる。そこでは超越的なるものは、客観的な力として人間を意のままに扱うだけではなく、人間のなかから固有の感動が発して超越的なるものに立ち向かい、宗教的生の表現が、なおかすかで遠慮がちであるにしても、超越的事実の描写へといたる道を見いだしている。

客観的宗教性と主観的宗教性との関係は、盛期ルネサンスの造形においてふたたび変化をとげた。この時期のより豊かな生命性と自然主義とをもってしても、なお描写は内的な宗教のダイナミクスを大いに表現するものとはけっして言えない。この点でまったくひとり離れた、類型からもれる位置にあるミケランジェロについてはまずは度外視する。しかしレオナルドとラファエロ、フラ・バルトロメオ〔1412–1517 イタリアの画家〕とアンドレア・デル・サルト〔1486–1531　ルネサンス期イタリアの画家〕の描く聖人像は、おどろくほどの客観性を示している。彼らは、私の感じるところでは、トレチェントの画家たちよりも、客観性の極に近いように見える。もっともこのトレチェントも、そのぎこちなさや聖なる威厳によって、まさにおなじほどにチンクエチェント〔一六世紀イタリア文化期のこと〕からへだたっている。盛期ルネサンスではもはや、なんらかの宗教的な生がおのずとこれらの構成に寄与した、との印象をまったくいだきえない。純粋な絵画的関心が他のあらゆる、それと異なる心的動因を感じえないほどに他を圧するわけではない場合でも、宗教的意図はもっぱらなんらかの天上や歴史上の存在の描写に向けられており、その描写は、魂の信心やあこがれや帰依によってではなく、そういった存在の中心やそれら自体の内在性によって規定されている。いわば自分自身を度外視して自分に相対するもののがわから考え、観照するという人間精神の特有の能力は、宗教の領域でもまた大いに発揮され、ルネサンス芸術においてもその力を無条件に示した。私は、なおルーベンスをもここに付け加えたい。その「聖イルデフォンソ祭壇画」は、まさにその完全な此岸性のゆえに、宗教的客観性がおそらくその頂点にまで高められているのである〔七世紀のトレドの大司教聖イルデフォンソは、伝承によれば聖母崇拝に功績を残したことにより、聖女たちをともない現れた聖母マリアから祭服をあたえられた〕。聖母は、そのまえにか

図4　ルーベンス「聖イルデフォンソ祭壇画」(1630–32年)ウィーン美術史美術館蔵

しずく大司教とおなじ高貴な者にふさわしい存在感を帯びており、両者のあいだには、そもそもおなじ、いわば引きさげられた次元の内部での程度の差しかない。そして、神的なるものの描写が人間的・個人的な宗教性によって規定されるべきだとの考えは、臣民が皇帝を直接選出するなどということが当時の感覚からすれば不適切であったのとおなじように、ここでは不適切なものと見えたであろう。神の存在の超越的な高みは、ここでは確かに人間化されている、しかしそれが社会的な「高貴さ」の特徴においてなされることで、芸術的造形のうちに表れる主観性が帯びるすべての内的・心的な宗教性の拒絶は、ほとんど攻撃的なまでになる。

　こうしたスケールの反対の極にいるのが、レンブラントである。彼のすべての宗教画、版画、素描は、ただひとつの主題をもっている。すなわち、宗教的人間がそれである。

レンブラントは、信仰の対象を目に見えるものとすることはない。またイエスを描くときにも、超越的リアリティーとしての性格ではなく、経験的・人間的な性格を描く。すなわち、愛し、教え、ゲッセマネで絶望し、苦しむそのすがたである。その客観的な崇高さを信仰者がただただ受け入れ、それにより照らされることになる聖なるものの現前は、レンブラントの芸術からは消えさっている。彼が芸術の現れのなかへと呼びさます宗教的なるものは、個人の魂がさまざまなかたちで生みだす敬虔さである。この魂が超越的な諸力により刺激され、神の存在によりつつまれ、規定されているとしても、レンブラントが示すのはそうしたことではない。レンブラントが描くのは、それらを前提としながらも、魂がみずからのうちに、その固有の力によって生みだす状態、もっぱら人間の魂にあって、人間の地上での身体において表現されることのできる状態なのである。すべて超越的な信仰対象は実在し、そしてその絶対的な力の内部では、個々の人間とその状態などは、

図５　レンブラント「イエス像」(1645–50 年頃), ベルリン絵画館蔵

風に飛ばされる砂粒であって、客観的にはとるにたらないものかもしれない。とはいえ、宗教とはつねにただ人間の魂とこの彼岸との関係においてのみ成立しうるのであり、また宗教とはいずれにせよこの関係のうち、魂がその関係へともちこみ、そのなかで魂がその関係をもつことが可能となる、その部分を意味する。これが理論的に表現したかぎりでの、レンブラントの宗教芸術の根本的前提である。美術史においてはじめて、この宗教の源流が、純粋に支配的となった。すなわち、その信仰内容や、形而上学的基盤や、教義的実体がなんであれ、そこでは宗教とは人間の魂の行いであり、ありかたなのだ。

ただフラ・アンジェリコ〔ca.1390–1455　イタリアの画家〕だけが、レンブラントとならんで、敬虔な人間そのものを描写することに腐心した画家としてあげられる名前である。もっとも結局のところ彼においてもまた、宗教的内容は普遍的なものであって、それが個人のうえにただよい、またそれがまず個人へと作用し、個人はそれを受けとったものとして体験することになる。そこではなおドグマが敬虔さという純粋な心的プロセスと非常に密接にむすびついており、レンブラントの表現するような端的に超歴史的な敬虔さの像は、予感的にうかがえるという域を出ない。中世にあっては一般に、敬虔さはいわばなんらかの実体のように降りそそぐもので、それはひとびとに浸透していた。レンブラントにあっては、敬虔さはそのたびごとにあらたに、魂のもっとも深い底から生みだされるものであり、人間はもはや客観的に敬虔な世界のなかにいるのではなく、客観的には中立的な世界のなかで主観において敬虔なのだ。レンブラントは聖書の場面を数知れず描いている。たとえば、トビアスの体験、善きサマリア人、放蕩息子、まったく小市民的姿でとらえられたイエスの青年期の物語などがそれである。ドグマ的・超越的要素の影も形もないそれらの絵は、一見したところおよそ宗教芸術とは見えないだろう。宗教的なるものは、これらの人間の特性であって、彼らが賢明であったり愚かであったり、あるいは活動的であったり懶惰であったりするのとおなじように、内面に染みついたものである。彼らが望むがままになにを信じようが行おうが、これらの人間は敬虔さを、彼らの主観的存在一般を条件づけるものとしてもっており、それはまさに内容的にはまったく地上的な彼らのふるまいにおいて、それだけによりはっ

図６　レンブラント「放蕩息子の帰還」(1666–68 年頃)，サンクトペテルブルク，エルミタージュ美術館蔵

きりとその人格の固有の色あいとして輝いている。この宗教性それ自体は、いかなる内容にも固着してはいない。彼岸か此岸かということは、この宗教性にはなんらの役割も果たさない。この宗教性は、到達点《テルミヌス・アド・クエム》ではなく、出発点《テルミヌス・ア・クオ》にのみ依存している。他の画家において宗教的価値が人間的な形式で描かれるさいには、人間が神化されるか、神が人間化される。レンブラントはこの二者択一のさきへと歩みでた。なぜなら彼が描写する宗教的なるものは、人間と神との客観的関係ではなく、人間がみずからの神との関係をとりむすぶ場ともなり、出発点ともなる、その人間に固有の内的な存在性だからである。それだからこそレンブラントの描く人間たちは、「律法」が一般性をもち、個人を支配する教会に反映しているものであるかぎりにおいて、いかなる「律法」の宗教性からも、考えうるかぎり遠くにいるのだ。

　こうした特徴に、レンブラントのいた環境でまさに生まれつつあった潮流が彼にあたえた影響を見てとることができるように思われる。オランダ一七世紀の「コレギアント派」〔スピノザなどにも影響をあたえたオランダの無教会派キリスト教集団〕の周辺では、既存の教会の価値に対する強い不信が見られ、ついには教派に属する教会の全面的拒否にまでいたった。個人にこのうえなく大きな差異化の余地を認める宗教的主観主義が生まれ、そのため厳格な客観主義と律法のうえに立つ宗教であるカルヴァン派でさえ、いわば個的な宗教的形成のごときものとして、みずからを意識するにいたった。その形成は、個々の実存に、まったく個人的な所有物としてむすびついていると考えられたのだった。

レンブラントによる宗教的人格の把握がいかなる彫刻的な描写をも許さないことの深い理由は、この宗教的価値の客観的一般性格の欠如という点にある。彫刻はもっとも非個人的な芸術である。彫刻は――少なくともロダン以前は――もっとも一般的な形式を表す芸術であった。ここから、ルネサンス期ローマの絵画に描かれた人物がしばしば、ある種の例では類型的に、彫像のように描かれていることも理解できよう。カトリシズムの内容的一般性と芸術の形式的一般性とは対応していた。一方レンブラントの感性のありようにとっては、一般性ということはまったく意味をなさなかったため、彫像に極まるような造形意図のはいりこむ余地はなかったのだ。レンブラントの描く人物の宗教性に一般的性格が欠けているのは、そうした性格が抽象的だからというだけではなく、あるいは(宗教的内容とは対比的な)宗教的生が個人というにない手に密着したものだからというだけでなく、一般的性格が個人に対し命令し、強制するものだからである。律法が一般的なだけではなく、一般的なものが律法なのだ。神的存在や聖人を描いたラヴェンナの像では、それらが人間的なものにそもそも関係をもつにしても、まさに宗教の、教会の威光が、その見のがしがたい特徴となっている。それらは、真なるものと絶対的なるものを告げ知らせる。それらの像は、それ自身において一般的なるものと法とが一体になったものなのである。

まさにこの一体性から、レンブラントの人物はまったく遠いところにいる。というのも、それらの人物が宗教的であることは、なんらかの内容の輝きによるものではなく（そうしたものを拒むことはないとしても）、ただ個人のなかにおいてのみ生じうる、生のプロセスないし機能によるものだからである。このことは、いくつかのイエス像において、きわめて注目すべきかたちをとっている。何点かのエッチングでは、イエスは子供のすがたで描かれる。そのなりはみすぼらしく、周囲の者たちにほとんど圧倒されている。あるいはベルリンにあるサマリア人の女の像では、力強く、いわば地にしっかりと根をおろしている女性に対し、イエスはほとんど実体のない影のようだ。しかし少しでも長く見つめていると、実はこのか弱い、ゆれ動くような存在だけがただひとり確固たる存在で、これに対し他のすべての、強く、実体的な人物のほうが不確実で、根をもたないように見えてくる。それはさながら、それらの人物ではなくイエスだけが、そもそも人間が踏みしめることのできる大地に立っているかのようだ。そしてこれはなんらかの超越の光線によってそうなるのでも、救世主が客観的・形而上学的な意味での他なる秩序に属しているとの暗示によるのでもない。イエスはただ、より強い、もっとも強い宗教性をもっているのだ。それは彼の人間としての存在のひとつの質である、あの無制約な確信であり、この確信はその宗教性の帰結ないし一側面としてのみ、人間のものとなるのである。イエスはここでは、レンブラントの宗教的な諸人物がもっとも高められたものにすぎない。彼らと非宗教的な人間とのちがいは、もっぱらその個人的内面性によっている。この内面性は、あるいはなんらかの恩寵、なんらかの超人間的なものからながれてくる力によってになわれているかもしれない。ただ、レンブラントはそれを問うことをしない。彼はみずからの問題を人間の魂の存在性に限定する。そうした存在性は、あるいは存在するかもしれない超越性からの制約をすべてみずからの生のうちにとりこみ、そうした制約をそれそのものとして、なにか特別なものとしてさらに示すことはもはやないのだ。

まさにレンブラントにより表現された宗教性のもつ生の基盤のこの確実性によって、この宗教性はたんなる偶然性の主観主義をまぬがれている。この主観主義においては、宗教性は主観がもっぱらみずからのうちで処理し、なんら客観的な意味をもたないような、去来する「気分」にほかならない。一方私には、純粋に個人のうちにとどまる宗教的態度が、ある永遠の価値をもつものとして感じられる点に、レンブラントの描く宗教性の偉大さと無比の性格があるように思われる。宗教のこうしたとらえかたを理解するためには、その価値の客観性はもはやけっして人間の外部への「局在」により規定されてはならない。主体の宗教的特性はそれ自体ある客観的なもの、ひとつの存在性なのであり、それ自体が形而上的意味をもつのだ。「主観」が悪しき、貶められた意味をもつのは、その意味全体が、なんらかの対立により条件づけられていると考えるときである。そこでは感覚にしばられた思考習慣によって、主観が分離、対立、大小などのうちに置かれてしまう。レンブラントのそれとは異なる描写において、啓示や彼岸からの顕現や告知に直面した人間を襲う震撼やエクスタシーは、それがつかの間のものであるという意味で主観的であり、また主体自身のがわから見れば偶然的なものかもしれない。しかしこの宗教的な事実性が主体の存在のうちに、あるいはむしろ主体の存在として根づいているならば、その宗教性はまさにそれ自身客観的なものなのであり、ひとたび定着するならば、世界の現実存在一般を、時間を超えてよりいっそう貴重なものとするような価値なのである。宗教的なるものは、レンブラントにおいては生のひとつの要素でも、生の特別な到達点でもなく、その人間の生の様式そのものである。またこの主観的で宗教的な存在性の意義は、その心理的現実によって汲みつくされるものではなく、それ自身形而上的なものであり、時間を超えた価値であって、それは純粋に時間的個体の内面性によってになわれている。レンブラントの芸術における宗教的なるもののこうした解釈について、なおいくつかの側面から解説を加えることとしよう。

第一に、宗教的心性のこうした意義の根底には、魂一般の意義がある。レンブラントは「魂の画家」であると、これまでも言われてきた。このいささかセンチメンタルな言いかたは、確かに正しい印象に由来しているけれども、この印象の意味するところは、それと対比的なものを示すことによってはじめて十分に明らかとなる。世界像の全体性やその統一性の体系的把握に心をくだく哲学者に特徴的なのは、彼らが心理学に対してほとんどまったく無関心か、あるいは反感をも示すという事実である。私たちがみずからの魂の終極的で最深の根底へと沈潜し、存在一般の根底や、あるいは神に近づき神にふれることができるような一点に到達するという主題が語られることもしばしばだが、これはしかしまさに形而上的なるものへの魂の移植であり、魂それ自身に固有のものから超えでることである。そして魂を世界とからみあわせてその魂を世界の進化発展の頂点と理解するにせよ、逆に世界を魂の表象にして産出物として魂のうちにとらえるにせよ、まさに魂が魂として純粋に生きられ感じられるところでは、魂と世界は相互に排除しあうものとなる。この相互排除はいま述べたような調停によっては否認されえず、まさにまず克服すべきものとして示されるのである。

哲学のみではなく、宗教と芸術においてもことは同様である。現実存在の全体がそのひろがりとその客観的な固有の中心において理解され、象徴化され、支配されなければならないとき、魂からは世界のあらゆる事物のなかで魂だけに固有のものとなるようなアクセントが欠落してしまう。一方魂がそれを見いだすところでは、魂には宇宙を支配し、表象しようとの感情にいたる道がとざされてしまう。まさにレンブラントが「魂の画家」であることから、彼の描く形象には、たとえばホドラー〔フェルディナント・ホドラー、1853–1918 スイスの画家〕の形象の多くに見られるような、あの定義困難な宇宙的なものという特徴が欠けている。ホドラーの形象は、いわば――心理学的に――自分自身を表現しているのではなく、なんらかのしかたで宇宙的なものを表現しており、それらの形象は他のすべてと同様にその宇宙の一部分である。それどころか、反宇宙的で、情熱的に情熱を排して世界一般を拒否するブッダの形象ですら、まさにそのことによってこの世界の最深の把握と、否定的にではあるが決定的にむすびついており、それゆえにブッダの形象は心理学的な意味では容易に「魂のない」ものとして現れることができる。一方レンブラントにあってはすべての関心が魂のうちに中心化されており、描かれた対象においても、筆致においても、そうしたむすびつきにはいたらない。

　これらすべてが具体的に表現されているレンブラントの絵がある。ミュンヘンにある「復活」である。前面では傭兵の集団が蓋の開かれた棺からよろめきのがれようとしている。これは、まったく意味のない、部分的には粗暴で部分的には滑稽な地上のカオスを表している。その上方には、この世ならぬ光の溢れる輝きにつつまれた天使がいる。それはまるで天使が天上へのとびらを開け放ったままにしたため、輝きが天使を追ってきたかのようである。これに対し、絵の片隅で、遠方に、ほとんど影のように描かれるかたちで、イエスが頭をもちあげているが、その表情はほとんど読みとれない。ここで私たちは一挙に悟る。つまりここに描かれているのは魂なのだ。青ざめ、苦しみ、死の硬直によりなかば麻痺したその魂の生をまえに、かの天と地は無にひとしいものとなる。

図７　レンブラント「復活」(1639年)，ミュンヘン，アルテ・ピナコテーク蔵

イエスの顔には、どのような感覚的・絵画的なアクセントも、あるいは神秘的・宗教的なアクセントも加えられていない。そうではなく、まったく単純に、それは魂なのだ。それは魂として、この世のものではないが、しかしまたあの世のものでもない。魂は、途方もない、ありうべき他のすべての現

実存在をつつみこむ対立、この絵において天と地が示しているその対立を超えたところにある。レンブラントが三十代のときに描かれたこの作品は、のちの時代の彼の至高の芸術を象徴し、それを予示するものである。この絵は、魂が端的に他に比類のない所与であることを明らかにしている。魂は、他のあらゆる存在と価値から独立し、いわばそれらによって抵触されない存在と価値であり、主観的なるものの客観的領域であって、地上的な、あるいは場合によっては天上的なコスモスをもとり入れず、またそれらによってとり入れられもしない。この魂という原理の絶対性のみが、あの宗教性、つまりその形而上的内容がいかなる所与の救済事実でもなく、魂自身の宗教的生であるような宗教性をになうことができるのだ。

第二に、レンブラントの描く宗教性は、それがまさに主観の生の様式にほかならないがゆえに、主観の生そのものとちょうどおなじように主観にそなわっているものであること、しかしそれにもかかわらず、レンブラントの描写にはある客観性が、偶然性を超えた理念的に確固としたものが表れていること、これらのことはあるいはまた別の方向から根拠づけられるかもしれない。

芸術についての観察をより深めると、多くの作品においてこれらは一体的であるものの、それでも宗教的なるものの描写と、宗教的描写とを正確に見分けられるはずである。

この区別は、あらゆる芸術的主題について必要であるが、実際の観察におけるよりも、むしろ原理において認められるものである。なんらかの強く感覚的な情景を描く詩や絵画は、感覚的描写である必要はなく、純粋に芸術的・形式的な本質をもつこともできる。逆に、まったく感覚的な情景とは無関係な内容をもつ芸術的描写が、感覚的にきわめて刺激的な場合もある。たとえば、オーブリー・ビアズリー〔1872–1898 イギリスのイラストレーター、作家〕のある種の装飾文様がそうである。この点からするとビアズリーの装飾文様は、あらゆる表象内容を欠きながらもこのうえなく感覚的な興奮を喚起し、表現できるという意味で、音楽のような作用をもつ。こうしたはたらきを一般的に言い表すならば、つぎのようになるだろう。すなわち現実存在のなんらかの内容は、現実として、あるいは経験的世界において体験されることにより、ある種の性質ないし色あいをもつが、それらの内容が芸術の形式に移されるや否や、この性質ないし色あいはもはやその内容に自明にそなわるものではなくなる。芸術のほうは、その個々の作品化の過程でこれらの特性をもつこともたないこともできる。そうした特性は、おなじ内容の現実形式によってそれらの特性が示されると否とにかかわらず、芸術形式それ自身に行きわたることも可能である。描く対象がまったく宗教的ではない（宗教的であってもいいのだが）宗教的芸術作品もあれば、周知のように宗教的対象を描きながらまったく宗教的ではない作品もある。この原理的な認識をもつことが重要である。

描写行為そのもの、芸術的造形作用が、いわばエッチング針やペンや絵筆を動かす手の動きが、宗教的精神によってつらぬかれている――レンブラントの描く、見た目には小市民的な情景のようでもある聖書的主題の描写が感銘をあたえる理由は、おそらくこのようにも言えよう。ダイナミックな創造行為そのものが、私たちが宗教的と名づける固有の調子を帯びている。この調子は、歴史宗教の信心と超越の領域においては宗教固有の「対象」として結晶化する。したがってレンブラントの絵画では、宗教的な場面が描かれる必要はまったくない。絵の全体を生みだしたアプリオリな機能が宗教的であるから、絵の全体が宗教的なのだ。テーマが聖書にもとづいているのは、画家にとっては宗教的機能が発動するためのきっかけとも便宜ともなるからであり、鑑賞者にとってはこの機能を感じとるためである。

ここで絵画について言えることは、声楽の歴史におけるある種の事実にも対応している。歌曲でもオペラでも、多くの作曲家にとってテクストと音楽とは内的には相互にまったく独立している。それどころかモーツァルトなどは、このうえなく貧しいテクストを土台に作曲したが、音楽の自立した美しさがそれを覆い隠した。モーツァルトにおいても他の作曲家においても、ことばと音は確かに事実上一体化しているのだが、両者はまったく異なる意味系列に属している。バッハや、時代が下ってことにシューマンにおいては、事情は異なる。この両者においてはテクストが深く掘りさげられているため、テクストはまったく可塑的な印象をあたえる。テクストが一般的な気分に関してあたえることのできるもっとも深い要素が、総合芸術がそこから生成する根源となる。音楽そのものがこのテクストの根本的気分に規定されることによって、音楽はテクストにふたたびこの根本的気分を注入する。テクスト自身の本質が、音楽に展開されることによって純化され強化されて、あらためてテクストをつかみとり、造形するのだ。

いま最初に述べたテクストと音楽との関係を宗教的対象とその絵画表現について見れば、盛期ルネサンスやルーベンスなどがこれに当てはまる。聖母マリアにどのような内的意味が付与されるかは、ラファエロの関心外のことであり、キリスト降架にどのような意味が付与されるかを、ルーベンスが問うこともない。これら両者においては、絵画はいわば自分自身に恃《たの》むところがあり、したがって彼らの絵画がその固有の意味においてはさながら異物のような対象をふくんでいても、さして気にならない。これに対しレンブラントにあっては、描写された事象の普遍的な根本モチーフ、すなわち宗教的であることが絵画そのものに行きわたっており、またそれによって条件づけられた芸術的プロセスを媒介として、その事象はふたたび宗教的であることと関係づけられる。描かれた対象は芸術作品となることで、あますところなくそのプロセスがもつ特性と一体になるような形式と魂をあたえられる。その一方で芸術的機能のこの特性は、個別性を超えた対象の普遍的意味によってはぐくまれることになるのである。

　こうした解釈にありがちな主観主義的な誤りを、退けておく必要がある。ここで言いたかったのは、いわばレンブラントが私人として宗教的人間であったとか、レンブラント個人の生のこの宗教的気分が彼の生の所産にまでもちこまれた、といったことではない。彼の内面がどのようであったかを私たちは知らないし、さまざまな証拠は、彼が非常に顕著な宗教性のもち主であったとは言いがたいことを示しているように見える。しかし画家としては、これらの絵画の創造者としては、レンブラントはその活動において宗教的なのだ。ここにまたもや、信心深い他の画家との相違がある。すなわちフラ・アンジェリコは、まさに疑いようもなく、子供のような心をもった信仰篤い人間であったが、彼は客観ならぬ主観にかかわる意味での自然主義とも言うべき直截さで、自分の現実の生の気分をみずからの作品へともちこんだ。これに対し、私たちの知りうるかぎり、レンブラントにあって作品に宗教的刻印をあたえるのは、個人的実存ではなく、構想と制作という芸術的プロセスであった。それであるから、レンブラントの作品は、宗教的人格のたんなる写実的な観察にこの刻印を負っているのではない。さきに詳述したように、確かにレンブラントの描く人物は特有の敬虔さを帯びており、内面から発して宗教的領野を生きている者たちのように映る。ただこの直接的な表れの下に、より深い層として、機能的アプリオリとして——宗教的なものの作画とは対比的な——宗教的作画とでも言うべきものがひそんでいるのだ。このような宗教的特徴は、そこでは実際にただ作画にその内在的法則として付随するのみであって、作画がそのためのたんなる手段にすぎないような固有の生の現実なのではない。この芸術的アプリオリが表出するのは、個々の人物においてのみではなく、その絵画全体においてである。光と空気、構成と雰囲気の全体が、ある特定の点ではしばしばそれと示せないような宗教的なるものの気分をただよわせている。そうした全体的特性はまた、ひとつの全体にのみ由来する。すなわち、それが作品のある特定の主題範囲に表出するにしても、そのよってきたるところは、制作全般の様式的身振りとでも言うべきものなのである。内部から立ちあがる、レンブラントの描く人物の、それ自体はなお内容を欠いた生のプロセスの色あいとしてさきに私たちに見えたあの宗教的であることが、いまやこの造形を基礎づけながら、深い層へと下降してゆく。すなわち、絵画やデッサンの筆致は、内的なスタイルを、運動性を、荘厳さを、闇と光のまざりあいを、言い表しがたいものとナイーブで自明のものとの混合を示すにいたる。これらすべては、宗教性と呼ばれねばならないだろう。この筆致そのものがすなわち宗教的であるのであって、たんにそれが宗教をもっているというわけではない。つまり、実際の信心の告白でも、観察された宗教性の再現でも、それ自体が宗教的内容をもつものの描写なのでもない(後の二者が付け加わることもありうるが)。宗教的契機がこうした層に属していて、たんなる所与にすぎないものすべてから自由で、創造されたもののうちに「一般的かつ必然的に」直観できる創造の形成原理そのものでそれがあるような、そうした宗教的芸術作品の作者を私は他に知らない。

第三に、造形ということでも芸術的作用という面でも、レンブラントの宗教的描写の無比の特徴は、以下の点にある。すなわち、そこでは宗教はその心的機能の意味で、宗教性として把握されており、あらゆるドグマ的伝承とその超越的内容は排除されている。またこの第一義的な主観主義は、一方ではさまざまな形象において、それ自体形而上的なものを、宗教的心性の絶対的意義を示すことによって、また他方ではその主観主義が芸術形式の客体性を完全に占有し、客観物の創造の諸条件に内在するアプリオリとなることによって、芸術そのものにおいて徹頭徹尾客観的な価値として表れている。レンブラントは、こうした状況を人間の個体性を超えたものとして実現する一手段をもっていた。すなわち光である。私は、レンブラントの宗教的描写のうえにそそがれた光を「象徴的」なものと説明することはまったくまちがいだと考える。いくつかの風景画や風景版画については、それは当てはまるかもしれない。そこでは光はいささか特殊な情趣を表しており、したがってそもそも象徴的というよりも寓意的なものである。一方宗教的描写においては、光は直接的に宗教的雰囲気であり宗教的な世界の色づけであって、たとえば他の絵に見られるような、開かれた天から下方へと閃く光や幼児キリストから発する輝きがそうであるようには、象徴なのではない。ことは、レンブラントの人物像の宗教的な存在表現と同様である。そこでは人物像は指示された意味を直接にみずからのうちにもっており、なんらかの超越的なものやドグマ的ことがらがそれらの人物において可視化するようには描かれていない。同様に光は、それらの人物が心的現実として宗教的であるのとおなじように、いわば自然の現実として宗教的なのである。それらの人物は、農民らしく、狭量で、徹頭徹尾地に根ざしていながら、その宗教性はそれ自身のうちに形而上的聖性をもっており、彼ら自身が形而上的事実である。それと同様に、レンブラントの宗教的版画や絵画に見られる光は、徹頭徹尾感覚的・地上的なものであって、それ自身を超えたなにかを指示するものではなく、それ自体が経験を超えたなにかなのである。その光は、目に見える存在を形而上的に輝かせるが、それによってこの存在がより高い存在秩序へと押しあげられるのではない。そうではなく、その存在が宗教的なまなざしによって観取されるや否やただちに、その存在それ自身が直接的にある高い秩序なのだ、ということを感じさせるのだ。

こうしたことが意味しているのは、汎神論ということではない。実際造形芸術で汎神論を表現するのは、非常にむずかしい。せいぜいのところ、東アジアの古い絵画にあるいは見られるように、遠く離れたところにただよう情趣として暗示できるだけだろう。汎神論は、なんらかの二元論の宥和であるが、為しとげられた統一が感じられるためにその二元性を完全にぬぐい去ることはできないし、そうすべきものでもない。あるいは汎神論はまた、超越的なものの唯一無比の実在性のために公然と、あるいはひそかに感性的現実を否定することでもある。これらのいずれも、レンブラントの態度とはまったくかけ離れている。レンブラント特有の光は、太陽に発するのでもなんらかの人工的光源によるのでもなく、芸術的ファンタジーに由来する。しかしその光は、ファンタジーの土台のうえではまったく心的・感性的な直観の性格を帯びている。その光がもつ荘厳さとこの世ならぬものの印象は、その光が徹頭徹尾この世界の現象であることによって、いわば芸術的経験であることによってもつにいたった性質なのである。

ここで歴史的現実とのあるアナロジーが認識されよう。オランダの絵画に描かれた農民や市民のすがたに注目してみよう。オランダの民衆は、享楽を愛し、地にしっかりと根ざし、飲み食いを心から楽しむひとびとである。それだけに、ほかならぬこうしたひとびとが理想や政治的自由や宗教的救済のために、死や、あるいは死よりも恐ろしいものをも従容と受け入れたということは、このうえなく衝撃的なできごとと言わねばならない。こうしたことがらは、レンブラントの宗教的絵画や版画の多くにおいては、ほとんど象徴化されて描かれる。すなわち素朴な、主観的幻想も抱かず、現世的で無愛想な人物が、それでも自己のうちですでにあの内在的な宗教性に与り、ある全体性をになうべく、いまやもういちど光に囲まれる。その全体性は、地上的なもののおなじ純粋な内的変容という性格を表している。そこでは地上的なものは、それ自身を超えたところに出ることなく、超地上的なものとなっている。ハーグ美術館蔵の「エジプトへの避難の途上での休息」やベルリンにあるグリザイユ「善きサマリア人」などは、絵画表現史におけるまさに他に例のない事例である。偉大な作曲家の音楽は、歌のテクストの個々の概念的内容を包括しながら、まさにそれによってその内容の究極的な意味を絶対的な統一と純粋さのうちに響かせる。それとおなじように、ここではほとんど識別できない人物の諸特徴やできごとのすべての細部が光と闇のドラマに残りなく溶けこんでおり、それによってできごとの普遍的で形而上学的な内的意味がヴィジョンとなって私たちをゆさぶるのだ。

なんらかの個別のものに対比する意味で私たちが「一般的」と呼ぶものは、さまざまな観点から獲得することができる。概念、感覚印象、感情価値、内容そのものや形式そのもの――これらすべては、なんらかの個別の存在構成から、その一般性としてきわ立たせることができるかもしれない。この一般性は、そのときどきの残りの諸規定によって、他と見まがうことのない個別的全体像となる。光を描いたこれらのレンブラントの作品では、宗教的調子、具象的なもののうちにその荘厳さと衝撃として宿っている超越は、一般的なものであり、描かれた光景はそのうちに置かれている。光は具象的世界においてもっとも一般的なものである。なぜなら光こそがその世界をそもそも「ありうるもの」とするからであり、光の純粋な変容はそのかぎりで、あらゆる視覚的光景のもっとも奥深い超越論的図式として妥当しうるかもしれない。ここではまさに光はおのおのの画像における一般的なものであって、それらすべての画像が負う意味のなお彼方にある。それはすなわち音楽が歌の歌詞、というよりも曲を付された歌曲という総合芸術にとっての一般性であるのと同様である。宗教的情趣と聖化へといたる過程をその過程のもっとも一般的なものへと集中させ、光をこの一般性の具象的にない手として獲得したこと、これこそがレンブラントの芸術の唯一無比な点である。

これによって、あらゆるドグマ的な内容に対するこのうえなく決定的な拒絶がなされることとなった。そもそも聖書のできごとがなお描写の固有の対象であるならば、仮にそのにない手として描かれた人物が、教会の伝統によりあたえられた意味をあますところなく主観的で自律的に宗教的であることのうちへと止揚しているとしても、全体の情景はなお客観的な聖伝承の提供するもののうちにとどまるとも言える。とはいえ、光がもはやその情景を照らすためにそこにあるのではないならば、いまやこれもまた脱落する。その場合逆に光のみがその自足した動態と深みと対比のなかで描写対象と化すのであり、人間的・聖書的なできごとはいわば光にとって偶然的なきっかけであるにすぎない。すべてのドグマ的事実を超えたものや、あるいはまたそれを基礎づけるもの、すなわち敬虔さそのものや、心的実存の宗教的意義そのものは、個人において表れる。ちょうどそのように、レンブラントの絵画では、歴史的・教会的に確定されたできごとの全体がもっとも一般的なもの、つまり光に還元される。そこではいわば個別的なそれを超えた魂の全体的雰囲気が啓示されるのであり、その魂がもつ宗教性はこの一片の世界に浸透する。そこで目に見えるものとなった宗教性のもたらす高揚と沈潜、戦慄と浄福は、あれこれの宗派的内容を凌駕している。なぜならそれらこそが、その内容の本質の端的な一般性として、すべての内容を基礎づけるからである。

　だからと言って、レンブラントのみが本来の宗教画とよべるものを制作した、ということではない。むしろレンブラントの芸術の唯一無比の性格は、それと対立する宗教芸術、すなわち客観的宗教芸術とそれがもつ権利との対比ではじめて明らかとなる。客観的宗教芸術の前提となるのは、個々の人間の心の外部に宗教的事実と宗教的価値が存在しているとの想定である。この対比については、本論文のはじめに略述したとおりであり、ほかならぬ個人の心の宗教性とその表現が出あういくつかの限界についてのみ、なお述べておく必要がある。その限界は、この宗教性が自己自身に限定されており、その宗教的生が純粋に内的に、うえに示唆したような超越とのかかわりなく生きられることから生じる。客観的宗教の芸術は、神聖な存在やできごとを、それ自体の意味をもった、心におけるその偶然的な反映から自由な現実存在として描きだす。のみならず、そこでは超越的世界や客観的な救済の事実の強調によって、信心深い者の主観的な過程のなかで引き起こされるものが問題となる。もちろんレンブラント的な宗教性をもつ人間も、予感や確信や震撼などのようなかたちで、超地上的なものに満たされている。ただ彼らに対峙するものとしての超越的なものの存在は、彼らにとって最優先のものではなく、いわば彼らの宗教行動の実質をなすものではない。決定的なのはつねに、魂そのものから溢れ出るながれであり、魂の宗教的宿命としてのその内的で固有の存在性である。それであるから、レンブラントの宗教的描写における魂の体験領域には、見逃しがたい欠落がある。

まずはキリスト教にとって本質的なモチーフである希望が欠けている。希望という情動は魂において、当然ながら彼岸や魂を超越するものに積極的にかかわるものとしてもっぱら湧きあがる。トレチェントの絵画の人物すべてのうえにダンテの天国がただよい、バロックのエキセントリックな運動性においては人間が文字どおり天へと引き去られているとするならば、レンブラントの作品においては、希望も絶望もなく、その絵の人物たちはこうした範疇の彼岸にあり、その魂は天国と地獄の熱狂から離れて、それらよりも直接的な意味において魂の所有物であるものへと引きこもっているのだ。救済欲求や恩寵などの宗教経験も、これらの人物にはあたえられない。このように特徴づけられる心的状態性は、確かに心のうちなるもろもろの力によって生みだされるかもしれないが、そうした状態性がそれらに特有の実体をえるのは、魂の外部にあり、魂がそれに全面的に依存するなにものかに意識の目が向けられてからのことである。

ここに明らかとなるのは、非常に多岐にわたって人間の行動をかたちづくる形式である。私たちは心理学的には、みずからがもっぱら意識に内在し、自分の生の内容はたんに自己意識が変様したものにすぎない、と確信するにいたるかもしれない。あるいは形而上学的には私たちの経験と価値達成はすべて魂がみずからへと向かう途上でえられるものであって、魂ははじめからみずからの所有になるもの以外のなにものも見いだしはしないのだ、と考えるかもしれない。とはいえ、こうした内的な発展は、幾度となく外部的なものを経由してなされるのであり、魂はみずからの高められた価値を――それらがもっぱら魂自身のうちにあるものだとしても――けっして直接にではなく、みずからのそとにあると魂が認めるものへの迂回をつうじて獲得するのである。

このことはまた、生の本質ともかかわっている。そもそも生は、いわば自己を超えでてゆくこと、つねに自己を超えたところへと手を届かせようとすることを、その本質とする。これは、自己保存の欲動においても生殖においても、表象作用や意志においても同様である。この自己を超えたところへの駆り立て、自己のそとに自己を置きすえるはたらきはまた、いわば逆行もする。生は、外部の、また理念的な対象性を介した道を経て、そこでえたものやそこでの反応をたずさえて、自己自身のうちに帰ってゆく。そうした獲得物や反応は、確かにその生にのみ妥当なものではあるが、それらは生が他なるものをつうじた迂回路を経てのみ到達ないし産出できるものなのだ。こうしたすべてにおいて魂は自分自身のうちで循環しているにすぎないとしても、自己自身を超えでる振り幅と、魂がまずそれに反応するような他なるものや対峙するものを創造することは、まさに魂の内的生の様態なのである。

さて、確かに徹頭徹尾魂の領界のうちにとどまった魂の完成なるものがある。存在の、感受の、発展の、格闘の価値がそこでは実現される。そうした価値の圏域と意図において、レンブラントが表現する宗教性が成立する。しかしたとえすべての宗教において実際に問題となるのはこの内的なもの、いわば魂が自己を生きることであると仮定するにせよ、また魂のそとのすべての客観性が、魂においてはたんなる神話であり反映であり実体化であり、あるいは他のなにかであるにすぎないと仮定するにせよ、つぎのことは否定できない。すなわち、ある種の純粋に内的な体験は、まさにあの内在の圏域がやぶられて、魂が遠心的アクセントとともに客観的形象に向かい、そしてそれらの形象を経る迂回路という形式で生きることによって成立するのだ。「信心深さ」は純粋に魂の内部の態度であるにしても、「信仰」ということはまた、このようにして成立する。さらに、希望や劫罰、救いと恩寵もまたそれぞれそのようにして宗教的表現を獲得することになるだろう。仮にこれらすべてを条件づける対象物が宗教的観点以外のそれ、たとえば知的観点から見たときに魂自身の形象にすぎないと見えるにしても、である。それであるから、レンブラントの宗教性には危機のモメントが欠けている。そこには、恐るべき不確実性や神からの放置や闇のなかの手さぐりなどはまったくない。超越的なものからくる絶対的な要求に脅かされることもない。一方ミケランジェロの人生はそうした要求に引き裂かれており、それはまた彼が描く人物の生のなかに、さまざまに置き換えられたかたちにおいてであれ、存続している。しかしだからといって、レンブラントの描く人物に小市民的な安心感のようなものを帰してはならない。むしろ彼らは、危機と救いの二者択一の彼岸にある。なぜなら、これら両者と、それによって定められる一連の現象はともに、宗教的生の強調点が客観的な宗教的内容に置かれるときに現れるものだからである。強調点が主観的な宗教的過程に置かれるとき、この主観的過程それ自身がなお形而上的で永遠的なものであるかもしれない。宗教性がそのもっとも深い意味においてまったく主客の対立という形式をとらないときには、そうした情動のための前提を欠いている。したがって、そうした情動がレンブラントの芸術に見いだされないということは、たんなる欠落なのではなく、レンブラントの芸術の本質の必然的で終始変わらぬ帰結なのである。レンブラント芸術の本質は、客観的宗教芸術という類型に対して、対極的な地点から唯一無比の断固たる態度と偉大さとで対峙しているのだ。

四　モダニティーとの相克

宗教の根本思想と近代科学　アンケート（一九〇九）

原題　Religiöse Grundgedanken und moderne Wissenschaft

出典　*Nord und Süd*, 33. Jg., 128. Bd., 1909, 366–369（*GA* 17, 74–78）

内容　タイトルにある問いについて、著名人になされたアンケートに対するジンメルの回答。ジンメルの死後に編集された論集『橋と扉』（*Brücke und Tür*, 1957）にも収録された。ジンメルによれば、宗教の教義的内容が信憑性を失ったのは、科学的発見のせいではない。奇跡は古代においても奇跡だった。科学は神の存在を反証しえず、また科学と宗教の関心領域はそもそも異なっている。宗教を今日追いつめているのは、科学的蓋然性の範囲にのみリアリティーを認める精神傾向である。しかし宗教的欲求そのものは消失することはない。宗教を、自己と世界を把握する固有の形式にして存在のありかたととらえる必要がある。宗教と科学の競合は、教義等の宗教の形成物のレベルでは生じるが、この存在性のレベルでは生じるべくもない。宗教の未来は、宗教がこの直接的生のレベルに定位するか否かにかかっている。

宗教のいとなみが現在の状況下でかかえる困難は、人間の内的な存在性ないし欲求としての宗教性と、この存在性の内容として、この欲求を満たすものとして伝承されてきたあらゆる表象とのあいだに生じている緊張に由来している。宗教の教義的内容が信憑性を失ったのは、そもそも事実および事実たりうるものの方法的で精密な探求としての科学の成果によるものではない。処女より子が生まれること、水がぶどう酒に変容すること、死者がよみがえり、また天に召されること、こうしたことは、一九世紀の自然科学にとってありえないことであるのと同様に、一三世紀の人間の経験にとってもありえないことであった。個々の学問の成果ではなく――それはここで問題とするまでもないだろう――時代の一般的な、科学的・知的風潮が、そうした教義をありえないものとしたのだ。

歴史学の教えるところによれば、救世主の処女懐胎や、救世主が神の子であることや聖餐の象徴等々の、キリスト教固有のものとされることがらは、きわめて古い民俗的表象形式だということだが、そうした事実は、これらの伝承の主観的な、のみならず客観的な宗教的意味をも打ちくだくものではまったくない。なぜならそうした伝承の歴史的展開が明らかにされ、その展開上の一部が他の一部と経験的な表れにおいては顕著な違いを示さなかったとしても、その一部がまったく固有の超越的意味を帯びることをさまたげはしないからである。これはおなじことばが、外面的にはまったくわずかな修正によって、ごくつまらないことを意味する場合もあれば、かぎりなく意味深い思想を表現することもあるのとおなじである。

また、神の概念が科学によっては反駁しえないことは、つとに認められている。現実存在の複合の全体――科学によっては、私たちはその諸部分の関係を認識できるにすぎない――が、ある包括的な審級により創出され形成されたこと、世界の過程において私たちが認識しうるできごとすべてとならんで、あるいはその根底になお、ある恒常的な要素が、すなわち神の意志が、存在を維持するためともにはたらいていること――こうしたことは、科学によっては否定できないのみでなく、科学の関心領域にはまったくかかわらないものなのだ。キリスト教の核心とは無関係で些末な点は別として、キリスト教の伝承に対する論理的に決定的な反証ということは、精密科学の成果によってはなしえない。そうではなく、すでに示唆したように、全体としての科学的精神、科学的態度では探求不可能なものへとそれを適用すること、信じるにたるリアリティーを科学的に蓋然性のあることに限定すること、こうしたことが、伝承された宗教の内容を堅持することを不可能とするのだ。

　しかしながら、これまでそうした内容によって満たされてきた内的欲求が、そうした内容とともに一掃されてしまうものと考えるならば、それはまったく事態を見あやまることになるだろう。わずかのあいだを除いて、そうした欲求を沈黙させたり、他へとそらしたりすることなどは、まったく不可能である。私たちの歴史的知識の示すところによれば、そうしたことが可能であるためには、この欲求はあまりに長く、また深く、私たちの本性の根底に根を下ろしているのだ。かくして、なににせよ教養層の尋常ならざるほど大きな部分が、問題ある状況におちいっている。すなわち、彼らのうちで欲求があらたな力をもって高まっていながら、その欲求をこれまで満たしてきたものが幻想にすぎないという洞察をつうじて、そうした内容とともに欲求もまた消失したかのごとく見えてしまうのである。こうして教養層のひとびとは、そうした欲求とともにまったくの空無のうちに置かれていることになる。

これにどのように対処すべきかについては、今日なおまったく見通しが立っていない。一方でまだ多くの人間は、宗教的内容に対する科学的精神の勝利が、宗教的欲求をもまた除去したものと考えており、他方でそうした宗教的内容の主唱者たちは、その内容を絶望的な努力とあらゆる公的権威の後ろ盾のもとに主張しようとこころみている。おそらくなによりも必要とされるのは、つぎのような洞察である。すなわち宗教性とはある種の存在性、いわば人間のある機能する質であって、それがあますところなく人間を規定している場合もあれば、まだ未発達のまま存在している場合もある。またこの特質の信仰箇条への、超越的現実の想定への展開は、確かにほとんどの場合生じることではあるが、それは宗教的な存在性や宗教的心情と無条件にむすびつくものではない。エロス的な本性が、それがすでに特定の愛の対象を生みだしたかどうか、あるいは生みだすか否かにかかわりなくエロス的であるように、宗教的本性は、それがなんらかの神を信じているか否かにかかわりなく、断じて宗教的なのだ。宗教的人間にとって決定的に重要なのは、その人間が生の内容の総体に反応するしかたであり、またその人間にとって理論的・実践的世界のあらゆる細部が統合されて作りだす固有の統一性である。芸術家も同様にこの存在の総体に芸術家なりのしかたで応答し、芸術家なりの世界をそこから形成するのであり、また哲学者もおなじように、固有のしかたでこれに応答する。

このようにして宗教性を、そのなかで人間の魂が生き、また自己自身と現実存在とを把握する一形式として理解するならば――ちなみにこの形式はきびしい要求と主観的なものを超えた理想につらぬかれているため、ナイーブな考え方からすれば外面的な律法のように受けとられてしまうのだが――科学との葛藤などはまったく生じないことが見てとれるだろう。なぜなら科学もまた世界と生に対する精神的な態度にほかならず、世界や生は原則として、科学なり宗教性なりによってそれぞれあますところなく把握され、構成されるので、両者はたがいに争うことはなく、あるいはふれあうことすらほとんどないからである。それはスピノザの体系における思惟と延長のようなものであって、それぞれがすでにして現実存在の全体を、それぞれの固有の言語で表現するのだ。

他方であらゆる科学的な批判はただ、宗教的な存在性と欲求とが止むに止まれずおりおりに異なるかたちで生みだした、個々の、内容的に規定された信仰表象を打ちやぶることしかできない。科学がさきに述べたようなしかたでこうした作用をおよぼしたことにより、今日宗教のいとなみを支配している困惑が生みだされたことは疑いない。宗教性がみずからのためにもろもろの個別的な内容を生みだすかぎり、そうした内容がそもそも認識的性格をもち、その形成が理論的思惟との競合関係に置かれる以上は、決定的な転換を期待することはできない。ことに宗教がある種の、言うところの終極的で、もっとも本質的で、変更不可能な表象なるものにひきこもり、その歴史的な、特定の、偶然的な形成物が批判にさらされるままにしておくならばなおさらである。なぜなら、宗教的な存在性の客観化として、その存在性の外部に、具体的現実にかかわる表象が残っているかぎり、批判は避けがたいからである。

この難局の解決は、宗教のいとなみの進化においてのみ期待できるが、すでに述べたように、今日なおだれもそうした進化が生じると確信をもって予期することはできない。こうした制約を承知で述べるとすれば、私にはその解決は以下の点にかかっていると思われる。すなわちことは、宗教が、合理的形而上学の純粋な思考形式のようなものとしてみずからのうちより形成した超越的表象世界のなかにみずからを見いだすのではなく、ふたたび固有の、しかも直接的な生、つまり、宗教的人間にとってまさに自身の存在性であり、その内的・外的な実存の自明の色あいにしてかたちであるその生に自己を見いだすことにかかっているのである。もちろんそうした実存には、その生の作用を可能とするすべての個々の内容がふくまれているのであるから、そのかぎりにおいては、ともかくもなんらかの宗教的世界像なるものを語ることもできる。ただこの世界像には、事物や諸体験や運命の認識は、まったくふくまれていない。そこにふくまれているのは、それらのことがらの、宗教の独自の価値評価と欲求にしたがった序列化であり、それらに対するある固有の感情反応であり、ある特有の、それらのなかに直接込められた意味付与なのである。宗教がもし一連の主張の総和ではなく、人間のある特定のありかたであるならば、またそうであることによってはじめて、宗教が世界内容の特徴づけと序列化を行うのならば、宗教は科学によっては、なんらかの存在がそもそも反証されえないのと同様に、反証されえない。そうした反証は、宗教がみずからの描く事物の像を、宗教の本質をなす内的な存在性から切り離して、ひとつの認識世界へと硬化させるときにはじめて可能となる。その認識世界は、科学の思考形式をなんらかのかたちで模したものであって、したがって科学との競合関係のもとに立たざるをえない。それは教会が国家の形式にならってみずからを形成するとき、国家との競合関係のうちに立たざるをえないのと同じことなのである。

宗教的状況の問題（一九一一）

原題　Das Problem der religiösen Lage

出典　*Philosophische Kultur*, Leipzig: Alfred Kröner, 1911, 367–384（GA 14, 367–384）

内容　ディルタイ、トレルチらドイツの著名思想家の多くが寄稿した論集『世界観』（*Weltanschauung*, 1911）に発表され、のちに大幅な増補のうえ、論集『哲学的文化』に収録された、宗教にかんする代表的な時代診断的エッセイ。現代の人間は、宗教を信じることもできず、かと言ってそれを幻想としてすて去ることもできず、ただ寄辺ない宗教的欲求をかかえてさまよっている。ここで注意すべきは、宗教の根底にあるのは、宗教的欲求とそれを満たす宗教的対象に分離する以前の宗教性だという事実である。これは人間存在のありかたであって、真偽判断の対象にはならない。そして、そうした存在のありかた＝宗教的生そのものが、形而上的なるものなのである。宗教状況の転換は、宗教的生が、みずからの生みだした神などの宗教的対象ではなく、自分自身の生に形而上学的価値を見いだすか否かにかかっている。

すでにあるいずれかの宗教を内面で信じるわけでもなく、かといってうわべだけ「啓蒙」されることによって、諸宗教という事実はようやく人類がそこから目覚めつつある夢にほかならない、と言いきることもできないでいる現代人は、宗教という事実をまえに、いわく言いがたい、不安をかき立てられるような状況のうちにある。形而上学的な深さや感情面での価値、倫理的な完成度や精神的意味などの点で、現代人は歴史的諸宗教の現状のあいだに、いちじるしい違いを見る。とはいえ、この相違は宗教信仰の諸内容にかかわるのみであって、現実性に対する信仰の原理的位置にかかわるものではない。知りえぬものの知、あるいは感覚を超えたものの無媒介な、ないしはなんらかの媒介的な経験ということで言えば、ウィツィロポチトリ〔アステカの神〕とオフルマズド〔ゾロアスター教の最高神、アフラ・マズダーと同〕、バアル〔古代カナン・フェニキア地方の天候・農耕神〕とヴォータン〔古代ゲルマンの主神〕、さらにキリスト教の神とブラフマン〔インド哲学の宇宙原理〕とのあいだには、なんらの差異もない。実在性の問題がこれらの形象のいずれかへの信仰告白を根本的にさまたげると言うなら、おなじことは他のいずれについてもあてはまる。

私がここで語っている現代人は、私たちが自分の皮膚につつまれているのとおなじように経験世界にぴったりはまりこんでおり、そして自分の身体によって自分の皮膚から飛びだせないのと同様に、心にあたえられたなんらかの手段によって彼岸の世界へと手をとどかせる望みなどない、と確信している。というのも、超越的なるものが存在し、それがあれこれの特性をそなえているとの宗教の信仰は、それを希釈して理解することを許さないからである。その信仰内容は、考えられるかぎりもっとも堅固な実在性を、経験世界よりもはるかに堅固な実在性をもたなければならない。経験世界については、それが「私の表象」であると認めることもあるいは可能かもしれない。経験世界は私たちの認識の基準にしたがうかぎりで、それ自身のうちで調和一貫した像をなし、またこの像を表象することは私たちのうちに実践的な反応を引きおこし、それらの反応が私たちの生を世界のなかでになっている――これでことは十分であろう。

ところが、信仰者が、信仰内容の証明不可能性を突きつける経験主義者に対して、君の世界も結局のところ証明不可能ではないか、君の世界の実在も結局のところ信仰のことがらではないか、と答えるとするならば、この信仰者は自分自身を見あやまっていることになる。なぜなら、救済の諸事実は「私の表象」というだけでは十分ではないからである。救済の諸事実は、経験的世界がそうであるように、もしその絶対的現実がまったく異なったものであったり、あるいはまったく存在しなかったとしてもそのはたらきをなす、というものではない。もしイエスが、いかなる認識論的留保にも弱められることのない完全な実在性をもっていないとするならば、イエスは私たちを救済する者たりえないであろう。ワインの表象がキリストの血の表象に実体変化したわけではない。絶対的な意味で現実のワインが絶対的な意味で現実のキリストの血に変容したのだ。救済の諸事実の実在性は、いかなる妥協も許さない。結局のところは本論文のはじめに描いたような立場に立っている、現代のある種の高踏的なひとびとは、信仰内容の堅固な事実性を誤認している。この事実性によってこそ、この信仰内容がこれまで存在したあらゆる宗教において果たしてきた作用は条件づけられているのだ。彼らは、「神」の表象やイエスの超越的意味や不死性などをもちいて、ある種の神秘主義的・ロマン主義的な遊戯を行っている。その遊戯の権利を、彼らは先祖返り的な感情や、巨大な伝統の残響などから引きだすが、そこからはまさに決定的に重要なもの、超越の絶対的実在性が排除されている。それゆえに、彼らはとりわけ象徴の概念を濫用する。彼らは、自分たちがキリスト教的なるものとして確保したものは、すべて「たんに象徴的な」意味をもつにすぎないことを認めるのだが、そのさいそもそもそれによってなにが象徴化されているのかを示すことはないのだ。

現存する宗教的内容にかんして、それを信じる勇気も信じない勇気ももたないといった者たちを度外視するにしても、かの現代人の苛立たしい状況がなお残る。すなわち、ある種の信仰内容が存続してはいるが、その存在主張に対してはみずからの知的良心からしていかなるつながりももちえないというのに、他方で最上級の、このうえなく卓越した思考力をもつひとびとによってこの存在主張がまったく疑いなき現実であると明言されるのを目にする、といった状況である。ここで現代人は、自分にはある種の感覚が欠けているのではないか、他の人たちはその感覚によって、誓ってなにもなく、なにも存在しえないと思えるところになんらかの実在的なものを見るのではないか、と不安な感情を抱くにちがいない。

みずからの理性(けっして学問的証明基準といった意味にとどまるものではない理性)への信頼を失うか、あるいは過去の偉大なひとびとへの信頼を失うか——このような差しせまった状況のなかにあって、現代人にはある確固たる事実が残っている。すなわち宗教的欲求、あるいはより慎重に言うならば、これまで宗教的充足によって満たされてきた欲求が現に疑いなく存在している、という事実である。もし啓蒙主義が、その数世紀におよぶ宗教的内容への批判によって、人類史の最初の黎明以来、もっとも低い自然民族からこのうえない文化的高みにいたるまで人類を支配してきた憧憬を破壊しえたと考えるならば、啓蒙主義は盲目であろう。

　ここにおいてしかしはじめて、ともかくも圧倒的多数の教養人が今日おちいっている状況の問題性があますところなくうかびあがる。すなわちあらたな欲求の力が彼らを圧迫しているものの、その欲求に対しこれまで提供されてきて、またいまのところ唯一提供しうる充足は、彼らにとってはたんなる幻想と認識され、そうした充足をもってしては虚空に立つのみだ、というのがその状況なのである。ちょうど樹木が年ごとにその果実を収穫されても生き続けるように、宗教そのものもいまにいたるまで諸宗教を乗り越えて存続してきた。今日の状況が恐ろしく深刻なのは、あれこれのドグマではなく、超越への信仰内容そのものが原則的に幻想であると指弾されているからである。ここにおいて生き残っているのは、もはやなんらかのあらたな充足を求める超越の形式ではなく、あるより深く寄る辺ないもの、すなわち欲求なのである。これまで超越的なるもの一般によって鎮められてきたこの欲求は、そうした充足を超えて存続したものの、信仰内容そのものが打ちすてられてしまったことから、麻痺状態におちいってしまい、固有の生命を獲得する道をふさがれてしまったように見えるのだ。

すべてのドグマ的ないし「啓示された」個別内容を放棄して、超世界的なものを秘められたものとして、けっして確実には知りえぬものであり、私たちの仮説や信仰は大なり小なり、それとへだたったところを手さぐりするものでしかないとすること――すでに一八世紀にこころみられたこうした打開策も、通用しはしない。これではそもそもすべてがもとのままだからである。神表象のもともとの内容をひとつの小包に追し込んで封印しながら、結局その小包を以前に個々の内容を扱ったと同様に扱っているにすぎないからだ。個々の内容の受け入れがたさはこれで視野のそとに押しやられるかもしれないが、そうした内容一般の受け入れがたさは、眼前に残るのである。

もしここで、内的態度を文字どおり根本的に改める以外にこの状況を脱する道が残されていないとするならば、まずはカントによってもたらされた転換があますところなく示されなければならない。つまり宗教とは魂の内的態度であって、この内的存在や行為や感情と、それらを超えた存在者とのなんらかの中間物ないし混合物などといったあいまいなものとして思い描かれてはならない、ということが明らかにされる必要があるのだ。魂と超越的なものとのあいだには、なんらかの関係が存在するかもしれない。しかし宗教とは、いずれにせよこの関係のうち、魂のがわで生起する部分を意味している。カントの言いかたにならえば、事物が「私たちの表象力に移りくる」ことがまずないように、神が私たちの心に移りくることはまれである。そしてもし仮に魂と神との一体化ないし融合ということをなお主張しうるとしても、それは形而上学や神秘主義のがわで起こることであろう。宗教なるものが、思弁とは明確に異なるすぐれて「実践的な」意味をもたなければならないとするならば、宗教とは魂における存在性ないし現象であり、私たちに分かちあたえられた部分である、ということになるだろう。これは仮に神が現実に私たちの魂のうちにあったとしてもおなじことであろう。

　エロティックな本性をもつ人間は、結局のところおそらくつねに個々の個別の人間を愛するのだが、その一方でそれに先行して、そうした本性がエロティックな本性としての固有の特質をもっていることは否定しえないし、またそうした特質は原理的にその個別的な表れと切り離して考えることができる。それと同様に、宗教的本性は、まずはそれ自身ある種の調子を帯びた性質であり、宗教的本性は最初から非宗教的本性とは異なったかたちで生を感じ、形成するのであって、これはたとえ神性を言い表すことばや概念がなにひとつない孤島においてさえ、おなじことであろう。

　話を単純にするために、ここではまず決定的に、あますところなく「宗教的な本性」

をもつ者について考えてみよう。純粋にそのありのままに見るならば、そうした本性をもつ者は、なんらかの所有物や能力のように宗教をもっているのみではなく、その存在が宗教的存在なのであって、いわばその人間は、ちょうど私たちの体が有機的に機能するように、宗教的に機能するのである。この終極的な存在規定は、そこここでさまざまなかたちをとるようなドグマのみをもっぱらその内容とするのではない。そうではなく、それと名ざすことのできる魂の個々の特性もまた、その内容をなすのである。例えば依存感情、希望の歓び、謙譲とあこがれ、地上的なるものへの無関心、生の統御などがそれである。

もっともこれらすべてはなお、宗教的人間におけるもっとも宗教的なるものではない。これらはいぜんとして、宗教的人間に発したもの、その人間がもつものである。これは芸術的人間がファンタジーや技術的巧妙さを、鋭く研ぎすまされた感覚と様式化の力をもっているのとおなじである。ところが芸術家の存在にあって、その人間を芸術家にする実質、それ以上の分解を許さないような統一性をもつ実質は、いわばあらゆるもののしたに隠れているのである。伝統的な理解は、おしなべて人間の宗教性を、「一般的な」エネルギー、すなわち感情や、思考や、倫理的ないし欲動的意志などの結合と変様のなかに見いだす。しかし実際には宗教的な魂の基礎的存在性こそが宗教性なのであって、これこそがいまあげた魂の一般的な、あるいは特殊な諸性質に、色あいとはたらきとをあたえるのである。いわばあとになって(これは時間的先後関係の意味においてではないが)はじめて、この宗教的根本存在は、欲求と充足に分裂する。それはちょうど芸術的存在性が、創造衝動と客体的な作品という形成物との相関において表れるのとおなじである。

こうして欲求と充足へのこの分離とともに、宗教的人間の自然な特性としての宗教性に対して、なんらかの宗教的対象が客体として対置されることとなる。人格に無時間的にあたえられている宗教的存在性が、欲求、あこがれ、熱望などといった心理的段階に進むことによって、宗教的存在性はその充足＝実現としての実在を要求するにいたる。ここにいまや、ひとびとが以前から、神々を創りだすものと力説してきたあらゆる心的動因がそのところをえる。例えば、恐れと苦難、愛と依存、地上での安寧への、あるいは永遠の救いへのあこがれ、などがそれである。とはいえ起源問題の全容は、内的な宗教的状態が欲求とその充足という分化形式の洗礼を受け、それによってある種の実在に、信仰の対象にしてみずからの存在に向かいあって立つ神に到達しようと努力するときにはじめて、それと分かるかたちであらわとなる。宗教が上述のもろもろの情動から発し、またそこに入ってゆくためには、宗教はまずその諸対象とむすびつきをもつ必要があるのだ。

こうしてここにはじめて、宗教の真理と虚偽という問題が生じうることとなる。この問いは、ひとが宗教の名のもとにあの人間の根元的特性を考えるかぎりでは、明らかに意味をなさない。というのも、なんらかの存在性は真であったり偽であったりすることはできないからであり、そうでありうるのは、信じる者を超えたなんらかの実在への信仰だけだからである。「私は神を信じる」という信仰告白にふくまれる知的要素を、ひとは一方で過ぎたものと、他方ではあまりにか弱いものと感じる。ここから明らかとなるのは、信じる主体と信じられる客体とのまったき対立はすべて、ひとつの二次的な分裂でしかなく、この対立なるものは、より深いあるもののための、もはや十分に適切とはいえない表現なのだ、ということにほかならない。このより深きものは、自己確実性をもつものではあるが、知にとっては他者的な存在である。これを手さぐりで表そうとする神秘主義の命名にしたがえば、神は（名づけうるすべての個別のなにかに対する）「純粋無《ダス・ライネ・ニヒツ》」〔プロティノス、エックハルトらによってもちいられた神の絶対的超越を表す概念〕であり、あるいは「超在するもの《ユーバーザイエンデ》」〔プロティノス、シェリングらが存在の根底を表すためにもちいた概念〕であるが、これらの名称も神の実在への問いを回避しようとするものにほかならない。真か偽かというこの問いはもはや、宗教の根源が、あるいは存在の終極的な根そのものとしての宗教が生成する層には属さないのである。

とはいえ人間は欲求をもつ存在であり、人間存在の第一歩は、もつことの欲へと人間をみちびき、またそれゆえに人間主体の第一歩は、人間を客体へとみちびく。ここから、宗教的な生の過程、つまりこの個々の人間の深い存在規定は、ただちに信じる者と信仰の自存する対象との、あるいは希求する者とそれを満たすものとの相関へと移行する。欲求が決定的なものとなるや否や、その充足も原則的にさまざまなしかたで可能となる。これは欲求一般の充足がそうであるのとおなじである。のみならず、この充足が宗教的演目とは別のなにかによって生じることもけっして除外できない。空腹感が食べること以外の手段で鎮められることもあれば、暖かさを求める欲求が温度調節以外の手段で満たされることもあるのとおなじである。そして実際に、宗教的欲求がそれとしてみずからの性格を強く主張しながら表れるときに、それを道徳的、美的、あるいは知的に満足させようとすることがあるが、それではその欲求をそらせたり減殺したりすることにはならない。欲求と充足へのこの分化とともに、こうした現実形態が、今度は宗教性自体をとらえてしまう。ここから、祈り、呪術、儀礼などが、事実的効果のための手段となる。こうして主観的人間が神の客観的な実在に向きあうこととなり、「真理問題」があますず露呈し、正しいか幻想か、という抗争が生じる。宗教的存在は、それがいまや移調したレベルにおいて、分裂をとげることとなるのだ。

歴史の証言にしたがえばこれまでの人間にとって不可避であったこの移調の成果こそが、ほかならぬ「啓蒙主義」の成立であった。啓蒙主義によれば、「現実に」なんらかの形而上学的・超越的・神的なるものが人間の外部に存在するか、あるいは科学的精神がそうした現実を認めないのであれば、そうしたものへの信仰は、純粋に心理学的に説明されるべき主観的幻想であるか、以上のいずれかであるということになる。とはいえもしこの二者択一によって形而上的なもの、心理学的な導出が不可能なものの存在が反証されたと考えるならば、それは、間違っている。そして、宗教になんらかの未来があるためには、この二者択一は克服されねばならない。学問的な意味での真理概念にもとづいて宗教の受容や宗教への批判を行うというような根本的な誤解は度外視する。この基準によって証明可能な四終〔キリスト教の概念。死、審判、天国、地獄〕についての「真理」があったとしても、宗教は無用となるわけではない。それは、彩色写真が絶対的に忠実な人間の外貌の再現に成功したとしても、肖像写真は肖像画にとって代わることができないのとおなじである。ここで重要なのは、うえの選択肢に加えて、なお第三の選択肢があることだ。すなわちひょっとしたらこの信仰、この心的な所与である事実そのものが、なんらかの形而上的なものなのかもしれないのである！

すなわちひとつの存在性、つまりその意味と意義が、当の信仰がつかみ、生みだす内容から完全に独立している宗教的存在性は、それが生きてみずからを表現しているかぎりで、形而上的なものと考えることもできるのだ。人間が形而上的－神的なるもの、あらゆる経験的な事物を超えたものをみずからに対置するとき、人間はそれによって、いつももっぱら恐れや希望、感情の激発や救済への欲求といった、自分の心の情動を投影しているばかりではない。人間はそれによってまた、自分自身のうちの形而上的なるもの、自分自身のうちにおいてあらゆる経験的事物を超えているものを投影してもいるのだ。計量可能な世界の諸要素の遊動は、それ以上なにかから導出しえない事実、そもそも世界があり、またその世界のプロセスにある特定の性格をもつ起点がある、という事実によって支えられている。これと同様に、原理的に計測可能な、個々の宗教的形成物を生みだす心理学的活動性の全体は、そうした計測可能性のすべてに先行する心の存在と、それが現にあるありかたによって支えられている。それらの心理的現象系列が、しかもそのようなものとして生起するという事実それ自体は、この系列の内部で生起することのない根底を前提とするのである。

フォイエルバッハの思考の歩みは、この地点のわずか手前で脇にそれてしまっている。フォイエルバッハにとって神とは、みずからの必要性にかられて、みずからをみずからのうちから無限性へと高めて、そしてそのようにして成立した神に救助を求める人間のことにほかならない。「宗教とは人間論である」(『キリスト教の本質』序文に見られるフォイエルバッハのことば。正確には宗教ではなく神学)。こうした転換によって、フォイエルバッハは超越的なるものにかたをつけたと考えた。なぜなら彼は人間においてただ個々の心的事象の経験的なながれ以上のものを見なかったからである。だがしかし彼はこう考えるべきであった、個別の事象を超える形而上的価値は、人間が宗教的であることそのもののなかにあるのだ、と。

もちろん人間の神化は、神の人間化と同様に拒絶すべきものである。なぜならそこにおいてはふたつの審級、それら自身の地平では避けがたく対立するはずの審級が、後から強引に折り重ねられるということが生じているからである。しかし人はあらかじめこれらの二元性の下方へと手をのばすことができる。すなわち魂の信仰のなか、ないしいわば下方で、その信仰と同時にその信仰の対象が生成するその場所で、この相関を超えた絶対的なるもの、主観と客観という対立をまぬがれたものとして、魂の宗教的存在性が知覚されるのだ。私たちがみずからの意識のうちに見いだす空間性の表象がまず、「それであるから意識の外部にもなんらかの実在的な空間世界がある」といった推論を許す、などということはありえない。カントが正しければ、むしろその表象自体がすでに、私たちが空間的リアリティーと呼ぶもののすべてである。これとおなじように、主観的宗教性が、なんらかの形而上的存在や価値がみずからの外部に存在することを保証するわけではけっしてない。そうではなく、その宗教性自体が直接的にそうした価値なのであり、その宗教性はすでにして、ひとつの現実性として、宗教的諸対象からは失われたかに見える、あらゆる超世界的なもの、あらゆる深みと絶対性と荘厳とを意味するのである。

この転換は、道徳の意味を個々の行為の内容にではなく「善き意志」に求める倫理学と比べられるかも知れない。「善良さ」は、ある意志過程がもつ、基礎的な、それ以上分割できない性格である。この善良さは、意志がいかなる目標を選択するかを規定する。しかしこれらの目標がまず「善」であって、それがそうした目標を受け入れる意志に善きものという性格をあたえるわけではない。それとは逆に、私たちのうちなる自発的な形成力である意志こそが、意志の内容に道徳的価値をあたえるのである。そうした価値が、それと分かるかたちで表れた意志の内容そのものからはけっして見てとることができないのは、周知のとおりである。

これと同様に、宗教的内容からは、それが宗教的なものであることはけっして分からない。神の表象はたんなる思弁からも生みだされ、のみならず信じられることができる。同様にドグマはたんなる暗示から、救済はたんなる幸福への欲求からも生みだされ、信じられることができる。私たちが宗教的なものと呼ぶ、あの特別な内的存在性によって作られ、ないし改変されることによってはじめて、これらすべては宗教的なものとなるのだ。たとえ運命がある人間から、「善き意志」にしたがって目に見える行いをなす機会をうばったとしても、その人間の「良き意志」のもつ倫理的価値の純粋さと大きさは十分にたもたれる。それとおなじように、魂の宗教的価値は、そうした価値が通常そこにながれこんでそれを宗教的なものとする内容が、知性などの他の契機によって無効にされたとしても、損なわれはしないのである。

ここから、真理問題と実在問題にかんして、あえてつぎのような逆説を語ることもできよう。すなわち、ある宗教的表象は、実在性にかんする主張として非真理であればあるほど、より純粋かつ決定的にその宗教的表象としての本質——望むならば、その「真理性」と言ってもいい——を、その内面性と心的自発性をあらわにするのである、と。もちろん、理論的真理からのへだたりは、宗教的真理の存在根拠《ラティオ・エッセンディ》ではないが、その認識根拠《ラティオ・コグノスケンディ》である。こうしてはじめて「不合理ゆえにわれ信ず」ということも理解できるだろう。理論的に正しいと明示できることは、私たちの知りうることであって、これを信じるということは余計であり、不適切である。悟性が否と言うときにこそ、然りと言う信仰がそのところをえて、それ自身に固有の機能を果たすことになるのだ。もちろん信仰内容の「愚かしさ」をまえにして、つぎのことに注意せねばならない。つまり、宗教的気分それ自体が直接にその対象を作りだすのではなく、宗教的なるものの彼岸にある表象群を手段としてそれは成立するのであり、その表象群の不十分さや混乱がそのまま宗教的形象にもちこまれるのである。

客観化とロゴス化は、そのもろもろの困難と二元性とを宗教的生そのもののうちにもちこもうとし、つねにではないが、その大部分は成功する。形而上的・心的な根底において統一的な生は、それと対峙すべく神をみずからのうちから放つや否や、このうえなく多様な回路をつうじて、また神を自身のうちに回収しようとする。とはいえ、この対峙を逆行させることはできないし、それは許されもしない。そこから神との一体性か分離かという選択肢が生ずるのだが、これは両者が混交することによっても、どちらかに原理的に決することによっても、解決されるものではない。ただこの強制的選択は——それが二元的な本質特性においては、最深の層にまで届くものであるにしても——往々にして、単に論理的・知的な性格のものにすぎず、宗教的生はその選択をいわば実践的には受け入れないのである。そのことによって、宗教的生は、みずからがまさに生であることを示してみせる。つまり、非時間的な概念性の地平に投影されるとみずからの運動性がいたるところで示す矛盾対立を、生は気にすることもないのである。

宗教的な存在性とはしかし、一片の自然や芸術の美とは異なり、静かに安らっているものでも、隠れた性質《クアリタス・オックルタ》〔それ以上説明しえないものとして仮定される根本的力の意味で、ショーペンハウアーらがもちいた〕でも、目に見える一回かぎりのできごとでもない。宗教的であることとは、生ける生全体そのものの形式であり、生が打ちふるえ、ひとつひとつの表現をみずからのなかから生みだし、みずからの運命をまっとうするしかたなのだ。宗教的人間、ないし宗教的な存在としての人間が、はたらき、享受し、願い、恐れ、喜び、悲しむとき、それらはみな固有の調子とリズムそのものを、生の全体性への個々の内容の関係を、重要なものとそうでないものとの区別をもつことになる。それらがもつ固有性は、実践的人間や芸術家や理論的人間がもつ同様の内的体験とはまったく異なる特性をもっている。そうした内容が実体的超越へと手をのばし、自分自身のそとになんらかの神性を形成するとき、純粋に経験的な内的体験から生じ、成長し、実体化された神性への信仰が生に反作用をおよぼすとき、そうしたときにはじめて、生とその内容は宗教的となり、そこにはじめて宗教性が成立する――かつての宗教心理学説のこうした考えかたは、私には大きな誤りであったように思われる。いやしくも宗教的と呼びうる人間においては、心の諸過程がはじめから宗教的な色あいを帯びて成立しうる、と私は確信している。優雅な人間のしぐさはすでにそれ自体優雅なのである。優雅さはそもそものはじめからそのしぐさにそなわっているものであり、それそのものは色彩をもたなかったり、別の色彩を帯びていたりするしぐさの内容にあとから色づけがなされてはじめて優雅になるわけではない。

私が宗教を生へと還元するとしても、それはある無差別な生がまずあって、それが宗教をいわば偶然的にみずからのなかから生みだすということではない。そうではなく、生の根源的な色あいが種々あるなかに、宗教的なそれもあるということなのだ。あとからの抽象によってのみ、宗教的な生において宗教を生と分けることができる。こうした抽象は、宗教的存在性を生からいわば分留し、そうした存在性にのみ固有の領域をかたちづくるために発達したさまざまな固有物、例えば超越の世界、教会教義、救済の事実などによって、いちじるしく助長されている。宗教性がもっぱらこの純粋文化の専有物となればなるほど、宗教性は生から切り離され、生のあらゆる内容の体験と造形の形式としての能力を失い、他とならぶひとつの生の内容と化すことになりかねない。

ここからすると、もともと宗教性が弱かったりまったく宗教的ではない人間にとっては、なんらかの意味で宗教的存在となるただひとつの可能性は、ドグマにある。彼らにあっては、宗教的なるものが生の内在的な形式として生のプロセスを規定するということがなく、したがって宗教的なるものはみずからに対峙する超越的なものとして獲得されねばならない。こうして彼らの生において宗教は、ものや時間のようななにか、ほとんど空間的に局所化したものとさえ言えるようななにかとなる。日曜日の礼拝参加のみが宗教行為となるさまは、生からの宗教の切り離しのカリカチュアのようなものである。こうしたことすべてが生じるのは、宗教が生そのものではなく生の一内容となってしまうからである。さらにまた、宗教がほんとうに「生それ自体」となっている真正の宗教的人間においてさえも、生総体のプロセスや存在としての性格という宗教本来のありかたが、同時になんらかの超越的主体、外部に対峙する実在へと転移してしまうということが生じる。これによって彼らは宗教を、生の全体が宗教的でない人間にも参与可能ななにかにしてしまう。もっとも彼ら自身においては、宗教はいぜんとしてあらゆる思惟と行為の、感情と意志の、希望と絶望の形式のままであって、それらとつねに共鳴している倍音、といったものにとどまるのではない。そこでは宗教は、響いては減衰してゆく、また緊張関係を作ってはそれを解消してゆく生の協和音と不協和音の根源にある音形成そのものなのであって、宗教はそれが志向する対象からその形而上的意味を借りるのではなく、みずからのありかたそのもののなかにそうした意味をもっているのである。

　これによって、ひとつのまったく原理的な世界観上の転換がなされる。ヨーロッパ文化の世界像は、近代にいたるまで、その考えかたは徹頭徹尾客観的であった。宇宙についての表象は多様でたがいに矛盾するものであったにしても、それらの表象は宇宙を現にあるその客観的なすがたにおいて把握しようとし、表象する者の心は、創造的な規定性や世界像の修正根拠として意識にのぼることはなかった。そうしたことが起こったのは、この数世紀間のことであって、それが極まったのは観念論においてであった。観念論にとっては、世界は「私の表象」であり、考えられるすべてのものは、自我の主観に収まるものであった。しかしこの見かたは、ある種の不満感と根無し草のような感覚を生みだし、そこからありとあらゆる論争や妥協、存続していた客観性の原理との多かれ少なかれ不明瞭な混合が生じた。ここで、うわべだけの半分半分の折衷ではなく、世界観的統一として主観それ自体を客観化する、という傾向が生じた。ゲーテの精神生活もこうした傾向に従っていた。*世界がいかにあるかということがすべてなんらかの主観の構造によって条件づけられているとするならば、それが事実であること、いつもまさにそうであることは、宇宙の形而上的根底に根ざしたことになる。つまり表象作用はそれ自身がひとつの存在であり、それ自身の客観性をみずからのうちにもち、それを外部にあるものの反映像として借り受けるまでもない。

*これについては、拙著『ゲーテ』(第二版、一九一七年)で論じた。

これはここで宗教的生についても適用できる観点である。宗教的生の内容が超越的現実を映す反映像であることが放棄されたとしても、決定的なことは、この生が現にあり、そうしたものとして生きられており、これらの内容をみずからのうちから生みだすということであり、またこの生はみずからを一群のドグマから組み立てる必要などなく、みずからが現実の一全体であることを心得ており、その統一性はいまやそれが宗教的存在性のうちにあたえられているということである。

私たちは、宗教的なるもののふたつの根本形式を区別することができる。もちろんこれらのいずれも、完全に純粋なかたちで表れることはないが、両者の混合は、そのときどきに一方が優勢となることによって、他方が優勢になるのとはまったく異なる性格をもつことになる。一方のがわには、宗教や教会の諸事実がもつ客観性がある。これは自己完結した既成の、まったく固有の価値をもつ超越的なるものの世界であり、個人はこれをただ仰ぎ見、なんらかのしかたでそれに参与し、そこから恵みを受けとる。他方の極にあっては、宗教はもっぱら個人の主観の内面における状態ないし過程である。これは主観性がそうした状態を呼び覚まし、正当化するためにあの形而上的現実についての知識をもちいることがあるにしてもそうなのである。ここで問題としているのは、この主観のうちに生まれ、そこにとどまる宗教性を、ひとつの客観的事実として把握し、評価すること、宗教性を、その場所において形而上的世界にあるものと認めることである。主観のうちに生起しとどまるものは客観的意味での事実ではまったくない、それはそもそも無であり、雲散霧消する気息にすぎない——これはひろくいき渡っているものの、ほとんど明瞭に定式化しえない考えかたである。ひとはまた、外的な客観性(これはもちろん空間的なそれである必要はない)のうちになんら対応するものがないとただちに、みずからのうちなる客観性、またこの自己としての客観性を否認する。主観的なものからこのようにそれにふさわしい尊厳を奪うことは、明らかにまったく表面的な動機にもとづいている。なぜなら、無であり、発された音声《フラートゥス・ウォチス》〔唯名論者が実念論者の普遍概念を否定するために用いたことば〕にすぎないと言えるのはせいぜい、主観的思考の内容、それも外的現実に対応するものと主張されながら、そうでない場合であろう。しかしその内容が思惟されたという事実、その内容をになったプロセス——これとその内容とは、ここでは詳述できないしかたでともかくも関係しあう——は、ひとつの客観的事実性であって、その内容だけを見たときに感じられる幻影のような印象とはかかわりないのだ。私には、客観性という価値を、その対象を自分自身の外部にもつ宗教性にのみ認めることに根拠があるとは思えない。なぜならこうした条件なしに成立している宗教性も、神々の天のありかたとおなじように、宇宙的ないし形而上的秩序に属しているからだ。

ここから、本論の根本的な問題を振り返ってみよう。——宗教的諸価値に対する消しさることのできない欲求は、これまでそうした欲求を満たしていた内容がもはやどれひとつとしてその任に耐えないとするならば、どのようにして意味と充足とをもつことができるのだろうか。このように問うとき、ひとつの可能性がほの見えてくる。つまり宗教は、その実体性や、超越的内容とのむすびつきを離れて、ひとつの機能へ、生そのものと生のあらゆる内容の内的形式へと戻る、ないし高まりうるのではないか、という可能性である。宗教的人間が生そのものを、厳粛かつ緊張に満ち、平安と深みをたたえ、幸いと闘争のうちに過ぎゆくこの生を、絶対的価値そのものと感じることができるか、それによって軸を一回転するように、その価値を超越的な宗教の内容に置きかえることができるか否か、すべての問題は、この一点にかかっている。

ひとは宗教からなにかをなすのではなく、宗教とともにすべてをなすのでなければならない、というシュライアマハーのことばがここで思いだされよう（一七九九年刊の『宗教について』に見られることば）。しかし私が言いたいことは、それとは本質的に異なっている。生のすべての内容が「宗教とともに」なされるべきだと言われるとき、宗教はなお依然として、生の内容の外部にとどまっている。そこでは、宗教は確かに事実上あらゆる思惟や行為や感性と分かちがたくむすびついているものの、それらの要素は原理的に言って、宗教がなくてもその内部過程に変化を被ることなく成立しうるのである。しかし合理主義的な人間においては、感情や意志は悟性的な思考「とともに」抱かれるのではなく、悟性は最初からすべてをになう機能として、その人間の心的現象を規定している。ちょうどそのように、もしひとびとが宗教的生を生きるならば、すなわち宗教と「ともに」生きられる生ではなく、生きることそのものが宗教的であるような生を生きるならば、宗教的状況の問題は解決されるだろう。言うまでもなく、宗教「から」生きられるような生、つまり生の外部にあるなんらかの対象にまず思いを致すことからはじまる生では解決にはならない。というのも、確かに宗教的な内部過程の産物ではあるにしても、そうした対象は、批判をまぬがれないからである。ところがすでに述べたように、そもそものはじめから宗教的であるような存在性は、批判の対象とはなりえない。存在についての信念や認識の表象とは異なり、存在そのものはそもそも批判的な問いの対象とはなりえないのだ。

そしてこれこそが、宗教的な人間にとってまったくの運命的な問題となる。もし宗教的あこがれの対象が、しかも歴史的対象のみでなく、宗教的「対象」一般が、どのような復古運動によっても、あるいは近代化によっても、もはやそのあこがれを充たしえないとしても、みずからの存在性があますところなく宗教的に形成されるとき、彼らは自分たちが生のもっとも深い意味に到達したのだ、との感情を抱きはしないだろうか。ちなみにこのようなしかたであらゆるドグマを拒むことは、ドグマになんら敵意をもたないそれをもふくめて、宗教的「自由主義」とはなんの関係もない。なぜならこの自由主義なるものも依然として宗教的ないとなみを内容とむすびつけているからであり、ただ諸内容の選択にさいして個人の自由を認めているにすぎないからである。この自由主義は、ロックが起草したアメリカ合衆国のための憲法草案によく表れている。そこでは、可能なかぎりあらゆる宗派の無制約の同権が認められたが、無神論者には市民権は認められなかったのだ。

宗教の発展があるいはこのような方向に向かうとすると、私たちはひとつの難問にぶつからざるをえない。すなわち、こうした発展をとげるのは、ある特定の宗教的本性のもち主だけであるように見えるのである。ほかならぬこうした人間たちにとっては、うえに述べてきたような問題はなんら深刻な脅威とはなりえない。彼らは懐疑を、静まらないあこがれを、あるいは誘惑と背教とを経験するかもしれない。しかし究極的には彼らは宗教ということがらに自信をもっている。なぜなら彼らにとってそれは、自分自身について確信を抱くことを意味するからだ。そうした人間が自己省察のなかで見いだす超越的な存在は、その深さゆえにそれを神と呼ぶ必要もないものである。それであるがゆえに、もっとも崇高な宗教神秘家たちの少なからぬ者が、信仰内容に対して奇妙なまでの無関心さを示したのである。

もっとももし宗教的本性のもち主が信仰内容に強い情熱をもって執着するようなことがあると、あるいは彼にとってもその内容の「真理性」の批判や否定は、避けがたいものとなるかもしれない。すると、一方ではその内容が他の内容により置きかえられたり、他方では絶望や、偶像破壊的な離反や闘争の熱狂へとゆきつくこととなろう。そこでは宗教性のエネルギーは以前と変わらないのだが、ただそれが否定的な徴候のもとに表れるのだ。宗教的人間はけっして空無のなかにいるのではない。なぜならそうした人間は、自分のなかに満ち溢れるものをもっているからである。現代の宗教的困窮に苦しんでいるのは、疑いもなくこうした者たちではない。そうではなく、幾ばくかの宗教的要素をかかえている人間、みずからの存在が宗教を具有していないがゆえに宗教を必要とする人間、苦痛とも感じられる実存の空隙を宗教が満たすはずの人間、そうした人間こそが、宗教的困窮にあえいでいるのだ。ゲーテはこうした人間のことを、「宗教をもっている」人間と言った。

ほかならぬ非宗教的人間が、超越的実在への信仰という歴史的意味での宗教をもっとも必要としているということは、逆説的なことではない。本能にしたがって欠けるところなく道徳的な心にとっては、命令として定式化された道徳規則など必要ないという事実からの類推で考えれば、このことは容易に分かる。もっぱら誘惑に弱く、不純で、ゆらいでいる者、あるいは堕落した者においてこそ、なんらかのしかたでその人間にかなった道徳的意識が分離し、当為となるのであり、まったき道徳的人間においてはそうした意識はその人間自身の、切り離しえぬ存在性にほかならないのである。使い古された宗教的言いまわしで言えば、神をうちにもたない者は、それをそとにもたねばならない、のだ。

歴史的宗教を信じ、また強い宗教性をそなえた者は、神をうちにもそとにももっていた。そうした者のなかでも天才的で創造的な人間は、うちなる宗教性がきわめて強力で広大なため、生全体の宗教的組織化では満足できず、その宗教的な生の形式はそのあらゆる可能な内容を超えて、ある種の生を超えたものへと達した。そしてその宗教的存在性は、みずからの充溢と情熱とをひとりでは支えきれず、自己を無限なるものへと投げだし、さらにその無限なるものから自己を受けとりなおしたのである。というのもその宗教的存在性には、自分のひろさと深みを、浄福と絶望を、自分自身に負っているなどとは考えられなかったからである。

宗教の創生には、ふたつのタイプがある。まずひとを神へと向かわせるのは、欠乏である。生の窮乏は、豊かさを、自由を、無限性を求める。さらに、満ち溢れる生の過剰。これは生がそれに向かって生き、それから形式を受けとる対象を必要とする。この生の過剰は、その感情と創造性のあまりに広大な広がりのなかを振り切れるように動き、そのへだたりのうちにも、みずからを再認識する。生の過剰は、それが由来する源泉とそれがながれこむ海とのあいだのかたちなき無限性に限定を加えなければならず、そのようにしてまた源泉と海とをひとつのものと感じる。おそらく、一全体をなす宗教現象のすべてにおいて、両者の根源はなんらかの程度協働しているのであろう。プラトンは、エロスを貧しさと豊かさの子と呼んだが、宗教もおなじ由来をもっていることになる。

しかし圧倒的多数の人間にあっては、宗教をこうした最深の層にまで跡づけることはできない。彼らは、神的なるものをたんに自分の前に、客観的実在のように対峙するものとして見いだす。もちろん多くの場合、そうした実在こそが、彼らの縛りつけられた、あるいはなかば眠っている宗教的エネルギーを、はじめて現実に働くものへと呼び覚ますのだ。宗教性に恵まれた者は、批判により神を失ったとしても、神の生成してきた根源のみでなく、神が表していた形而上的価値をも、依然として自分のうちに保持している。しかし大半の人間は、神とともにすべてを失ってしまった。なぜなら大衆は、エネルギーと創造性に満ちた人間とはまったく異なる意味で、「客観的なるもの」を必要としているからである。

平均的なタイプの人間の宗教性が、神々の天や超越的「諸事実」といった実体からの転換、つまり生そのものの宗教的形成への転換をとげ、この転換により、現世を超えたあらゆる憧憬と献身、浄福と罪性、義と恩寵を、もはやいわば生を超えた高い次元にではなく、自分自身の内部の深みの次元に見いだすことができるのか——ここにこそ、今日の状況とそのゆく末にかかわる巨大な疑問符が付せられている。いずれにせよ次の点は、宗教的生、のみならず内的生一般の広く深い展開に固有の困難として考えられる。つまり、今挙げたような諸概念がドグマ的宗教によって独占されてしまい、この歴史的な刻印と負荷によってそれらはもはやそうしたいわば一般人間的で純粋な内的経験の自己意識ないし表現としての用をなさなくなってしまっているのだ。

宗教的価値をなお永く歴史的信仰の語る実在のなかに封じこめ、保存しようとするあらゆる努力がなんの役にたつだろうか。カント流の道徳化の道によりこれがこころみられることがあるが、それは免除不可能な倫理的要請の名のもとに、これとはまったく異なる性格をもつ宗教的信仰世界の確実性を排除しつつなされる。また神秘主義の道によるこころみもある。そこではしかし、宗教的対象が輪郭のぼやけた薄明のうちにおしやられてしまい、この対象の非存在の証明が不可能であることが、手のひらを返したようにその存在の証明とされてしまう。カトリシズムの諸方法によるこころみもある。しかしカトリシズムは、その巨大な組織を個人と救いの諸事実とのあいだに割りこませ、その諸事実をそれらへの接近を唯一保証するとされるその組織の確固たる現実性に与らしめることにより、個人から真理判断への責任を奪ってしまう。しかし結局のところこうした手段や媒体の彼方で、みずからの信仰内容を、それが実在するのかしないのかという、妥協の余地のない堅固な問いのまえに置くことこそが、精神のたどる道であるように思われる。

歴史諸宗教にかんして、あるいは超越的で世界に対立的な神の事実という原理において歴史的宗教とおなじ地平に立つその他のありうべき宗教にかんして、この問いへの答えがどちらと出るかは、疑うまでもなく明らかである。しかし神の形象を出現へと駆り立てたエネルギーが、その形象の儚さへと引きずりこまれて消え去ってしまうわけではないことも確かである。かくして宗教の運命は、疑いもなくラディカルな転換へと駆り立てられているように思われる。その転換は、これらのエネルギーに、超越的な形象およびその形象への諸関係の創造などとはまた別の活動形式や、いわば活用形式を提供するかもしれない。この転換はさらに、かの形象を自己の内から切り離し、しかしなおその形象の生としてその形象のなかで生きる魂の宗教的存在性のために、ひょっとしたらふたたび形而上的価値をとり戻してくれるかもしれないのである。

現代文化の葛藤(抄)(一九一八)

原題　Der Konflikt der modernen Kultur

出典　*Der Konflikt der modernen Kultur. Ein Vortrag*, München: Duncker und Humblot, 1918 (*GA* 16, 183–207)

内容　以下の訳文は、ジンメル最晩年の講演のうち、宗教に言及した箇所を抜粋したもの。この講演でジンメルは、生が形式(文化)を生みだしながら、同時に既存の形式を克服し流動化させてさらにあたらしい形式を生みだしてゆく、という弁証法的関係にふれながら、現代という時代にあっては、あらゆる領域において生がなんらかの確固たる形式をとることに反抗していると時代診断をくだす。ジンメルは同様の構図を宗教状況にも見いだす。宗教状況は、宗教的形象を一切解消して宗教的生そのものを生きるありかたに帰結するように見える。これはいわゆる「此岸の宗教」といったものではなく、宗教的生過程そのものの自己実現である。もっともこうした生は、結局はやはりなんらかの形式を必要とするのではないか、との問いも生じてくる。生は、あらゆる形式を超えて直接現出しようとするが、他方でみずからに対立する形式においてのみ生は現実化しうるとも言える。ここに現代文化の和解しがたい葛藤がある。

生がたんなる動物的な状態を脱して精神の段階へと進み、また精神がさらに文化の段階に進むや否や、精神のうちに、ある内的対立が表れてくる。そしてこの対立の展開と解決とあらたな生成こそが、文化のたどる道の全体を構成することとなる。生の創造的運動がある種の形成物を生みだし、それらの形成物においてその運動が外化と実現の形式を見いだし、またその形成物がこんどはあとにつづく生のながれを受け入れ、それに内容や形式、活動範囲や秩序をあたえる——すなわち、社会的制度、芸術作品、宗教、科学的認識、技術、市民法など、その他数々の形成物の成立において、私たちは文化というものを公然と語ることとなる。とはいえ、生のプロセスのこうした産物は、それらが成立するや否や固有の確固たるかたちで存続し、生自身の休みない律動、その上昇と下降、その絶えざる刷新、そのとめどない分裂と再統合とはやかかわりをもたなくなってしまうという特徴をもっている。それらの産物は、創造的生のうつわでありながら、生はふたたびそこから去り、またあとに続く生も、ついにはそこに宿ることもなくなる。それらのうつわは、固有の論理と法則を、独自の意味と抵抗力をもっており、そのうつわを生みだした心性の動態からは切り離された自立性をもっている。その創造のときには、これらのうつわはあるいは生にかなったものだったのだろうが、生のさらなる展開とともに、生にとって硬直した疎遠なものとなってしまい、ついには生との対立にまでいたってしまうのがつねなのだ。

文化が歴史をもっているということの最終的な根拠もここにある。精神となった生が絶えまなくそうした形成物を創出し、またその形成物が自己完結したすがたを示し、持続し、時間を超えたものとしての要求をもつにいたったとき、それらの形成物を、生がみずからにまとう諸形式と呼ぶことができるかもしれない。それは欠くべからざる様式でもあって、それなくしては、生は現象することもできず、また精神的生もありえないものとなってしまう。とはいえ生そのものは休むことなくながれつづけ、その休みなき律動は、生があらたな存在形式を創りだすためのあらたな内容のひとつひとつにおいて、その内容の堅固な持続や無時間的な妥当性と対立することとなる。すみやかな、あるいは緩慢なテンポで、生の諸力はひとたび成立した文化形成物のおのおのを侵食してゆく。その文化形成物がまったき完成にいたるや否や、すでにそのもとで次なる形成物がかたちをとりはじめ、短い、あるいは長期にわたる闘いの果てに、それまでの形成物にとってかわる定めなのだ。〔中略〕

さて、ごく最近の、すなわち一九一四年にいたるまでの文化の展開にみられるいくつかの現象において、これまでのあらゆる文化変容とは決定的に異なる点を、描いてみたい。これまでの文化変容ではいつも、なんらかのあらたな形式へのあこがれが、古い形式を追いやってきた。ところが私たちはいまや、意識が一見したところ、あるいは実際にあらたな形成物へと歩みを進めている場合においてさえも、文化の発展の究極的動機、その動因として、形式という原理一般への敵対というものを感じとることができる。なお先どりして言えば、私たちが少なくともこの数十年来もはやなんらかの意味で共通の理念と呼べるもののもとで生きておらず、実際大概のところ、そもそも理念と呼べるもののもとで生きてすらいないという事実は、ひょっとするとこうした精神の動向の、それと指摘できる現象から見たところ否定的な側面の、もうひとつの表れにほかならないのかもしれない。中世には教会キリスト教の理念があり、ルネサンスでは超越的力による正当化をまつことなく妥当する価値である地上的本性が再び獲得された。一八世紀啓蒙主義は理性の支配による人間一般の幸福という理念をかかげており、ドイツ観念論の偉大な時代には、学問が芸術的ファンタジーにより変容せしめられ、また芸術には学問的認識によって宇宙的な規模の基礎があたえられようとした。しかし今日教養層に属するひとびとにそもそもどのような理念のもとに生きているのか、と問うならば、ほとんどのひとは自分の職業にかかわる専門化した回答をするだろう。それに対し全人としての彼らを、またあらゆる特殊的活動を支配するような文化理念については、ほとんど聞くことはできないだろう。個々の文化領域固有の歴史的変容の段階がすでに、生の純粋な直接性が表れでようとするところまでいたっているものの、そうした表れはただなんらかの形式においてのみ可能であるため、結局その形式の不十分さが、まさにその決定的な動機を裏切ってしまうことになる——もしそうであるならば、統合的な文化理念のためのいわば素材が欠けているのみでなく、この理念によってそのあらたな形成が包摂されるべき領域があまりに多様で、そのうえまた異質であることから、そうした理念的統一の余地がない、ということなのだ。〔中略〕

さて、なんらかの形式が、純粋に形式として完全で、それそのものが意義をもち、あの直接的な生の欠けるところない十分な表現となり、有機的に成長した皮膚のようにその生にぴったり密着している——こうしたことは、原理的にはまったくありうることだ。これは偉大な、古典的と呼ばれるべき作品においては、事実として当てはまることである。ただそれらを除外すれば、ここに精神的世界に特有のある構造関係が表れる。それは芸術におけるその帰結をはるかに超えたところにまで届いている。芸術には——完成されて意のままとなる——芸術の形式を超えて息づいているものが表れていると言っていい。すべての偉大な芸術家とすべての偉大な芸術には、芸術がその純粋に芸術的な意味で提供するものより深いもの、よりひろいもの、秘められた源泉からながれ出てくるものがふくまれている。とはいえそうしたものは、芸術によって受容され、描かれ、目に見えるものとなる。このなにものかは、いま述べた古典の事例ではあますところなく芸術と溶けあっているが、このなにかが芸術の形式にまさに抵抗したり、それどころかそれを破壊しようとしたりする場合には、それはより異質な、みずから主張するものと感じられ、意識されることになる。ベートーベンが晩年の作品で伝えたかったのは、この内的運命だ。ここでは特定の芸術形式が破壊されたのではなく、芸術形式一般が、他のあるもの、よりひろく、他の次元から到来するものによって凌駕されているのである。

形而上学においてもことは同様である。形而上学の意図は真理の認識ではあるはずだ。しかし形而上学においては、認識の彼岸にあるなにかが顕れ、真理そのものをねじ曲げ、矛盾にみちた、明らかに反駁可能なことを主張することにより、このより以上のもの、より深いもの、他なるものを見まがいようもなく突きつけてくる。多くの形而上学は、もしそれが「認識」として真であるならば、生の象徴としてないし存在の全体に対するあるタイプの人間の関係の表現としては、より真実から遠ざかる、ということは――浅薄かつ安易なオプティミズムはこれを否定するのがつねなのだが――精神の典型的逆説に属している。ひょっとすると宗教においてもまた宗教ならざるもの、宗教の彼方にあるより深いものがあるのかもしれない。それは宗教の具体的形式、そこにおいてこそ宗教が現実に宗教であるその形式のすべてを打ちこわすようにはたらきかけ、また異端ないし棄教として表れるのだ。〔中略〕

現代の宗教性のうちに見られるある調子もまた、私にはまったく同様の解釈を要請しているように思われる。これとむすびつけることができるのが、この十年から二十年来観察される事実、すなわち精神的に進歩をとげたひとびとのうちにみずからの宗教的欲求を神秘主義によって満たそうとする者が少なくない、との事実である。概してこれらのひとびとも、既存の教会の表象圏内で育ったものと仮定していいだろう。神秘主義にひとびとの関心が向かったことには、見まがいようもなく二重の動機が見られる。一方で、宗教的生を一連の客観的で内容的に規定された表象群へとみちびいていた諸形式が、もはや宗教的生の欲求を満たさなくなった。他方で、生の憧憬はそれによって死んでしまったわけではなく、別の目的や別の道を求めている。それらが神秘主義の方向に向けられたことについて言えば、それによって宗教的形式の明瞭な輪郭や境界規定が破棄されたことが決定的に重要である。そこでは神性はいかなる人格的なありかたも、のみならずついには個別的と感じられるいかなる形態をも脱している。また宗教感情は無規定なひろがりをもち、いかなるドグマ的制約にもさまたげられることはなく、またその感情は形式なき無限性へと深化されてゆく。ここでは宗教感情は、エネルギーと化した魂の憧憬からのみ発展してゆくこととなる。

神秘主義は、なお余すところなく超越の形成から離れるまでにはいたらず、いわばさしあたり内容的規定をもつ形成物からのみ自由となった宗教的性分のもち主にとっての、最後の避難所であるように見える。しかしもっとも深い発展の方向は、たとえそれがそれ自体矛盾をはらんでおり、その目的点からは永遠に遠いように見えようとも、つぎのような点に突き進んでいるように思える。すなわち、信仰を中心とする形成物を、それを生みだした、またいまも生みだしつつある宗教的生へ、内的な生のプロセスの純粋な機能的状態としての宗教性へと解消させてゆく方向である。

これまで宗教文化の変容は、本論で繰り返し示してきたようなかたちでなされてきた。すなわち、宗教的生のある特定の形成が、その生成の折には生の力や本質特徴にまったくかなったものでありながら、次第に外面的で狭隘なものとなって硬化し、ついには宗教的衝動のダイナミクスといま現在の志向性をふたたび直接に生きることを可能とするような、あらたに生じてきた形式によって押しやられる。――つまりこれまではいつも、時代おくれとなったそれらに代わって、あらたな宗教的形成物や一連の信仰内容が登場したのだ。ところが現代においては、ともかくも非常に多くのひとびとにとって、彼岸に実在する宗教的信仰対象は根本的に受け入れがたいものとなっている。もっとも、それでもそうしたひとびととの宗教的欲求が消失するわけではない。ただ、この欲求のうちに活きている生は、かつてはあらたな、適当な教義内容の形成のうちに表れていたものの、もはや信仰の主体と信仰の客体とのまったき対峙によってはみずからを適切には表現しえないと感じているのである。

こうした内的な調子の全面的変化がめざす終極状態においては、宗教は生のシンフォニーのなかの個々のメロディーとしてではなく、あたかもシンフォニー全体をつらぬく調性のようなものとして、一種の生の直接的形成として生成することだろう。この世のさまざまな内容や行為や運命、思惟や感情によって満たされた生の空間は、そうしたことごとすべてとともに、私たちが宗教的と呼ぶほかないあの唯一無比の内的統一、恭順と高揚の、緊張と平安の、危機と聖性のあの統一によってつらぬかれるだろう。そして、そのように過ごされた生そのものに、絶対的な価値が感じられるだろう。そうした価値は、それまでは生がみずからまとう個々の形成物や、生の結晶化としての個々の信仰内容からくると思われていたのだ。こうしたことを、アンゲルス・シレジウス〔1624–1677　ドイツの神秘家、詩人〕は、なお最終的には神秘主義につながる形式に移調したうえでのことであるが、予示している。そこでシレジウスは、宗教的価値をなんらかの特殊なもののとのむすびつきから完全に解き放ち、その価値の場所を生きられた生そのものにおいて認識している。

飲むときも
祈り唱うときと変わりなく
聖者は神様のお気に入り

ここで言わんとしているのは、いわゆる「此岸宗教」といったたぐいのことではない。というのも、この此岸宗教なるものもある特定の内容に固着しており、ただその内容が超越的ではなく、経験世界のものだというだけのことだからである。此岸宗教もまた、宗教的生を、美や壮大さ、あるいは崇高さや叙情的感動などをそなえたなんらかの形式に流しこんでいる。根本的に見て此岸宗教は、超越を志向する宗教性のなおひそかに作用しつづける残滓によって存続している、不分明な中間物にほかならない。しかしここで問題としたいのは、直接的な、すべての脈動をふくんだ生の過程としての宗教性である。それは宗教をもつことではなく、宗教的であることであり、仮に対象をもち、信仰と呼ばれるとしても、生そのものが生起するようなありかたで敬虔であることなのだ。その敬虔さは、外部から欲求を鎮めるのではなく——表現主義の画家がみずからの芸術的欲求をなんらかの外的対象にすがりついて満たしたりしないように——深みに発する持続的な生を求めるのであり、その深みにおいて、なお生は欲求と充足に分離しておらず、したがって生になんらかの特定の形式を指示するような「対象」も必要としない。生は直接に宗教的なものとしてみずからを表明するが、それは既存の語彙や指定された統語法をもつ言語によってではない。一見したところ逆説のようにも見える表現をもちいればつぎのように言うことができるだろう——魂はあらゆる特定の、指定された内容を失う一方で、その信仰心を保持しようとするのだ、と。

宗教心のこのような方向性は、しばしば端緒のようなかたちで、奇異な不明瞭さをともなったり、またみずからを誤解した純粋に否定的な批判などのうちに感じとられたりするものではあるが、当然ながらこのうえなく大きな困難に出会わずにはいない。すなわち生が精神的な生として発言することは、ただ形式のうちにおいてのみ可能であり、また形式においてのみ精神の自由は現実のものとなりうるのだが、そのおなじ作用においてまた自由は制約されてしまうのだ。敬虔さないし信仰心は心の状態であり、心的な生そのものとともにあたえられているものであって、それはまた宗教的対象をまったくあたえられずとも、その生を特定のしかたで色づける。それはエロス的な性格のもち主が、たとえ自分にとって愛するに価する人間に出会うことがなくとも、その特性をそのものとしてつねに保持し、示さざるをえないのとおなじことである。

とはいえ、このような疑問も生じる。すなわち、宗教的生の根本意志はなんらかの客体を不可避的に必要とするのではないか、あの純粋な機能的性格、それ自体没形式的で、ただ生の上昇と下降そのものをのみ色づけ、聖化するそのダイナミクスは、いまのところ非常に多くの宗教的な感激に決定的な意味をあたえているように見えるが、それはたんなる、そもそも理念的にとどまる幕間劇なのではないか、それは既存の宗教的形式が宗教的で内的な生によってやぶられ批判されている一方で、その内的生はなおあらたな形式をその代わりに提示できないでいる、という状況の表現にすぎないのではないか、とも思われるのだ。そのさい他の場合と同様ここでも、この生はそもそも固有の客観的意義と請求権をもつ形式なくしても、たんにその内部から溢れ出る力を放出させるだけでやっていけるのではないか、との想像が成り立つ。教会により伝承された宗教を保持することがもはや不可能である一方で、あらゆる「啓蒙」にもかかわらず宗教的欲求が存続している（なぜなら啓蒙が奪うことができたのは宗教の外衣だけであって、その生命ではなかったのだから）ということは、数知れぬ現代人にとって、このうえなく深い内的困難となっている。この生をまったくの自己充足へと高めること、いわば他動詞的信仰を自動詞的信仰へと変容させることは、心をそそる打開策ではあるが、それもまたおそらくいずれはおなじほどの矛盾に巻きこまれることを余儀なくされるかもしれないのだ。

　このように、こうしたすべての、またなお多くの現象において、生が最広義での文化的生となるとき、つまり創造的であったり、あるいは創造されたものを自己のものとしたりするや否や、その本質的必然性によって生がおちいらざるをえない葛藤が表れている。こうした生は、形式を生みだすか、あるいは形式のうちで運動するかのいずれかでなければならない。私たちは確かに直接的に生なのであり、それとともにまた、そう名づけること以上には記述しえない生存と力と方向づけの感情と直接にむすびついている。しかし私たちはその感情をそのときどきの形式のうちでのみもっている。その形式は、すでに強調したとおり、それが現れるや否や、あるまったく別の秩序に属することとなり、固有の起源をもつ権利と意義とをあたえられ、生を超えた存続を主張し、要求することとなる。これによってしかし、生の本質そのもの、つまりその波打つ動態とその時間的運命とその個々の契機における休みない差異化と形式とのあいだに、矛盾が生じる。生はそれに対立するかたちで、つまりはなんらかの形式において現実のなかに顕れるという宿命をまぬがれがたく負っている。この矛盾は、私たちが生そのものと名づけることのみできるあの内面性が*、その没形式的な強度において自己を主張する一方で、形式がその硬化した固有のありかたと時効なき権利主張において、私たちの実存の固有の意味ないし価値としての役を買って出れば出るほど、つまりはおそらく文化が成長すればするほど、より酷く、また宥和しがたいものと映るのだ。

*生は形式の反対者であるが、その一方でなんらかの意味で形式化されたもののみが概念により記述可能であるため、ここでまったく基礎的な意味で言われている生という表現は、ある種の不正確さや論理的な不明瞭さをともなわざるをえない。というのも、もし生の概念的定義をしようと望むならば、あるいはそれができたとすれば、それによってあらゆる形式よりもまえな

いし彼岸にあるという生の本質が否定されることとなるからである。形式の領域と合致する概念性の層の媒介という迂回路なくして、その力動性において自己を意識するということは、意識的生としての生に所与のことである。ことがらの本質がこのように表現の可能性を限界づけるからと言って、あの世界観上の原理的対立の明白さが減ぜられるものではない。

生はここにおいて、それがまったく到達しえないはずのものを望んでいる。生はあらゆる形式を超えてその裸の直接性においてみずからを規定し、顕れ出ることを望んでいるのだ。とはいえ生によって完全に規定された認識や意欲や形成作用は、ひとつの形式を他に代えることはできても、形式一般を、形式の彼岸にある生そのものによって置き換えることはできない。あの情熱的に吹き荒れる、あるいは私たちの文化のもつ形式に対して息長く準備された攻撃は、陰に陽に形式に対して生の力を、まさに生そのものとして、それが生であるがゆえに動員しようとするのだが、これは精神が文化へと発展する、すなわち諸形式のうちに表れるや否や明らかとなる、精神のもっとも深い内的な自己矛盾の表出なのだ。こうした慢性の葛藤は、歴史の諸時代において急性の葛藤へと亢進し、実存の広範な領域を覆いつくそうとするのだが、そうした諸時代すべての中で私にはいまの時代ほど、この葛藤が時代の根本動機として露呈した時代はないように思われる。

とはいえ、あらゆる葛藤と問題は解決されるためにある、と考えるのはまったく通俗的な発想だ。それらは生のいとなみと歴史のなかで、また別の課題をもっている。その課題を、こうした葛藤や問題はそれらそのものの解決とはまた別に果たすのであり、したがって仮にその葛藤が未来において調停されることなく、ただその形式と内容が他と交代するだけだとしても、この葛藤はけっして空しくそこにあるわけではない。というのも、これまで述べてきた問題のある諸現象は、現代というものがそこにとどまるにはあまりに多くの矛盾をかかえていることを私たちに意識させるのだが、それとおなじほどに疑いもなくある根本的な変容を、たんに既存の形式をあるあらたに出現しようとしている形式に改変するということ以上の変容をも示唆しているのである。すなわち、この形式の改変と言っても、文化形式の新旧をむすぶ橋が今日ほど完全に断絶してしまった時代はほとんどないように思われ、この間隙を満たすのは、それ自身は没形式的な生のみであるようにも見えるのだ。とはいえ、生が典型的な文化変容へ、あらたな、現下の諸力に適合した諸形式の創造へと私たちを駆り立てているということも疑いない。もっともこうした形式によっては――おそらくゆっくりと意識され、公然たる闘争をなお先延ばしにしながら――ただひとつの問題が別の問題によって、ひとつの葛藤がもうひとつの別の葛藤によって押しやられるだけだろう。とはいえこのことによって、闘争と平和の相対的な対立を包括する絶対的な意味での闘争たる生の真正の意匠が実現されることになる。その一方で、この対立をおなじようにふくみこんだ絶対的な平和なるものは、神の秘密のままにとどまるのだ。

五　宗教／宗教性と社会

宗教（一九〇六／一九一二）

わが友、ゲルトルート・カントロヴィッツと
マルガレーテ・フォン・ベンデマンに〔訳注1〕

原題　Die Religion

出典　*Die Religion*, Zweite, veränderte und vermehrte Aufl., Frankfurt a. M.: Literarische Anstalt Rütten & Loening, 1912（*GA* 10, 39–118）

内容　宗教を主題とするジンメルの単著。論考「宗教社会学のために」や「魂の救いについて」を中心的基礎稿としつつ、宗教と社会的なるものの関係に焦点をあてて論じたもの。初版は一九〇六年。一九一二年の第二版では大幅に改訂・増補され、また生の哲学の視点が加わっている。本訳稿は第二版による。ジンメルによれば、宗教は、

科学や芸術などとならび、おなじ素材を独自のしかたで作り直す生の基本カテゴリーのひとつである。「心理学の論理」から見ると、宗教は三つの生の圏域、すなわち人間の外的自然との関係、運命との関係、周囲の人間世界との関係のなかで生成する。外的自然との感情的むすびつきを、私たちはしばしば宗教的カテゴリーにおいて体験し、超越的なものの措定にみちびかれる。運命も、私たちの把握を超えた現実を突きつけ、宗教的情調の受け皿となる。またとりわけ種々の社会的相互関係は、そもそも宗教以前に宗教的性格を帯びたものとして展開されており、個人と神性との関係は、個人と全体社会との関係のアナロジーである。社会的存在と宗教的存在の両者に共通する形式的相同性として、とりわけふたつの主題が重要である。すなわち、人間相互のそれから神へのそれへといたる「信」、および社会集団において実感され、神へと高められる「一体性」であり、これらはさまざまな現象形態をとりながら、社会的相互行為と宗教の生成を循環的にむすびつけている。宗教の発展というものを語りうるとすれば、それは「より完全な」宗教への発展ではなく、「より完全に」宗教であることへの発展、より完全にアプリオリな宗教的カテゴリーが生きられることのなかにある。

凡例　本論考の訳出にあたっては、やはり随時改行を施すとともに、原文の改行箇所については、一行をあけた。また原文で頁を改め飾り文字ではじまっている箇所については、章立ての一種と判断し、章番号を付した。これまでの方針にしたがって、本訳稿は本論考の最終的なかたちである第二版の全訳である。

一

人格やものごとにかかわるなんらかの力が、私たちの生に一定程度介入してきて、さまたげや場違いなものとして感じられながらも、それが押しつけと要求の度合いをいちじるしく高めるや否や、逆にその力はそうした性質のはたらきを失くしてしまう——このようなことは、けっして珍しい経験ではない。その一部として、また関係するものとしてそれがむすびつきをもつにいたった生の他の要素と相いれないものでも、それが絶対的で支配的となるとき、それらの要素と組織的な、満足のゆく関係を獲得することがあるのだ。愛や野心、さらにあらたに浮上してきた関心は、しばしばすでにある生の内容との調和を欠く。しかし情熱や決意がそれらを心の中心におしやり、私たちの実存の総体をそれに適応させると、このまったくあたらしい基盤のうえに、ひとつのあらたな生があたえられることになる。そしてその生の音調は、ふたたび一体的なものとなることができるのだ。

このようななりゆきが、宗教の内的な発展において現実となることもまれではなかった。宗教の理想や要求が、低次の欲求のみではなく、精神的・道徳的性質をもった規範や価値と矛盾をきたすとき、そうした変動や混乱からぬけでる唯一の道は、往々にしてそうした宗教の要求が他の要求との関係でその役割を強め、ついには絶対的なものとなることにあった。宗教が生を決定する基調音となることではじめて、生の個々の要素はふたたび他の要素との、また全体との正しい関係を回復するのである。

さて、実際のところなんらかの要素は、この中心的な影響力を、あらたな秩序のもとでは敗者となる運命にある他の要素とのきびしい闘いによってのみ勝ちとることになる。そして、そうした他の要素の要求の大多数にもその権利を認めねばならない。つまりは個々の要求に、それぞれの固有の内的な主張に応じた、また生を統一的に組織するその能力に応じた権利をあたえねばならないことから、まずは矛盾と葛藤が生じる。そうした葛藤は少なくとも原理的・理論的には解決できなければならない。そうでないと生は、すでにしてその基本的な可能性において、救いがたい分裂にとどまってしまうことになるだろう。理論的思弁は、ここでの調停のありかたを先どりしている。身体的存在と精神的存在との入り乱れた相互作用が思想家を悩ませはじめたとき、スピノザは調停のむずかしいこの事態をつぎのように解決した。すなわち一方に延長があり、他方に思惟があって、それぞれが全体存在をそれぞれの固有の言語で表現している。両者は、相関する要素としてかかわりあうことなく、それぞれが世界の全体性を要求し、それぞれのしかたでそれを完全に表しているかぎりで、うまく折りあうというのである。

　ここからすれば、私たちの実存の大いなる形式のそれぞれが固有のことばで生の全体性を表現しうることが示されねばならない、ということは、もっとも一般的な原則ということになろう。私たちの現実存在を、他のすべてを犠牲にしてひとつの原理で組織化してしまうやりかたは、これによってもう一段高い段階にもちあげられることとなるだろう。そうすれば、すべての原理は、それによって制約なしに形成された世界像を他の原理からさまたげられる恐れをいだく必要はなくなる。なぜならその原理は他の原理にも、世界を形成する同等の権利をあたえるからである。また両者は、たとえば音と色彩のようにほとんど原則的にまじわらない、ということもありうる。

　こうしたことの根底にあるのは、存在の形式と内容との区別である。この区別は、同じ素材をありとあらゆるかたちへと加工する、あるいはさまざまな材料からおなじかたちを作りだす、というもっとも原始的な実践からはじまって、世界をかたち作り、生の形成のすべてを解釈するための、包括的な図式となる。人間は行動し、創造し、知り、感じながら生きる。そのあらゆるありかたは、また整理のしかたやカテゴリーでもあり、それらはかぎりなく延長しながら、しかしあらゆる形成作用において同一にとどまる存在質料をうちにもっている――このように、私たちは思い描くことができる。そしてそうしたカテゴリーのそれぞれは、原理的にこの素材の総体をみずからの法則に則って形成することができる。芸術家や学者、享受する者と行動する者、こうしたひとびとはみな、つかみ、聞きとりうるものにおいて、さまざまな衝撃と運命において、おなじ素材を見いだす。しかし彼らがそれぞれ純粋な芸術的人間であり学問的人間であるならば、あるいは純粋に享受し行動する者であるならば、彼らは固有の全体世界を作りだすのだ。

ある者がすでに形成したものが、他の者にとってはなお素材である、ということはしばしばある。あるいは私たち人類の無限の進化の歴史の一時点で生じたおのおのの形式が、素材をまったく断片的に、ただつぎからつぎへと交代しながらおのがものとすることもある。さらにはこうした素材を、私たちはおそらく純粋なかたちではけっして把握することはできず、なんらかの世界の一部として形成されたものとしてしかとらえられない、ということもあろう。ここから、精神によってかたち作られたさまざまな世界の多様と統一ということも説明がつく。形成するカテゴリーは、そのそれぞれの動機からすれば一全体をなす、固有の法則をもった、統一的な根本衝動に発する閉じた世界を意味する。そしてこれらの世界のすべてはおなじ素材から、種々の終極的な世界要素から作られているのだが、精神がその素材をどのような綜合のながれへと引き入れるかに応じて、それは芸術的な世界ともなり、実践的な、あるいは理論的な世界ともなる。しかし他方でこれらの世界は、心的生の経過のなかでまとめて保持される。というのも心的生は、いわば理念的可能性として私たちのまえに、私たちのうちにあるこの諸世界の多様性から、つねにただ断片のみをつかみとり、それを合成することによって生きるからだ。もちろんそのときどきの心的生の目的や、変わりやすい全体感情のゆえに、それらの世界はたがいに強い葛藤にさらされることにもなる。

ナイーブな人間にとっては、経験と実践の世界が現実そのものであり、世界の諸内容は、感覚により知覚ができ、操作可能なものとして存在している。そうした内容が芸術や宗教のカテゴリーによって、あるいは感情的価値や哲学的思弁のカテゴリーによって形成されるとき、それはその唯一現実的な存在に加えられた上部構造と理解されたり、その存在と対置させられるが、内容と形式とがからみあうことによって、ふたたび生の多様性となってゆく――それはちょうど個々人の存在のながれにも、異質な、あるいは敵対的ですらある系列に属する断片が干渉することで、存在の全体が生みだされるのと同様である。こうしたことから、世界と生にかかわる表象のうちに不確かさや混乱が生じる。これらの不確実さや混乱は、いわゆる「現実」なるものも、私たちが所与の内容を秩序づけるさいにもちいる形式のひとつにすぎないことを認めるとき、終息する。まさにおなじ内容を私たちは芸術や宗教、学問や遊戯へと整序するのである。現実なるものも、決して世界そのものではなく、ひとつの世界にすぎないのであって、それとならんで芸術や宗教の世界があり、そこではおなじ材料が別の形式や別の前提によって関係づけられているのだ。経験的な現実世界は、おそらく所与の要素を、種の生存の維持や発展にとってもっとも実際的な目的にかなったかたちで秩序づけたものである。私たちは行為する存在として周囲の世界から反応を受けとるが、それが有用なものか害をおよぼすものかという判断は、私たちの行為のもととなっている表象に依存している。私たちが現実として描くものは、ただ私たちがみずからの種の心理的・生理的組織の特殊性にかなったかたちで生を維持・促進する行動をとるさいの基礎たるべき表象世界であり、表象様式であるにすぎない。異なる性質と異なる欲求をもった存在には、異なる「現実」があるだろう。なぜなら、そうした存在の生の条件にとっては、異なる行動、すなわち異なる表象に基礎づけられた行動が有用だからである。

このように、目的と基礎となる前提とが、心が作りだす「世界」を決定するのであり、現実の世界は多くの可能な世界のひとつにすぎない。私たちのうちにはしかしなお実際上の必要性一般とは異なる根本的欲求があり、そこから他の諸世界というものが生まれてくる。芸術もまた現実の基本的内容をもとに成立しているが、芸術は、観照し、感じ、意味をあたえる芸術家の必要性から、それらの内容に現実の諸形式のまったく彼岸にある形式が付与されることによって芸術となる。例えば絵画の内部の空間は、現実の空間とはまったく異なる形態をもつ。直感の完結性と心的表現とは芸術において、現実がけっして提供することのないようなありかたを示す。そうでなければそもそも、私たちが現実のほかに芸術をも必要とするいわれもないだろう。私たちは、芸術の固有の論理、固有の真理概念、さらには固有の法則性ということを語ることができよう。この法則性によって芸術は現実世界のかたわらに、それとおなじ素材から構成された、あるあらたな、現実と同等の価値をもつ世界を置くことになる。

宗教の場合も、ことはこれとおなじだろう。私たちがなお現実の層で体験する感性的・概念的素材のうちから、あらたな緊張状態、あらたな尺度、あらたな綜合のなかで、宗教的世界が立ちあがる。そこでは、魂、存在と運命と罪と幸福、犠牲、さらには髪の毛や屋根の上の雀〔マタイ伝、一〇‐二九〕といった概念までもが、宗教の内容をかたち作る。——しかしそうした内容には、それらを異なる次元に位置づけ、まったく異なるパースペクティヴへと移行させるような価値評価と情調とがあたえられる。そうした次元やパースペクティヴは、おなじ素材が経験的な秩序や哲学や芸術の秩序を作っていたときのそれらとは、まったく異なったものである。宗教的生は、世界をもう一度創り直す。宗教的生とは、存在の全体がある特別な音調をもつことを意味するのであり、その純粋な理念からすれば、他のカテゴリーによって構築された世界像とはまったく交わることがなく、それらと矛盾対立することもありえない。ところが個々の人間の生はこれらすべての層を横断していとなまれており、その層の全体ではなく、部分にかかわりをもつにすぎない。そのため、それらの層を入り乱れた対立関係へともたらしてしまいかねないのだ。

　本書の冒頭での考察は、この点にかかわっている。生の他の要素と平和裡に生を分ちあおうとしない生の要素は、ひとがそれを生の終極的で絶対的な審廷にするや否や、しばしば矛盾対立を超えた意味を帯びる。宗教がひとつの全体的な世界像なのだということが理解されるときにはじめて、他の理論的・実践的全体性と宗教とは協調し、宗教は、またそれとともに生の他のシステムも、さまたげのない内的な連関を獲得する。そうしたシステムの考えないし要求は、それらがその純粋なかたちにおいて生により尊重されることはまれであるとしても、損なわれることはない。

さきほど芸術の論理について語ったのと同様に、宗教の論理なるものを語ることもできよう。それは証明を受け入れ、概念を形成し、価値を妥当なものとして伝達することができる。しかしこれらはみな、他のいかなる論理によっても認められるべくもないやりかたでなされることとなる。ところが学問の論理と同様に、宗教の論理は極めてしばしば、他のすべての論理をみずからのうちに包摂し、支配することを要求する。宗教の論理がこれを押し通そうとするとき、偶像崇拝や、規則至上主義や、世俗の要素がその論理のなかに入りこんでしまう。そうした要素においては、宗教の論理とは異なる論理が妥当している。ここに宗教のもつもっとも一般的な、ほとんど避けがたい困難がある。すなわち宗教は、経験的な「ことがら」や悟性の基準とはまったくかかわりがない心の要求や衝動から生まれでる。ところがそうした要求や衝動は、自律的な生の世界を構築するかわりに、慣れ親しんだ、現実的で、自明なものとしてせまってくる世界の構造にかかわる主張へとみずからを置き換えてしまう。そのためこの世界と彼岸の世界についてのそうした主張は、まったく異なる起源をもつ知的な尺度との避けがたい矛盾におちいってしまう。断片的存在をおぎない、人間のうちなる、また人間相互の矛盾対立を和らげ、私たちのまわりでゆらぐものすべてに固定点を見いだし、生の残虐さのなかに、またその背後に正義を認め、生のもつれあった多様性のなかに、またそれを超えて統一性を希求し、私たちの恭順と幸福への渇望の絶対的対象をつかまえること――これらすべての欲求が、超越的な表象をはぐくむことになる。すなわち飢えは人間を養う。純粋な宗教的感覚をもった信仰者は、理論的な可能性や不可能性などを顧みることはまったくない。ただ自分のあこがれが、おのれの信仰において目的に到達し、実現をしたことを感じとるのみである。

このように成立したドグマが、実践的経験や学問的命題がそうであるように「真」であるか否かということは、いわば第二義的な関心事である。本質的なのは、そうしたドグマがそもそも考えられ、感じられたこと、またその真理とは、当のドグマの形成へといたった内的な希求の運動のもつ強度の直接的な、あるいは完成体としての表現にほかならないということなのだ。それは、強い主観的感覚知覚が私たちに強いて、論理的には疑わざるをえないような場合でも、その知覚に対応する対象が存在することを信じさせるようなものだ。そしてその固有の中心から生まれでた宗教的世界のもっとも深い権利をなす完結性というものが、たんなる意図にのみとどまり、経験的人間の混合的性格によってはけっして純粋に実現されないにしても、ともかくもここから、なぜ宗教がしばしば主張されるように倫理と一致しえないのかが理解できる。つまり倫理はまた、それはそれで独自のカテゴリーなのであり、そこからまたひとつの世界が形成されうるのだ。両者の世界の相違から出発するにはおよばない。両者が世界である、ということは、両者はともに、すべてを統括する終極的動機が全体性にまでかたち作った世界内容の連関であるということだ。すでにこれだけで、ひとつの世界が他の世界にあまさず、あるいは部分的に入りこむなどということは、スピノザにとって思惟と延長の世界の混合がそうであるのと同様の矛盾をきたすのには十分なのだ。確かに人間は——これについてはすでに示唆したところだが——その力と関心が限定されているがゆえにこの可能的な、いわば理念的に現前する諸世界を、通常はごく部分的に実現するのみである。ちょうど私たちが、直接的に与えられている内容のすべてを学問的認識へと作り変えるわけではなく、すべてを芸術的造形に移し入れるわけでもないように、すべてが宗教という凝集状態へと達するわけではない。それはこの形成のプロセスが、原理的にはいずこにおいても成立するものでありながら、世界と精神のすべての部分においていつもおなじように可塑的な素材を見いだすわけではないことからしてもそうなのである。

形式化する宗教性がとりこむ素材が、直接的なものであれ先行形成されたものであれ、あるいは純粋なものであれ不純なものであれ、ともかくもそうした素材、世界内のなんらかの諸内容の複合において、歴史的に宗教と呼ばれるものが成立する。宗教的なるもの固有の本質、その純粋で、あらゆる「もの」から自由な存在は、生である。宗教的人間とは、特定の、固有のしかたで生きる者のことであり、その心的プロセスがもっている個々の心的エネルギーのリズムと音調、規定と尺度は、理論的、芸術的、実践的人間のもつそれとは見まがいようもないほどに異なっている。もっともこれらはなおプロセスであって、いまだ形成物ではない。したがってその生、その機能は、それと名指しうるような、いわば客観的な宗教が成立するためには、ちょうど認識のアプリオリなカテゴリーが理論的世界を形成するのと同様に、内容をつかみとり、それを形成しなければならない。そして悟性のカテゴリーが認識を可能としながらも、それ自身はなお認識ではないように、罪と救済、愛と信仰、献身と自己主張などの宗教的形式は、生の動性として宗教を可能とするが、それら自身だけではなお宗教ではない。それはまた、宗教へと高められ生きられる内容がそれ自身ではなお宗教的ではないのと同様である。

形式と内容の両要素の結合を、その歴史的展開においてではなく、その典型的意味と非時間的秩序とでも呼ぶべきものにおいて様式化しつつ描いてみるならば、その結合は以下のようにして生じるだろう。特徴的な生のプロセスの経過の様式としての人間の宗教的情調は、このプロセスが展開しうるあらゆる領野を、宗教的なものとして体験させる。そのように情緒づけられた生と世界感情のなかから、はじめて固有の形成物が浮上してくるが、これによって宗教的プロセスは身体をもつものとなり、あるいは対象を獲得することとなる。宗教的なながれは、生がその他のときには知的、実践的、芸術的に秩序化する内容へと浸透し、それらの内容をあらたな形式において超越へと引きあげる。最内奥の生の特性としての、またある種の実存の他に比較しえない機能様式としての宗教性は、まずはいわば世界の内容的多様性のなかをさまよいながら、自身のためになんらかの実体を占有し、それによって自分自身をみずからに向きあわせる。つまり宗教の世界が宗教の主体に向きあうのだ。宗教性はまずその世界内容をみずからの体験様式で色づけ、その内容の他の実現形式をふるいおとさせ、いまや生成したその宗教的価値から、信仰と神々と救いの諸事実からなる、数知れぬ世界を作りだすのである。

宗教的音調への移調は、おそらくとりわけ三つの生の圏域において行われる。すなわち、人間の外的自然への態度、運命への態度、そして周囲の人間世界への態度、においてである。これらの態度があらかじめ、内側から宗教的なものであるとするならば、この態度はいわば他のがわで形成物としての宗教を生みだす。いまや内容豊富となり、内容ある形態をもつにいたった宗教的機能が、その形成物において確固たるものとなるのだ。本書での私たちの課題は、これが意味するところを、特に最後にあげた態度に即して展開することにあるのだが、他のふたつの関係についてもまたふれることはそのための枠組みを示すことにもなるであろうし、また本論の根底にある宗教的なるものについての理解を明確にする助けとなるだろう。

宗教とは、経験的・心的な、私たちの自然的連関に属する諸事実のある種の誇張にほかならない、というのはすでに紋切り型の言いかたとなっている。世界を創造する神は因果関係を求める欲求の肥大化したものであり、宗教的供犠は、すべての願望成就には代価を払わねばならないという経験上の必然の延長であり、神への畏れは、私たちが物質的自然においてつねに経験する支配的力を集約し拡大した反映である、というわけである。しかしこうした仮説にとどまるとするならば、まったくもって表層的と言わざるをえないだろう。実際にそれらが、そうした感覚にしばられた経験が高まったものにすぎないと仮に考えるにしても、まさになぜそのように高まったのかについては、感覚的経験にかかわる状況そのものからは把握しがたいことであり、このような還元は本来の問題を覆い隠してしまうのである。

こうしたことから考えると、むしろつぎのように言う必要がある。すなわち、素材が宗教的に意義あるものと感じられ、そこから宗教的形成物が生みだされるとするならば、そこでは宗教的な諸カテゴリーがすでに根底にあり、その素材をあらかじめともに形成しているにちがいないのだ、と。経験的なものが宗教的なものへと誇張されるのではなく、経験的なもののうちに横たわる宗教的なるものがきわ立たせられるのだ。経験の諸対象は、たんなる感覚的素材から形成されるにあたって、そこに認識の形式と規範がともに作用することによってはじめて認識可能となる。だからたとえば私たちが因果法則を経験から抽象することができるのは、経験をそもそも「経験」たらしめる因果法則にあわせて私たちがみずからの経験をあらかじめ形成したからにほかならない。ちょうどそのように、事物が宗教的意義を獲得し超越的形象へと高まるのは、私たちがあらかじめそれらを宗教的カテゴリーによって受容し、それらが意識的かつ十全に宗教的なものとして妥当する以前に、それらのカテゴリーがその事物の形成を定めていたからであり、またそのかぎりにおいてなのである。もし実際に世界創造者としての神が、因果系列をどこまでも追い求める衝迫から生じたとするならば、超越へと高まろうとする宗教的な要素は、すでにおなじように因果プロセスの低い段階のうちにもあるのだ。一方ではもちろん因果プロセスは、具体的認識の内部にとどまり、ある所与の部分をつぎの部分とむすびつけている。ただ、それを超えてこの運動の休みないリズムは、すべて所与なるものには満足しえず、計りがたい所与の連鎖のなかで、個々の所与をほとんど無にひとしいものへと貶める調子をともなう。約言すれば、宗教的な音調の響きが、あらかじめ因果関係の運動に共鳴しているのである。

おなじ思考の運動が、その思考をはたらかせる層によって、またその思考に私たちがあたえる感情的アクセントによって、認識可能な自然世界に向けられることもあれば、超越の彼方の一点に向けられることもある。世界原因としての神とは、このあらかじめ宗教的カテゴリーにおいて経過していたプロセスの内的な意味がいわば結晶化されたものである。それはちょうど抽象的な因果法則が、認識のカテゴリーにしたがうかぎりでの因果的プロセスのなかから公式として抽出されたものを意味するのと同様である。経験的に認識可能な世界を秩序づける原因系列の無限の延長が神へと高められることはけっしてないのであり、そうした系列からのみ宗教的世界への飛躍を理解することはできない。しかしこの系列が同時にまたほかならぬ宗教的感覚の庇護のもとに経過するならば、話は別である。そうした感覚にとっては、世界創造神は終極的表現なのであり、そうした因果プロセスの一面に、その意味のうちに生動する宗教性が、そこに沈殿することのできる実体なのである。

より容易に理解しうるのは、外的自然と私たちとの感情的むすびつきが宗教の徴のもとに展開しうるということ、この展開が宗教の対象においていわば自己自身と向きあうにいたるということである。私たちの周囲の自然は、あるときは私たちを美の享受へと刺激し、あるときは衝撃と戦慄と自然の圧倒的力の崇高さの感覚をもたらす。前者は、私たちと疎遠であり私たちに永遠に対立すると感じられていたものが、一挙に透明になり近づきうるものと見えることによってもたらされる。後者は、たんに物理的でそれそのものとしてはまったく中立的で了解できるものが、ある恐るべき、うかがい知れない暗さを身に帯びるときに生じる。さらに別のときには、端的な感動そのものとでも呼ぶしかない、あの分析しがたい根本感情が喚起される。自然現象の並はずれた美しさや崇高さによってではなく、木の葉のうえをさまよう陽光や、風にたわむ枝や、一見したところまったく特別に秀でたところがあるわけではないものの、ある秘められた共鳴のごときものによって私たちの存在の奥底を激しい自己運動へとみちびいて鳴り響かしめるものによって、私たちは往々にしてもっとも深い部分において突然とらえられ、ゆり動かされる。こうした感覚はすべて、その直接的な状態性を超えることなく、つまりいかなる宗教的価値をもともなわずに消えるかもしれない。あるいはまたその内容に変化をあたえることなく、しかも宗教的価値を帯びるかもしれない。私たちはそうした感動において、ときにある種の緊張ないし高揚を、恭順や感謝の念を感じる。それはあたかもそれらの対象となるものをつうじていずれかの魂が私たちに語りかけるかのような感動である。――これらすべては、たんに宗教的なものと呼びうるにすぎない。それらはなお宗教ではない。しかしそれは宗教へといたる過程である。その過程は超越的なものにまでつながり、それ自身の存在をみずからの対象たらしめ、その対象から自分自身を受けとりなおすかのように見えるのである。

　これまで目的論的な神の存在証明と言われてきたもの、すなわち世界の美や形態や秩序が目的にかなった世界を創りだす絶対者を示唆する、との考えかたは、この宗教的プロセスを論理的に定式化したものにほかならない。自然に対するある種の感覚は、純粋に主観的、審美的、ないし形而上学的カテゴリーにおいてのみならず、宗教的カテゴリーにおいても体験される。経験的対象は私たちにとって、そこで一連の感覚印象が出会う、あるいはそれらの印象の延長上にある交点のようなものである。ちょうどそのように、宗教の対象も、すでにふれたような諸感情が、いわばそれら自身のなかから措定し、それら自身の統一を見いだすようなひとつの点なのである。それらの感情は、合流しつつみずからのなかからその交点を徐々に生みだしてゆく。そしてこの交点はそれらの感情すべての所産であるがゆえに、個々の感情に対して、宗教的光線の発出点として、すでに先行的にあった存在として現れるのである。世界内容に形成的にはたらきかけてきた宗教的生は、その対象において固有の宗教的実体となったのだ。――なおここで、また以下の叙述とのかかわりでも言っておかなければならないが、人間の心に意識され意味されるものを超えた宗教的対象の実在性については、ここではまったくふれられていない。さらに私たちの課題は、もっぱら心理学的なものであり、またそれにとどまるものである。つまり宗教的表象が実際に歴史的にどのように成立したか、ということではなく、心理学の論理とでも呼べるもの、またそうした歴史的な実際上の展開の理解をもはじめて可能とするような意味連関が、ここで求められているものなのである。

人間の心が宗教的境位に踏みこむことを許す第二の領域は、運命である。運命という語は通常、人間の生の展開が、人間自身ならぬものによって影響を受けることを意味する。その人間自身の行為や存在が、この決定力ある諸力にまざっているかどうかは、さしあたり問題ではない。その人間のうちなるものとそとなるものとが出会うことによって、運命の概念はうちなるものから見ればなんらかの偶然の要素をふくむ。この要素は、私たちの生の内側から到来する意味との原理的な緊張関係を示す。このことは、運命がこの生の意味の正確な執行者として現れたとしても変わらない。私たちの感情が運命にいかに対峙するにせよ、それに身を委ねるにせよ反抗するにせよ、希望を抱くにせよ絶望するにせよ、求めるにせよ満足するにせよ、――その感情はまったく非宗教的なものに終わることもあれば、まったく宗教的にもなりうる。こうした外部からの要因のゆえに、すべて「運命」なるものには、私たちの把握できないなにかがつきまとうが、それはまた宗教的特徴がおのずと運命にともなわれる場所でもある。これにはすべての偶然的なものが、それが「運命」と感じられるかぎり、なおなんらかの意味をもつことも同様にかかわっている。偶然的なものが運命のカテゴリーにおいて私たちと出会うとき、それがいかに苦痛にみちた内容のものであっても、より忍びやすいものとなる。なぜなら偶然的なものはその無関心さをうちすてて、私たちにねらいを定めているかに見えるからだ。これによって偶然はある威信をえるが、それは同時に私たち自身の威信ともなる。運命にみまわれること、すなわち一群の偶然が、それが非常に問題をふくんだものであれ、ともかくも私たちにかかわりのある意味を形成することは、人間を高めることである。これによって運命の概念は、その構造からして、宗教的情調を受け入れるように定められており、さらにその宗教的情調は例えば、運命を超えて、しかしまたそれをともないながら、予定の理念へと固まるのである。ここで重要なのは、宗教的な色づけとは、なんらかの超越的力と信じられたものから体験へとおよぶものではなくて、それ自体ある特別な感情の質であり、それそのものが宗教的な集中であり、高揚であり、厳粛さであり、悔恨だということである。宗教は宗教の対象を、みずからの客体化ないし対向像として生みだす。それはちょうど感覚知覚がその対象を、それが知覚に相対するものでありながら、みずからのうちから作りだすのとおなじである。

その概念からして私たちからは独立したものである運命にかかわることがらにあっても、宗教という特殊領域でなされる体験は、生産的な、私たちの奥底にひそむ宗教的諸力によって形成される。その体験は、宗教的な対象性のカテゴリーと一致する。なぜならそれらのカテゴリーが、その体験をみずからのうちより形成したからである。だからたとえば、「神を愛する者たちには、万事が益となるように共に働く」〔ローマ、八―二八〕とするならば、それは事物がそこにあって、神の御手が雲から出てそれをつかみ、愛する子らのために良かれと配置替えをするわけではない。そうではなく、宗教的人間は、最初からそのように体験するのであって、宗教的なる者としてのその人間が欲するものが彼にあたえられる、ということでしかありえないのだ。運命は、地上の幸福や世間での成功や知的に了解できるものの地平の内部でも展開する。しかし宗教の地平では、運命はただちに宗教的な感情的期待をともない、そのような価値尺度のなかに置かれ、そのような解釈によって変容せしめられるのであって、運命はまさに宗教の意味するように、子らにとってもっとも良くあれとの神慮に合致するのでなければならない。それはちょうど、認識にとって世界が因果的に展開しなければならないのとおなじである。というのも、世界は認識の地平でとらえられるとき、アプリオリにその地平のうちに作用している因果性のカテゴリーによって形成されるからである。これと同様に、私たちの生のカテゴリーのなかでもまさに運命のカテゴリーがもつ形式的なひろがりは、このカテゴリーが宗教的生のゆらぎを潜在的な状態から顕在的な状態へともたらし、神的・絶対的なものの概念を作りあげるのにふさわしいものとするのだ。

ドイツ神秘主義のひとつの要素がこのことを明らかにするかもしれない。エックハルトにとって神はまったく単純・無差別であるとともに、みずからのうちにあらゆる差異的諸存在を包摂している。差異ある諸存在は神自身であるとともに、同時に「ひとつの否」として神のうちにある。神は世界を創造したが、しかしそもそも創造したのではなかった。なぜなら創造とは永遠的なものだからである。神は「あらゆる被造物のうちにながれ入るが、またいかなる被造物も神とかかわりをもちえない」。神は事物のうちにあるが、しかしまさに「それとおなじように」事物を超えている。魂は神よりきて、神なくしては無だが、神もまた魂なくしては無である。神を見るということは、神によって見られることとおなじである。こうしたこと、またこれと同様のすべては、矛盾や相互に不一致な思考のながれと見なされ、どれほど並はずれた思想モチーフがその根底にあるかが理解されなかった。そのモチーフとは、神と世界とのあいだの関係として考えうることがらで、現実的でないものなどなにひとつないというものである！　客体的な神の場所に神とのある関係を置き据える神秘主義にとっては、もっとも現実的な存在《エンス・レアリッシムム》〔神のこと〕はこうした形態をとる。その関係はいわば、主観的な宗教的生のプロセスの至近の、もっとも直接的な客観化として、このプロセスにおいて結晶化する宗教的事実なのである。したがってまさに、私たちの運命の振幅は内的な宗教的生の機能に受容されることにより、その生の機能にしばしば神的なるものの無際限のひろがりへの道を示すかもしれない。認識が因果性を作るのではなく、因果性が認識を作るのであるように、宗教が宗教性を作るのではなく、宗教性が宗教を作るのである。ひとがある種の内的気分のうちに体験する運命において、それ自身はなお宗教ではないようなさまざまな連関や意味や感情が息づく。その事実内容は、異なった気分をもつ心においては、宗教とはまったく関係づけられることはない。しかしそれらがその事実性から解き放たれて、いわばそれらをつらぬいてながれる宗教性によって、それ自身のための客体世界を形成するために接合されるとき、「宗教」が、つまりここでの意味では、信仰の対象世界が生成することになるのだ。

ここでようやく、人間世界と人間との関係と、そこに溢れる宗教の水源にたどりついた。そうした諸関係においてもまた、既存の宗教から宗教的色彩を借りてきたのではないような力と意味とが作用している。そうした力と意味とは、そのにない手の生の情調として宗教的色彩を自己のうちにもち、逆に精神的・客体的形象としての宗教をみずからのうちから展開させてゆくのだ。宗教の完成段階、すなわち超越的存在とむすびついた心的複合の全体は、絶対的な、一体性に集約された感情と衝動の形式として表れる。しかしそうした形式は、社会生活が——情調ないし機能として——宗教的な方向づけをもっているかぎりにおいて、萌芽的に、いわば手さぐりのかたちで、社会生活によってすでに展開されているのである。これを理解するためには、さきに宗教的な構造の原理を見たのと同様に、社会的構造の原理を見てみればいい。

社会生活は、その要素の相互関係からなる。そうした相互関係の一部は、瞬間的な行為と反射行為のうちに過ぎ、一部は職務、法律、組織、所有物、言語、コミュニケーション手段等々の堅固な構造物に具体化する。すべてこれらの社会的相互作用は、特定の関心や目的や欲動の基礎のうえに生じてくる。それらはいわば質料であり、諸個人の並存や協同、協力や対立において社会的に現実化される。そうした生の素材が一定のままで、これらの多様な諸形式がその素材をかわるがわる形成するということもある。あるいはまた逆に、同じ相互作用の形式のうちに、ありとあらゆる異なった内容が盛り込まれることもある。したがって、公的生活の少なからぬ規範と所産は、競合する諸力の自由なたわむれによってになわれることもあれば、下位の要素が上位のそれにより規制され監督されることもある。だから、さまざまな社会的利害が、ときには家族的組織により守られ、のちの時代、あるいは別の場所では、純粋に職業的な組織や国家的統制に引きつがれることにもなる。

社会生活の典型的な形式のひとつ、社会がみずからの目的にかなった行動をその成員より調達するための固定的な生の規範としてあげられるのが、習俗であり、これは文化程度の低い状況では、社会により要請される行動一般の典型的形式である。のちには一方で法として成文化されて国家権力により強制され、他方では文明化し紀律を身につけた人間の自由な判断に任されることとなる社会的な生活規定は、より小さく原始的な人間集団においては、習俗と呼ばれる諸個人への固有の、直接的な集団監視によって確保されている。習俗、法、個々人の自由な倫理性は、社会的要素の異なる結合様式であって、これらはみなまったくおなじ命令を内容とすることができるものであり、さまざまな民族やさまざまな時代において実際にそうであった。

宗教もまた、全体性が個人の正しい行動を確保するためのこうした諸形式にふくまれる。社会状況が宗教的になるということは、しばしば社会の発展段階のひとつとして特徴づけられる。そのまえとあととで異なる人間関係の形式によってになわれるまさにおなじ内容が、ある段階においては宗教的関係という形式をとることがある。これがもっともよく分かるのは、立法においてである。立法は、時と場所によっては神権政治の一部をなし、完全に宗教的裁可のもとにおかれる。他方では、国家権力や習俗によって法が保障されることもある。実際、社会が必要とする秩序は往々にして、道徳的・宗教的・法的裁可がなお分かれるまえの一体性をたもつ未分化の形態に由来するように思われる。例えばインド人の dharma、ギリシア人の themis、ローマ人の fas〔いずれも「掟」や「正しさ」を表す語〕がそうである。さらに、おのおの異なる歴史的条件にしたがって、そのときどきで異なる構成形式が、そうした秩序のにない手として発展した。あちらこちらで、なおこの発展の段階を見いだすことができよう。ローマ時代やそれ以前のエジプト人について、宗教的理念と慣習に手がつけられないかぎり、異邦人による支配を喜んで忍んだし、あるいはそれにほとんど気がつかなかった、これらの理念や慣習はもちろんエジプトの国土の生形式のほとんど全体とむすびついていたのだから、と言われる。そこでは実際なおあのすべてを包摂する規範概念が有効だったのであり、ただこの概念は、意識と実践にとって、そこから発展可能な要素のひとつ、すなわち宗教的要素により代表されていた、あるいはとりわけそうした要素に集中させられていたのである。エジプトの宗教的いとなみの包括性と力強さ、しかしそれと同時にその独特のぼんやりした不明瞭さは、おそらくつぎのように説明できる。すなわちそこではたしかに宗教的要素は一般に価値ある、ないし「正常な」ものについての以前の未分化な集合概念から、外面的には自立してきたものの、内面ではなおそれと癒着したままだったのである。

文化の諸内容がそれを規範化する形式とのかかわりで幾度も逆行運動をするということ、たとえば慣習から法へとともに法から慣習へ、人道的義務から宗教的裁可へ移行するとともにまたその逆の動きも示すといったことは、また他のこととともむすびついているようだ。実践的・理論的な生の内容が、歴史のながれとともに明澄な意識性から無意識の、自明の前提や慣れ親しんだこととなる一方で、別の、あるいはしばしばおなじ内容が、無意識の本能的段階から明瞭に洞察され弁証される段階へといたる。私たちの行為が法により規定されるとき、習俗によるよりもはるかにその意識性の度合いは高い。私たちの自由な、良心による道徳は、私たちの行為の衝動に対し、社会的規制による場合とはまったく異なるかたちで、意識性と無意識性を割り当てる。宗教的な拘束においては、暗く共振する感情と行為の目的の明晰な意識とのあいだの緊張は、慣習などの拘束におけるよりもはるかに大きい。こうした展開において特徴的なのは、ある関係がたんなる強度の変化にしたがって、さまざまな拘束によりひろめられるという点である。愛国主義が盛んなときには、個々人の集団に対する関係は、厳粛さ、親密さ、献身を帯びる。これらはそれ自身が宗教的な性格をもち、なんらかの宗教性の作用であるだけではない。この関係がさらにより強度を増すと、神的力への訴えかけとなり、この関係が慣習や国家の法によりみちびかれている平常時におけるよりも、その衝動ははるかに決然と直接に宗教的刺激に反応する。これはまた同時に、愛国的関係の意識の亢進でもある。危険や、情熱的活動や政治的統一体の勝利といった状況は、それとかかわる個人の感情を宗教的色彩と秩序に適合させ、統一体への関係の意識を、もっぱら他の規範が妥当しているときよりもはるかに強いしかたで強調する。そうした規範のなかから、あのより包括的で熱をおびた規範が高まっては、またもとの諸規範のうちに沈んでゆくのである。

　宗教的な裁可を受け入れる私的関係もまた、ふつうはその関係がもっとも強く意識されるときにこの裁可を召喚する。たとえばまさに婚姻がむすばれるときや、中世にあってはさまざまな契約が締結されるときなどである。ピューリタンの人生は、病的なまでに亢進した生のあらゆる瞬間の意識化によりきわ立っていた。それはあらゆる行為と思念についてのこのうえなく意識的な釈明であって、そこでは宗教的規範が生のあらゆる細部を留保なく支配しており、実際には他のいかなる裁可にも権利があたえられなかったのである。しかしこれとはまた反対の場合もある。先史時代を中心として氏族集団がもっていた大きな意義は、国家権力の増大とともに、しばしばたんなる宗教的な意味にまで色あせる。確かに氏族集団ははじめからまたつねに儀礼集団でもあった。ただ明らかに氏族集団はこれ以外にも、居住地や財産や法と武器による保護の共有をふくみ、利害意識に一層強調点が置かれていたにちがいない。これが古典後期や今日の中国のような、氏族集団が祭儀や供犠をともにするだけとなった時代とのちがいである。後者において結合がもっぱら宗教的に裁可されたことは、集団の一体性やその意味の強調の後退と連動していたにちがいない。ローマの宗教法と犯罪法とのあいだには、これと逆の方向が支配的であった。徹頭徹尾まっすぐな、地上的・論理的なローマ人の性向は、おなじ違反行為を地上的かつ神的に裁く再審理を非難したように見える。ある違反行為を刑事裁判官がとりあげると、聖職者は退かねばならなかった。というのも、地上的なものの総体がさらになおより高次の責任に服する、という考えかたは、この民族にはまったく疎遠なものだったからである。したがって、ローマ民族にとっては、宗教の道徳的意義は、もともと宗教法にしたがい贖われた悪事が刑法に委ねられるようになるにつれ、後退したと言えるだろう。

以上で規範化様式の本質が論じつくされたわけではまったくないが、そうした様式がすべていわばさまざまな心的な凝集状態であり、その変転はおなじ実践的生内容の形式から形式への移し替えにほかならないことが理解できよう。こうした内容が宗教の庇護のもとに置かれるとき、そうした庇護はそれにさき立って存在するのでなければならない。ただここで決定的となるのは、超越的存在についての教義的表象ではない。そうした表象はむしろ裁可のたんなる手段にすぎない。そうではなく、社会的に要請されたものが、一定程度の強度と随伴感情と聖性を獲得し、それらが他では達成しえない音調によってその要請の必然性を表現し、またそれらによって社会規範のあるあらたな凝集状態が展開するということが問題なのである。

古代ユダヤの立法では、衛生警備にかかわる指示が神の命令として先鋭化された。あるいは七、八世紀のゲルマン地域のキリスト教においては、殺人と偽証が教会の裁判権に移行し、神の命令を損なうものとして司教により教会での懺悔をつうじて贖われるようになった。王侯への忠誠も、王侯が神の恩寵をえていることの結果とされるにいたった。これらすべての社会内関係の展開の例においては、まずはそれらの社会的重要性なくしては、それらはけっして宗教的な重要性をもちえなかっただろう。さらに言えば、当然ながらこれらの例をになっている生のプロセスが社会的内容、ないしそもそもなんらかの内容を見いだす以前にいわば機能的に宗教的な性格をもって生じていたのでないかぎり、宗教的意味はもちえないのである。ある種の社会関係には、宗教的形式に受容されるべくあらかじめ決定された感情的興奮と意義がそなわっている。宗教的形成物やその個々の特徴は、社会的なものにおいて成長し、それにより自立化して社会的なものに相対するようになる。というのもこの社会的なものはいわばあの生の情調がそこをつうじてながれる水路となるからである。生の情調はその方向性を保持しながらも、それが通過した領野からなんらかの形態ないし実体、言うなれば形成物となる可能性を受けとる。社会諸関係は、まさにそれらのもつ感情価や統合力や限定性が、それらがみずからを自発的に宗教的地平へと投影することとなる素因をあたえるのでないかぎり、この超越的なものをけっしてみずからに呼びよせはしないだろう。そして社会諸関係と多くの点でむすびついている他の数知れぬ規範は、実際そのようにはしないのである。

二

宗教的カテゴリーが社会諸関係に浸透し、それを形成するとともに、またその社会関係によって目に見えるものとされるさいの深い基礎が、注目すべきアナロジーによって作りだされる。すなわち個人と神性との関係および個人と社会的全体との関係のあいだにあるアナロジーである。とりわけ依存の感情がここでは決定的である。個人はみずからが、なんらかの一般的で高次のものにむすびついていると感じる。個人はそこからながれでて、またそこへと帰ってゆくと感じられ、またそれに対しみずからを捧げるとともに、それによりまた高められ救われることを期待する。個人はそれとは異なる存在であるとともに、それと同一でもある。神は反対の一致《コインキデンティア・オポシトルム》〔中世後期ドイツの神秘思想家、ニコラウス・クザーヌスのことば。神は有限性において反対・矛盾するものをも包摂する無限者であるとの意〕と名づけられた。これは存在のあらゆる対立性をその無差別性のなかへと溶融させる統一点を意味する。そのなかには、魂の神への関係と神の魂への関係のこのうえなく多様なありかたもまた包括されている。愛と疎外、恭順と享受、恍惚と悔恨、絶望と信頼――これらは、魂と神との関係の時代ごとに交代する色あいというのみではない。それらのおのおのが魂と神とのあいだの根本的関係に痕跡をとどめるのであり、魂はこれらすべてのありうべき情調の対立を、さながら呼吸するかのように、みずからのうちに吸い込んでは、また吐きだすかに見える。神は確かに義しいが、神自身は義を超え出た赦しをあたえる。古代世界において、また古代にとどまらず、神はいわば党派を超えているとともに、党派性をももっている。神は絶対的な世界の主であるとともに、世界がみずからの打ち破りがたい法則に従って展開してゆくことを許す。

人間と神との相互関係には、継起的にして同時的なあらゆる可能なむすびつきがふくまれる。そのため、その相互関係は、明らかに個人とその社会集団のあいだにある関係のありかたを反復している。後者の関係においても、個々人は上位なる力に包摂されているが、その力はまた個々人に一定の自由を許す。それはひとつの受容でありながら、反作用をも引き起こす。それはひとつの献身であるとともに、反抗をも排除するものではない。それは報いであり、また処罰である。それはある部分の全体への関係であるとともに、その部分はまたそれ自身が全体であろうとする。ことに、敬虔な者が、自分のいまあるありかたも、また所有するものすべてをも神に負っていると告白し、みずからの本質と力の源泉を神に見るさいの謙遜は、そのまま個人の全体に対する関係へと移しかえることができる。なぜなら神に引きくらべても人間は端的な無なのではなく、ただ塵にすぎないので〔創世記、三―一九〕あり、か弱く、しかしながらともかくもまったく無力なのではなく、かの内容を盛りこむことのできるうつわである〔第二コリント書、四―七～一八〕。このようにおなじ形成作用が個人の宗教的な存在形式と社会的なそれとに表れている。後者の社会的存在形式は、宗教的情調にともなわれるか、あるいはそれにより受容されるならば、自立した形成物と行動としての宗教の本質形式を生みだしうるのだ。この一般的な脈絡には思いいたらないままに、しかしそれだけに一層証拠としての価値があるのだが、ある古代セム族の宗教の専門家はつぎのように述べている。――「イスラム化直前のアラブの英雄たちは、それが目立つほどに、語の通常の意味での宗教をもっていなかった。神々や神にかかわることがらについて、彼らはほとんど顧慮することがなかったし、儀礼にかかわることはまったくなおざりにしがちであった。他方で彼らは種族に対してはある種の宗教的畏敬を抱いており、同族人の生命は、彼らにとっては神聖で侵しがたいものであった。この一見したところ矛盾とも思われる事態はしかし、古代人の神観念に照らしてみると納得がゆく。つまり彼らにとっては、神とその信者はひとつの共同体を作っているのであり、そのなかでは信奉者相互の関係と人と神との関係は、おなじ意味で聖なる性格をもっているのである。もともと宗教的共同体とは種族なのであり、親族であることに基礎づけられた義務は同時に宗教の一部であった。そして種族の神が後退しほとんど忘れ去られてしまっても、種族宗教の本質は血のつながりの神聖性において保持されていたのである」。〔訳注2〕

まさにその形式からして宗教的な半製品とでも呼ぶべき社会関係や人間間のむすびつきが存在する。おなじ関係値が、その社会的利害内容から解き放たれて超越的次元にまで高められるとき、それは狭義の、自立したものとしての宗教を意味することとなる。表面上のさまざまな覆いとずれのしたに、この連関を感じとることができる。私は、深いところで感じるならばおそらくあらゆる献身や受容の底に見いだされる、ある宗教的――いささか奇怪な造語をお許しいただけるならば、ある類宗教的《レリギオイド》――契機をここで想起している。もちろんそれは、純粋な社会的事象としては、分化した一領域としての宗教となんら関係はない。にもかかわらず、その内的構造のなかには、宗教のいとなみのある特徴との、いわく言いがたい理念的な親近性があり、そしてこの特徴は、社会的事象から出て、完成しかたちをなした宗教にいたると、供犠の契機として結晶化するのである。古代インド人が、神を養い強化する供犠によって神に対しある種の権限をもったという事実は、非常に特徴的である。ある者の神酒を飲んだ神は、その人間のがわにつかねばならない。疑いもなく、ここにはある種の「呪術」が見いだされる。そこで問われるべきは、どのような深い根拠から、ほかでもないこのような現象へと呪術がゆきついたのか、ということである。経済的な価値と代価の交換関係がまっすぐそのまま形而上学化したわけではないことは、明らかである。とはいえあるいはすべての贈与には、贈られたものの実体的価値を超えて、ある種の心的な価値があるのかもしれない。そのため私たちもまた、受け入れた贈与による内的なむすびつきを、外的に等価な返礼によって解消したり破棄したりすることは、けっしてできない。他方でまた贈与の受けとりは、単に受動的に富を増やすことではない。贈与はまた送り手への供与でもあるのだ。贈与と同様に、贈与せしめることのなかにも、贈られるものの価値とはまったく関係なく、ひとつの恩恵が横たわっている。社会学的事象としての贈与の感情層を独特のしかたで拡張する、この合理性を超えた倍音によって、この事象は宗教的振動を受けとり、それをさらに伝達してゆく。かのインドの表象は、機械的なものとなることなく、内的な宗教的意義をたもつかぎりでは、贈与と受領との社会学的関係を前提とするのであり、またこの関係は固有の内的形成によって、宗教的情調にみずからを提供し、超越的なものへと仕上げることを許すのである。

社会的なものと宗教的なものとのこうした関係は、それらが一体の現象においても分離された現象においても、もっとも端的には、両領域にあって「義務」とされるものに表れる。仏教とキリスト教をのぞいては、両領域はどこにおいても一致している。神々への奉仕は古代世界全体において、また世界のほとんどすべての民族世界において、政治共同体や家族共同体の生活の一部であった。そうした奉仕は、言語がこうした共同体に属しているように、そうした生活に属していた。神への奉仕をまぬがれようとすることは、兵役を拒否しようとすることや、自分だけの言語を作りだそうとするようなものなのだ。

仏教でさえ、否定的な例証としてではあるが、このことを証明する。仏教には、まったく社会的要素が欠けている。その理想は出家僧であり、それにはもちろん他者のための犠牲と苦難ということも、往々にしてふくまれている。もっともこれは他者のためというよりは、主体とその魂の救いのためである。仏教は、社会的世界からの完全な隠遁を教える。自己救済とは仏教にとっては、自然的存在のみならず社会的存在をもふくめた、あらゆる存在からの自己の解放にほかならない。仏教はただ、自分自身に対する義務を知るのみであり、そこに他者の幸福ということが入ってくるにしても、それは「生きとし生けるものに幸あれ」ということなのである。これは、古代および非キリスト教世界全般の、またキリスト教世界の大部分において社会的義務が設ける政治的・社会的境界設定とのこのうえなく鋭い対比をなしている。

さてしかし、仏教は宗教ではない。仏教は、求道者がまったくひとりで、自分自身の意志と思惟によって獲得することのできる救い、すなわちみずからの魂の状態のうちにおかれた救いの条件を満たすならば、おのずと生じる救いについての教説である。仏教の唯一の内容をなす苦難からの解放は、いかなる超越的力も、いかなる恩寵も、いかなる仲保者も必要としない。その解放は、達成されるなにかではなく、魂があらゆる生の意志を放棄したことの論理的帰結としておのずと生じるのだ。ここではしたがって、社会的義務と宗教的義務とは、キリスト教文化のある種の特殊例をのぞいてつねに両者が示すような相関関係をもっていない。これは単純に、仏教がこの相関の両側面をもっていないこと、つまり社会的規範ももたず、また宗教でもないことによる。それ以外ではいたるところで――もっとも明瞭には古代セム人、ギリシア・ローマの文化において――供犠の義務や祈りや儀礼の総体は、個人的なことがらではなく、ある特定の集団の一員としての個人の務めなのであり、また全体としての集団は個々人の宗教的あやまちに責任を負うと考えられたのである。まさにそれであるから、他の側面からすれば古代の社会生活はあますところなく宗教的相のもとに推移しうるのである。宗教的厳粛さは、外面的に見れば社会的に要請されたことの随伴現象としか見えないが、実際にはこれと分かつことのできないある内的な統一をかたち作っている。社会的要請が宗教のうしろ盾のもとにあるということ、個々人の全体性とのかかわりが神への義務のうちに置かれたということは、社会関係のいわば内的形式――より正確に言えば、宗教的情調の場あるいは対象になろうとするこの形式の素因――のなかにすでにふくまれていた感情モチーフが明瞭化ないし客体化されてかたち作られたことを意味するのである。

孝行心にあふれた子と親との関係、熱狂的愛国者と国家との関係、同様に熱狂的なコスモポリタンと人類との関係、あるいは労働者と興隆すべく奮闘する労働者階級との関係、貴族の血を誇る者とその身分との関係、さらには自己をあやつる支配者に対する被支配者の関係や、あるいは忠実な兵士とその軍隊との関係——これらすべての関係は、かぎりなく多様な内容をもちうるものだが、その心的側面がもつ形式に着目するならば、共通の調子を帯びており、それこそが宗教的と呼ばれなければならないものなのだ。これらすべてにおいて、無私の献身と幸福への願い、謙遜と高揚、感覚的直接性と非感覚的な抽象性とが、特有のしかたでまざりあっている。これらすべては、交代で表れる情調というだけではなく、——私たちの悟性ではこうした対立項によってしか把握しえないが——とりわけ堅固な統一をなしているのである。ここから一定の度合いの感情の緊張が、内的状態に見られる特有の柔和さや堅固さが、より高き秩序に対する主体の構え——この秩序はしかし主体により、同時に内的で個人的ななにかとも感じられる——が、生みだされる。

こうした諸関係の内面と、さらには少なくとも部分的には外面をも構成するこれらの感情要素を、私たちは宗教的と呼ぶ。このことはいわば実体的形式に移されたかたちで、神が人間の関係を作りだしたり裁可したりすることにより証明される。神々はたとえば人間間の不平等のために存在するのか平等のために存在するのかによって、区別される。つまり神々は、現にある不平等を正当化することもあれば、あるいはそのまえにおいてはみなが平等であるような存在があるべきとの考えから、創出されることもある。しかし外ならぬこの内容上の方向性の違いも、どちらもがひとしく超越的荘厳さをもつことを妨げはしない。このことは、これらの理想が社会的理想としてそもそも有し、それらが宗教的生によって包摂されることを可能にした構造がひとしいことを示している。まさにこのこと、つまりこれらの理想が宗教的であることは、それらにあるニュアンスを与えるが、このニュアンスこそがそれらの理想を、純然たるエゴイズムや暗示や外部からの影響や、さらには純粋に道徳的な力によって根拠づけられた関係から区別するものである。

あるいはこうした感情の調子は、ほとんどの場合、敬虔さと呼びうるものであろう。敬虔さとは、それが特定の形象に投影されるや否や、ただちに宗教となるような心の情調である。本論にとって注目すべきは、ラテン語の敬虔さ《ピエタス》という語がひとしく人間に対する敬虔な関係にも神々に対するそれにももちいられるということである。いわば流動的状態における宗教性である敬虔は、神々との関係の堅固な形式へ、宗教へと前進する必要はない。その論理的本質からしてそもそも心を超えたなにかを指示する情調ないし機能が、なおそれ自身のうちにとどまり、いかなる対象に即してもみずからを示さない、ということはよくあることなのだ。そのすべての存在と行いが、固有の愛の柔和さと温順さと献身とに浸されながら、それでもけっしていわゆる個別の人間への愛というものを抱かない、そうした愛に溢れる魂というものが存在する。すべての思考と願望が残忍で利己的な心情のうえに成立しながらも、現実の悪行へといたることのない悪しき心というものもある。ものごとの見かた、生きかた、印象や感情を形成するしかた、そうしたさいの働きかたがまったく芸術的であるような本性をもちながら、まったく芸術作品を作ることのない者もいる。それとおなじように、その敬虔さを神、すなわち敬虔さの純粋な対象にほかならない形象にまったく向けることなく、敬虔な人間がいる。すなわちいかなる宗教ももたないが、宗教的な本性をもつひとびとである。そうした者は、さきにふれたような諸関係を宗教的な心情において体験し、感じる者のなかに見いだされよう。こうした者たちを宗教的と呼ぶのは、もちろんただそうした者によってのみはぐくまれる実体的に自立した形成物である、完成態としての宗教が存在することをあらかじめ見越してのことである。この完成態としての宗教とはいわば、そうした諸関係において経験的・社会的素材によって成立した、衝動と情調と欲求とによる純粋文化である。

つぎのように考えてもいいだろう。すなわち、心的にそのように特徴づけられた社会的関係は、それ自体が宗教的であるような生のプロセスによってになわれるや否や、またそれらの諸関係によって占められている領野のうちにおいては、純粋に宗教的な諸現象となる。さらにこうした特徴のもとに息づく諸機能は、いわば固有の生命を獲得し、その社会的素材という影響範囲を超えて、みずからの対象として「神々」を創りだすのだ、と。これと外面的にはかけ離れた内容ながら、類比をなすものにはこと欠かない。愛の情熱がその対象をみずから創造することは、十分にしばしば観察されるところである。これは、エロティックな欲動が、自身にかなった、充足をあたえてくれるような対象を求める、ないしは愛の幻想が、あこがれの対象に、それが実際にはそなえていないような望ましい価値をもちこんでしまう、ということだけではない。むしろ、愛の対象として、愛される者はつねに愛する者の創造物なのだ。愛においてあらたな形象が成立する。その形象はもちろんなんらかの人格の事実にむすびつきをもってはいるものの、その本質と理念においては、あるまったく異なった、その人間のありのままの現実とはかかわりをもちえない世界に息づいている。ここで論じているのは、形式問題であり本質問題であって、表象された内容の質の問題とそれを混同してはならない。愛される者の像は、こうした愛の特性から生まれ、その人間の現実と一致することもあればしないこともある。しかし、愛される者をひとつの形象として他のあらゆる事物の秩序のかなたに創造する、愛する者の生産性は、事実との一致や不一致によって余計なものとなったり、証明されたりするわけではないのだ。

芸術作品においても、ことは同様である。芸術作品は、現実のたんなる複写にとどまるような場合と異なり、それが描く内容を所与の現実から借りてきたか否かに関係なく、いかなる場合でも創造的意義をもつ。芸術作品は、芸術家の内的な創造運動から湧きでる。この創造の動きが具体化したものであるかぎり、それは芸術作品となるのだ。だから芸術作品は、手にふれられる現実である一塊の大理石がもつすがたかたちとはまったく異なるし、またこの世界の経験からとられた形式とも異なるのである。かくして他者から愛された人間は、そのかぎりであるまったくあらたな存在カテゴリーのなかに立つ。愛された人間は愛する者の表象のうちで、その人間がもつ性質がつね日ごろの現実からとられたものか純粋なファンタジーの所産であるのか否かにかかわりなく、愛の創造物なのである。

以上述べたことから、神々は宗教的情調の所産であるとの通俗的な理解は、よりひろい、また私見によればそれほど自明とは思われない文脈のなかに置かれたものと考えたい。ある種の根本的な心の力と衝動がはたらくということは、それらがみずからの対象を創りだすということを意味する。この愛の、芸術の、宗教性の機能の対象がもつ意義は、諸機能それ自身の意義にほかならない。しかしもちろん、おのおのの機能は、いわばみずからを実現し、みずからの対象をもつためには、そもそも内容によって終始みちびかれていかねばならない、とも言える。しかし内容を通してその対象を自己のものとしてつくることによって、その機能は、この対象を自己の世界のなかにみちびき入れるのである。そのためには、この特別の形式のうちに集められる諸内容が既存のものか否かは、どちらでもいい。それらの内容は、いずれにせよいまや自立した新たな形象となる。宗教的欲求があの社会学的諸事実を受容するとき、つまり他の優越する序列に属する個人や、社会全体ないしその社会の理想的規範や、ある集団の生が凝縮された象徴などに対する個人の関係が、私たちが宗教的と呼ぶ音色をもつとき、それは機能的に見るならば、宗教的欲求が「宗教」の創造において歩むのとおなじ魂の創造の道である。もちろんそれはなおそれほど発展的分化と客体化をとげる手前の地点にとどまっているのではあるが。宗教的欲求はこれによって、みずから神に祈るときと同様に、自身の宗教的衝動の世界に住まうこととなった。ただ神への祈りの場合には、機能はより純粋に自己自身のうちで響いているように見える。というのも、宗教的機能は他の面ですでに規定されている素材をふたたび置き去りにしたからである。

しかしここで解明しようとしている原理の面では、これはまったくどちらでもいい。人間がある種の社会的結びつきのなかに見いだす宗教性の諸対象は、それとしては、超越的なものであると同程度に人間の敬虔の所産でもある。そうした関係が歴史的に先行し、のちにあの宗教的感情要素の抽象化と昇華によって、宗教性がこれらの関係の超越的絶対化においてみずからを体現させるのか、あるいは自我の外部にある存在に向けられたそうした感情や傾向が、いわば自由にただよいつつ、純機能的に私たちのうちに素因としてあり、それが社会やその他の秩序に属する特定の所与性において示されるのとは独立に、なんらかの対象を創造し、そこにおいて十二分に発現するのか、このいずれであるかは、少なくともここでは決めがたいままである。ここでえられるべき認識は、けっして歴史的順序にかかわるものではなく、純粋に事実に即したものである。つまり、宗教的世界は、それが語の通常の意味での明確で純粋な宗教の諸現象にその領分をもつのとおなじように、個人と他の個人あるいは集団との関係にかかわる心の全複合においても、その領分をもつのだ。

三

これまでいささか距離をとった地点から考察されたにすぎない社会的態度と宗教的態度とのアナロジーを、個々の展開において見てみるならば、ここで言うアナロジーをたがいに無関係な現象の偶然的同等性などと理解してはならないことが明らかとなるだろう。これらふたつの行動領域の同等性を、私はむしろその意味にしたがって、つぎのように解釈したい。すなわち、生きかつ世界を体験するひとつの心のありかたとしての宗教的カテゴリーは、観察し、行為し、感じるエネルギーとして、存在の諸内容をつかみとり、それによっておのれに対し、みずから形成したひとつの対象的世界を対峙させる可能性をえる。これが、それ自体は対象なき内面性の状態ないし律動にほかならない宗教性に対向する、宗教の世界である。宗教性がいわばそれを通過し、我がものとしたこうした内容のうちに、社会学的形象も属している。そしてますますもって明らかとなるのは、それらの形象がその構造において宗教のいとなみの生と活動の領野として先行決定されている、との事実である。宗教性が（歴史のはじめからそうしていたように）自身に固有の形象を、なんらかの神々の存在や救済の事実を創りだすまでに活性化するとき、宗教性はこの世界に社会的内容から形式をもちこむことになる。それらの形式は、いわば宗教的な固有運動によりニュアンスをあたえられ、その社会的素材から解放されて、自由に游動するかのように超越的なものの領域に移り住むことになる。あるいはひょっとすると——これについては件の「アナロジー」のさらなる動機づけとしてここでは略述するにとどめるが——心的な生のなんらかの深みにある運動形式を想定することも許されるかもしれない。つまり、社会的存在と宗教的存在の形成の双方にはたらきかけるなんらかの運動形式があり、したがって特定の現象における相同性は、あるまったく一般的な形式決定に淵源するかもしれないのだ。

そうした想定のもと、まずは宗教の本質にして特殊性、あるいはその実質とも通常考えられている、信仰ということを考えてみたい。信仰ということを認識するためには、なによりもまず理論的な意味での信との区別が必要である。知的な意味での信とは、知と一線上にあるもので、たんに知の低い段階であるにすぎない。それは私たちがあることを知るというときの根拠よりも量的な程度において劣る根拠にもとづき、なにかを真であると受けとめることである。だから、私たちは形而上学や認識論の探求を進めて、神の存在を妥当な、あるいは場合によっては必然的な仮説であると受けとるかもしれない。そのさい私たちは、あたかも光エーテルや物質の原子構造の存在を信じるのとおなじように神の存在を信じていることになる。しかし宗教的なる者が「私は神の存在を信じる」と言うとき、それは神の存在を真なる仮説であると受けとめることとはなにか異なったことを意味していると、私たちは直接に感じとる。このことばは、神の存在が、なるほど強く実証可能ではないにしても、それでも受け入れられた、ということを言っているだけではない。それはまた、神に対するある特定の内的関係、神への感情的な帰依、神に向けた生の統御をも意味している。他のなんらかの存在の実在性を信じるのと同様に神の存在を確信しているということは、そうした心的・主観的なありかたの一面ないしその理論的表現にすぎない。神の存在を信じるという言明が直接意味しているのは、そうしたありかたである。この言明のなかに生きている宗教的な心の特性は、あらゆる反証や対立的な蓋然性にもかかわらず幾度となく神の存在への理論的信仰を生みだす源泉なのである。

この意味での「信じる」ということと独特のアナロジーをなすのが、人間同士の関係についておなじことばで言われる「私たちはあるひとを信じる」という事態である。ここでもこのことばが意味しているのは、私たちが彼の存在を信じるということではない。

そもそも他のだれかのなにを、なにについて信じているのかを子細に特定してこのことばが言われているのでもないだろう。私たちが端的に「あるひとを信じる」と言うとき、あるまったく固有の心理学的事実が指し示されている。子が親を、部下が上司を、友が友を、個々人がみずからの民族を、愛する者が愛される者を、臣民が君主を、それぞれ信じる。私たちが信じるこうした対象の個々の性質が実際にいかにあるかに対する信は、すべての人間の他の人間への情調をなす、この根本的関係の細分化ないし結果にほかならない。証明や反証の問いの彼方にある領域で発生する、人間に対するそうした信は、このうえなく客観的な根拠のある疑いや、ある人間が信じるに足らないとする明瞭な事実を数かぎりなく踏み越えて生き残る。ここで人間と人間とのあいだの関係に表れているのは、宗教的信なのだ。神への信仰は、まさにこの主観のなかからそとへと差し向けられる状態性であり、その状態性は経験的対象と相対的な限界から解き放たれて、みずからの対象を自己のなかからのみ創りだし、そしてそのゆえにその対象を絶対的なものへと高めることになる。

この信の社会学的で超越的な形式は、まずは主観自身に対して類比的な結果をもたらす。神的なものへの信が、その対象の客観的現実性とはまったく無関係に、強さや安息を、道徳的堅固さや低次の生の束縛を超えた高揚をもたらすことが強調されてきたことは、もっともである。というのも、信仰とはまさにある心の状態であり、それは確かにそれ自身の外部と関係づけられてはいるものの、この関係性を自身の内的な特性としてもっているのである。心は確かに――これは少なくともたんなる心理学的考察にとっては妥当しよう――そうした高まりへの力を自分自身のなかからえるのだが、心によってその力が神信仰の段階を通過させられることによって、それらの力はあるより凝縮され、より生産的な形式を獲得し、また心はそれ自身の力を自分自身に対向させて、それによってまた、そうした形態においてその力をふたたび自分自身のなかにとりもどす。これによって心はそれらの力を、他では達成しえないような利得にまで成長させることができるのだ。

心のエネルギーが宗教的な意味での信によってそれへと促されるこの独特の合目的的な機序は、信が人間から人間へと向けられるときにも生じている。ひとりの人間への信頼は、たとえ客観的には正当化されえずとも、並はずれた利点をもっている。信頼は、私たちの心のなかの、それなくしては無意識であったり不活発であったりするものの多くを活性化し、調達してくれるのである。あるひとが、私たちを月並みな理屈で慰めてくれるとする。――しかし私たちは、そのひとが最良のこと、正しいことを言ったのだと信じる。そしてそのことによってそのひとは私たちの心のなかから、そこに実際に慰撫する要素として潜在的にあったものを引きだすのだ。そのひとは私たちが苦しみのなかにあるとき、中途半端でピントのはずれた助力で支えてくれたのかもしれない。——それでも支えられているのだと信じることで、私たちはまた自分のなかから、あらたな勇気と力を獲得する。彼は体をなさない論証によって、なにかを証明するかもしれない。——しかしそれを真なりと受けとめることで、私たちは自分自身のうちがわから本当の証明根拠を意識するようになる。たしかに私たちは、自分が信頼する人間を、しばしば自分自身の評価だけに頼って、美化してしまう。しかしほかでもない私たちがそうした評価を心のなかから引きだしたということこそ、その人間が成しとげたことなのだ。そして結局のところ、ここに集められた形式はおなじ過程をたどっている。つまり人間の自分自身に対する信ということである。信のこの事例において、信の個々の内容はすべて、個々の機会が心のある根本的情調を現実化するさいにもちいる諸形態にほかならないことが、もっとも明瞭になるだろう。

私たちが他者なり神なりを信じるということは、私たちが一般に運命としてそれを感じざるをえない不安と不確かさが、その存在の方向に向くことによって、ある安定に場所をゆずるということなのである。そうした存在の表象は、心が動揺で浮き沈みするなかでは鎮静剤ともなるのであり、また個々の場合に私たちが「それを頼みとする」ということは、そうした存在のイメージの影響下にある私たちの心の状態を特徴づける確実性の感情の投影なのである。まさにこれが、私たちの自分自身への信頼ということを意味している。それは自我という究極感情に基礎をおく安息と確信であり、それらはいかなる状況であれ、この自我を勝利者として保持し、貫徹するのだという表象のうちに作りだされるものである。

古代アラブ人においては、自己自身への信が興味深いしかたで社会的かつ宗教的な基盤のうちに根ざしたものとして表れている。アラブ諸族の生活構造は、自己神化とも呼ばれたような諸特徴を、個々人の無制限の自己信頼や、まぎれもない自己中心主義を示している。その一方でしかし本来の宗教、とりわけ不可欠と思われる祖先崇拝が見いだされないとも思われていた。ところが古代セム族の表象をより深く洞察することにより、これはつぎのように解釈されることとなった。つまり、祖先の系譜は個々の子孫すべてのうちに生き続けており、宗教感情の本来の対象である種族は個々人の血のなかに直接ふくまれている、というのである。明朗な自信、自己自身への損なわれることのない信は、遺伝の思想によって、ここに社会学的な実体とその宗教的形成とが流入するうつわを見いだした。古代アラブ人がそうした祖先の後裔であると意識するさいに抱いた確信、完全に宗教的な色あいをもち、聖化された権利と義務からなる一世界をもたらしたその確信は、こうして彼らが自己自身を信じ、自己自身を「神化」するさいの確信と同一のものとなった。――そして心の根本的態度が同一であるがゆえに、一般に神への信と自分自身への信とは、しばしばまったく同じような明朗なさまたげのなさと、未来へのおなじ信頼をひとにあたえ、またいずれもいま偽りと分かった価値をすぐにあらたな希望に置きかえることを容易に可能とする。このような自己自身への信が私たちに道を誤らせることもあり、また自己への信にもとづき自分の成しとげることを先どりする自己感情がどれほど高くつくにしても、自己への信は他者への信とおなじように目的にかなっているのである。たんに私たちがそれをできると信じることにより、いかに多くのことがなしとげられることだろう。ただ限界がさらにずっとさきにあるのだと考えることにより、いかにしばしばある才能はその極限まで発展するだろう。またいかにしばしばひとはある種の「ノブレス・オブリージュ」によって適切にふるまうことか。その場合それが可能となったのは、けっして彼のそれまでの性状によるのではなく、ただその性状を信じることによるのである。実践的信仰は、心の根本的態度であり、それはその本性からして社会学的なものである。すなわちそれは自我に対向する存在との関係として現実化するのだ。人間にとって、おなじことが自分自身に向かいあっても可能であるということは、人間が主体と客体に分裂し、自分自身に対して第三者に対するように向かうことができるという能力による。この能力は、私たちの知るかぎり、世界の他のどのような現象にも類例がないものであり、またこの能力が私たちの精神のありかた全体を基礎づけている。自己と他者と神への信の結果がこのようにたがいに幾重にも類似したものであるということは、たんにこれらが、おなじ心の緊張状態が社会学的対象の違いによってさまざまに外化したものであるにすぎないことによるのである。

この宗教的信仰が、個人的意義を超えた、どのような純粋に社会的な意義をもっているかについては、これまでまったく探求がなされてこなかった。しかし私は、信仰なくしては私たちの知る社会は成り立たないだろう、と確信している。私たちが、あらゆる証明を超えて、あるいはしばしばあらゆる証明に抗して、ある人間ないし集団への信を堅持するということ、これは社会が関係性をもつための、もっとも強固な紐帯のひとつである。たとえば服従の関係は、非常に多くの場合、他者の権利や優越性についての明瞭な知識にもとづくのでもなければ、愛や暗示にもとづくのでもない。そうではなく、他者の力や業績や抗いがたさや善意に向けられた、あの「信」にもとづくのである。この信はまさにたんなる理論的仮説のような想定なのではなく、まったく固有の、人間間に生成する心的形成物である。この信はまたけっして、それがみずからの対象の価値として表象する個々の性質に向けられるのみではない。それらの性質はどちらかといえば偶然的な内容であって、それらの性質において、他者に向けられた形式的情調と傾向、すなわちその人間への信と呼ばれるものが、自己を対象化し、表明可能となるのである。

この信は、社会的力として、当然ながら他のあらゆる知的・意志的・感情的結合力と結びつくが、その純粋で、それ自身に対してのみ作用するような形態は、神信仰において表れる。それは拡大であり絶対化であって、それによってあの低次の混合した信の表れの内なる真の本質を、いわばはじめて目に見えるものにしてくれるのだ。この神信仰において「あるひとを信じる」というプロセスは、社会的相手から解放され、その対象の内容を自己自身のうちから生みだした。これに対し、その社会的作用においては、このプロセスはすでに異なる秩序において所与となっている対象を見いだすことになる。この信が宗教的となるのはしかし、それが超越的なものに適応することによってではない。そうした適応は、信のひとつの基準であり、表現様式にすぎない。そうではなく、信は、あらかじめ形式上宗教的な機能のエネルギーによってつらぬかれているその社会学的実現において、すでにして宗教的なのである。自我の束縛と拡張、信自身のうちにある鋭さと盲目さ、自発性と依存性、贈与とその贈与の内に潜む受容（本書三二一―三二二頁参照）などの綜合によって、信は宗教的地平の一部分をなし、その地平に人間相互の諸関係が投影される。その地平は宗教という名とその一般的な概念を超越的形象から借りるが、しかしけっしてその本質をもっぱら、その地平のなかに描かれ、その構造を確かにもっとも純粋に啓示する超越的形象から借りるわけではないのである。

神は端的に信仰の対象そのものである、と言うこともできよう。神に向けて、信仰者はこの機能の根源力をそらすことも分散させることもなく結晶化させることができる、と。このことはしかし、以下のことによって反証されるのでなく、裏づけられるだろう。すなわち「信心」は宗教的人間一般の本質であるが、それはその人間の心的存在プロセスのこの特質がなお、あるいはもはや神の表象へと実質化することなく、ただ実践的・哲学的・内在感情的に生きられるにすぎないとしてもそうなのである。しかしこの根源、つまり心的エネルギーの全体性と根源性から、そのエネルギーが個別の、したがって相対的な適用の彼方にあるかぎりで、神表象における絶対的なるものという性格は由来する。これによって信の機能は、他の一連の心的作用と一線にならぶ。これらの作用はまさにその一般的で未分化な要素、どのような個別の内容によってもあらかじめ決定されていない力だけを、宗教的実体に流入させる。こうしてキリスト教の神は、愛の対象そのものとなる。私たちの愛する能力をみずからに引き寄せ現実化させる、ある特定の人間や事物にそなわるあの固有の性質はすべて、愛にそれぞれ固有の色あいをあたえる。その愛とならべてみると、別の対象に向けられた愛は、いわばおなじ一般概念の別の個別例のような位置にある。つまり他のものへの愛は、また別の愛なのである。そのために、ある経験的対象への愛は、もちろん愛する者のうちなる過程にとどまるにしても、それでもある程度は、愛する者のエネルギーとその対象の特性両者の産物なのである。ところが神は心に経験的にあたえられておらず、心に対し一箇の分化した個別存在として向きあうわけではないので、神は愛のエネルギーそのものの純粋な産物である。そのエネルギーのなかでは、他の場合には疑いなく対象のおのおのによって現実化し細分化する愛が、なお未分化に安らっているのだ。

これとおなじ意味で、神はまた求めることそのものの対象である。内的な生は、表象の対象をやすみなくつぎからつぎへと変えてゆくが、神において究極の対象をもつにいたる。神においては、ひとつの個別的な対象が求められるのではなく——つまり個々の個別的な希求ではなく——、求めることそのものがその目標を見いだす。神に対応しているのは、求めることの、「さきへさきへ」と進む不断の落ち着きのなさの底にあるながれであり、個々の変化への欲求はすべて、その底流の現象ないし部分なのである。神は「目的そのもの」であることによって、まさに希求そのものの目的となる。これによって原因を求める欲求の絶対化という、神の起源の深い意味もまた明らかとなる。経験的なるものの内部ではこの欲求は、つねに個別の形象としてのなんらかの個々の内容に向けられていて、その内容においてはある特定の素材と因果形式とが、ひとつに融合している。しかし原因を求める欲求が、そうした個別の刺激なく作用し、ある特定の所与を受けとることなく、純粋な機能としてみずからの対象を生産するかぎりにおいて、その対象は絶対的な一般者であり、その欲求は未分化なエネルギーとして、存在一般の原因だけをその内容としうるのだ。

　スコラ神学が神を、あらゆる制約や個別化を超えた存在として、最高完全者《エンス・ペルフェクティシムム》と呼ぶとき、この表現は、私たちの心のうちなる絶対的なものとでも呼びうるものに神の表象の起源が由来することを客体化している。その絶対的なものとは、心の純粋な、ただそれ自身のなかから作用する諸機能である。それらの機能は、それらを喚起する個別の対象によって特殊化されてはいない。神は「愛そのもの」であると言われるとき、ここからすれば、そのことばは主体に当てはまり、また神が主体の内部の過程をみずからのうちに受け入れるかぎりにおいて、神に当てはまる。神は愛の個別の対象ではない。そのけっしてさまたげなく現実化されることのない理念からすれば、神はもっとも純粋な形式における愛の衝動に由来する。その衝動とは、相対的な、つまり個別の対象により相対性へと押しさげられた形式の彼方にある、いわば愛の絶対的なるものなのである。

ここから、人間のあいだで社会を形成する諸過程に対する神の心理的な関係が確認される。愛や信頼、あこがれや献身などの作用はすべて、それらをみずからの欲求として表す主体を、他の主体とむすびつける。社会のネットワークは、これらの作用の数知れない分化から織りなされる。そうした作用はいわば、個々の刺激にもとづき経験的な社会的・心的個別現象を生みだす、アプリオリな形式である。それらの作用がしかし、なんらかの対応物による限定から解放され、宗教的根本情調によってのみつらぬかれて、その純粋な本性において作用するや否や、絶対的な、宗教的な対象がそれらの目的にして産出物となる。――あるいはこうも言えるだろう。すなわち、それらの作用のなかに潜んでいる宗教的契機がいまや、「関係一般」の形式のみを封土としてあたえられて解放されるのだ、と。客体的な宗教表象において、現実の個々の断片や事象は、それらの絶対的な根源、それ自身において統一的で、それらの対立性をも包括する根源としての神的存在にかかわりをもつ。心理学的に見れば、これは心を相互に社会的にむすびつける多様に個別化された衝動が、毀《こぼ》たれることなく作用する、これらの分裂における一般者たる根本衝動に対してもつ関係とおなじである。この根本衝動は、各人各様のしかたで、人間の絶対性を存在の絶対的なるものとの宗教的関係のうちに立たしめるのである。

社会現象と宗教現象との形式上の同一性を開示する第二の概念は、一体性《アインハイト》である。この概念において、社会形成は宗教的な色づけへの素因をもつものとして、また宗教形成は社会形成の象徴にして絶対化として表れる。目がくらむような膨大な事物のうちから、ただ折々にのみ因果的にむすびついた現象の対が浮かびあがる。未開の時代には、そうした膨大な事物の多様性が一体的なものとして感じられる機会はひとつしかなかった。すなわち社会集団である。社会集団の統一意識は二重の対立性のうちに発展することとなる。まずは、他の集団に対する敵対的境界設定においてである。生活圏をめぐって競合する集団に対して向けられる共同の防御と攻撃は、集団の成員の共属を実現し、それをその成員に刻みつけるためのもっとも断固たる手段のひとつである。一体性は、非常にしばしば、少なくとも意識にとっては、内部からではなく、そとよりの圧迫から、そうした保全形式の実際的必要性から、また大きな部分は、なんらかの権威によってではなく、この存在複合がまさにひとつの統一体であるとの実地に証明された表象から生じる。

さらにまた、集団を一体性として特徴づけるのは、その個々の成員に対する集団のふるまいである。まさに個々の成員が分離しており独自に動くことができ、またある程度は自由で自己責任を負う存在であるがゆえに、それらの成員が集まり生成した形成物が一体として意識されるのである。まさに個々人がみずからをひとかどの者と感じるがゆえに、彼を他の者とむすびつける一体化の力は、それだけ一層鋭くきわだつのだ。集団への献身により全体の生命がみずからの実存にいきわたるのを個々人が感じる場合もあれば、あるいは集団に対立することにより、全体が一党派としてみずからに対峙するものと見える場合もあるだろう。個人の自由が全体の一体性からみずからを引き離すようにつとめること、またちょうど統一ある有機組織の一部分においてそうであるように、自由をつらぬくことは狭小で素朴な集団にあってもそれほど自明ではないこと――まさにこのことを、一体性はひとつの固有の存在の形式ないしエネルギーとして意識させたにちがいない。原始的な結社がしばしば十人組で組織されていたことは、集団の成員の関係が指にも似たものであることをはっきりと暗示している。個々の指は相対的に自由で自立的に動かせるが、それでも他の指と一体となって協働し、分離しがたく共存することで、たがいにむすびついている。あらゆる社会生活は、まさに相互作用であることによって、統一的なのだ。事実、一体性とは、多くのものが相互にむすびつきをもち、個々の要素の運命が他のすべてのそれとかかわっていることを意味するはずである。

集団への統合は——人格の統一を超えて——感じられ、意識される一体性の原形であり、その特徴をなす形式は、宗教的な神概念により統合された存在の一体性に反映し、純化される。まず宗教集団を考えてみると、この連関が明らかとなる。初期文化(いわゆる野蛮状態をもふくめて)においては、持続的で組織的な集団様式は、同時に例外なく儀礼共同体であったことが、よく知られている。強い同業組織結成の欲求が数しれぬギルドを生みだしたローマ帝政期においてもなお、これらのギルドがそれぞれ自分たちの宗教的特徴をもっていたように見えることは、特筆すべきである。そうしたギルドが商人や俳優、駕籠かきや医師によって作られるとき、そのギルドはいずれかの特定の神性の庇護のもとに置かれるか、なんらかの「精霊《ゲニウス》」をもつこととなった。ギルドはまた、そのための神殿や、少なくとも祭壇を所有していたのである。個々の組合員ではなく、集団そのものがある特定の神のもとに立っていたのだが、このことは、まさに神においてことばを発するのはそのギルドの一体性であり、それが個人を超えたところで個人を掌握し、ひとつにまとめるものなのだということを示唆している。神とはいわば社会学的一体性の名であり、またこの一体性が宗教の相の下に《スブ・スペキエ・レリギオニス》知覚されるため、またそのかぎりで、それ自体として特有の敬虔な気分という反応を喚起することとなった。集団の一体性は、古代宗教において神々の関心が概して共同体のことがらに向けられていたことに表れている。個人は自分の私的利害のために、呪術によりデモーニッシュな力を喚びだそうとしたかもしれない。しかしこのことは往々にして公的には許されなかった。なぜなら個人は共同体をあるいは犠牲にするようなかたちによってではなく、ただその統一の内部でのみ救護を求めねばならなかったからである。

これに劣らず意味深いのは、初期キリスト教でまさにこの社会学的一体性が果たしていた役割である。そこでは一体性の価値評価が、宗教的な内容をもつ価値を上回るまでになったのだった。三世紀に、迫害で棄教したキリスト教徒をふたたび迎え入れるべきか否かについて、激しい論争が起こった。ローマ司教はこれを支持したが、同地のより厳格な党派は自分たちのために、資格としては申し分のない司教を別に選びだした。教会の内的純粋さを要求する宗教的な首尾一貫性により、離反者が排除され、あるいは少なくとも厳格な信者のみで固まっていることが許されるべきことは疑いなかった。それにもかかわらず、キプリアヌス〔ca.200–258 カルタゴ司教〕は、頑としてその司教の選出の無効を宣言した。というのも、一体性の要請こそが端的に教会の死活問題であると感じられたからである。キリスト教はこの統一形式を、ローマ帝政期の、ことに後期において支配的であった団体精神から受けついだ。すべてのキリスト教徒のあいだのもっとも根源的な一体性、それはおのおのの愛と信仰と希望の共有によるものだが、それはそもそも有機組織的集団というよりも、気持ちをおなじくする魂の横ならびのつながりであり、組織的形式はむしろ自分たちをとり囲む異教世界から借りて、そしてその形式に、その地ではいまだかつて未聞の力と深さとを付与したのである。

　もちろんキリスト教の一体性のモチーフは、おそらくなおまったく別の方向からも支えをえた。すなわちあらたなる神の人格性というありかたによってである。古代においては、神々の人格は人間的なものであって、原則として地上的人格の部分的で断片的な性格を超えるものではなかった。これでは不十分であると、神はすべてを包括する人間を超えたものであると感じられたさいには、神はただちに汎神論的に、すなわち人格なきものとして考えられた。キリスト教がはじめて、すべてを包括しながら同時に人格的であるような神を創出した。そしてこの形式の一体化の力は、まさにその存在と作用の無制約のひろがりにおいて示された。ここではじめてひとが出会った綜合《ジンテーゼ》は、現実に超人間的なものが、しかしまた同時に人格的である、というものである。これはまさに「社会」ないし集団が、超個人的でありながらまた抽象的ではなく、徹頭徹尾具体的な形成物であるということとおなじである。

　この至高の概念がもつ一体性は、その人格形式のゆえに、またそれがため生命性をもつがゆえに、ネオプラトニズムの「一者」でさえも比較にならないほどかぎりなく印象的であり、影響力も強かった。この神の概念の一体性は、教会の一体意識にとって決定的な支えとなったのではないかと私には思われる。ただ、また逆に（そしてそれとは矛盾しないことなのではあるが）、まさにその堅固な社会学的形成によって、教会は古代世界の崩壊にさいして、絶対的なるものとしての、超世界的なるものからする支えとしての、まさに直接的に神的なるものとしての価値を獲得したかに見えるのだ。キリスト教の救済論そのもののなかには、たがいに独立した、しかしおなじ教説と心情とを内実としてむすびついた信者集団が複数存在してはならないということについては、いかなる根拠も見いだせない。ただこの精神の力は、それが社会的・組織的な一体性をもたないかぎりただちに有効性を失うと、明白に感じられたのである。これは、あらたな宗教の存続と権力とを外的にたもつための技術的手段、というだけのことではない。そうではなく、一体性は神秘的な現実の救済そのものだったのだ。万人をつつみ込むその一体性の形式によって、教会はイエスが告知した神の国の実現のようにも見え、「神の都」、救われた聖なる魂の集まりを乗せたノアの箱舟、「キリストの体」などと讃えられた。本論が解明しようとしている過程がこれほど明瞭に目に見えるものとなっている例は、おそらくほかにないだろう。純粋に経験的で社会的な、歴史をつうじて継承された一体性の形式が、宗教的情調によって受け入れられ、それによってみずから超越的一体性の、あるいは世界の純粋に宗教的な統合性の反影ないし神秘的現実として顕現している。固有の宗教的価値が、ここでは原因にして結果として、いずれにせよ理念的には、私たちが集団の一体性と呼ぶ、社会学的相互作用の形式の表れとなる。理念的にはかぎりなく性質を異にしてはいるが、ムハンマドの改革の主要動機も、おなじ文脈のもとにある。そのめざすところは、種族原理を、包括的な国家的一体性に置き換えることであった。そこで彼は、殺人が生じたさいには、死刑を求めるにあたって、種族にではなく神にのみ訴えることを命令した。このとき神として理解されたのは、神の代理人であり、また同時に種族固有の私闘法や血族法に相対する普遍的な法の代理人であった。統一的な神はまた、そこで経験的な分裂が克服されるべき形而上学的結合でもあり、社会学的一体性の象徴にして法的に有効なにない手でもあったのだ。

とりわけここに、一体性の概念に潜み、宗教的な展開への傾きをもつ一特徴がある。とくに未開の時代の集団にあっては、外部に対する関係とは対照的に、その集団の内部では闘争や競合はない。集団が一体性をかたち作るということは、こうしたことから生じ、またその事実によってきわだつ。この競合なき共存という存在形式が、また目的と利害の一致が、かくも純粋にあますところなく示される領域は、おそらく宗教の領域をおいてほかにないだろう。実際、それ以外の集団生活の平和な統合は、その前段階とすら見えるほどである。なぜならそうした統合は、いずれにせよ相対的なものにすぎないからであり、なににせよ経験的世界には、おなじ目的を追い求める者を排除したり、欲求と充足とのアンバランスを、他者を犠牲にしてでも可能なかぎり調整しようとしたり、あるいは少なくとも、他者と差異化することによって、みずからの行為と享受の自分なりの価値基準を追求しようと努める余地があるからである。したがって、ほとんど宗教の領域でのみ、個々人のエネルギーはたがいに競合することなしに、あますところなく発揮されうる。というのもイエスの美しいことばにならって言えば、神の家には万人のために場所があるからである(「わたしの父の家には住む所がたくさんある」ヨハネ伝、一四-二)。目的はみなに共有されながらも、みながそこに到達する可能性が保証され、相互の排除ではなく、むしろ相互の結合が結果として生じるのだ。

ここで思いだされるのは、万人にひとしい目的を万人にひとしい手段によって到達させようとする宗教の意図が、聖体拝領において意味深いしかたで表現されているという事実である。あるいはまた、一体性への融合が性的オルギーへと高まることをつねとする未開宗教の荒々しい祭りから、あの至純にして、個別の集団を遠く超えでた「地には平和を《パックス・ホミニブス》」との呼び声(ラテン語典礼文「栄光の讃歌《グロリア》」のことば)にいたるまで、祝祭にはみながおなじ宗教的興奮にとりつかれて一体となるさまが極端なまでに目に見えるものとなることが、思いだされる。キリスト教のクリスマス祭儀は、特殊主義的宗教が個々の集団の内部に対してのみ象徴的に示す和平共同体を、原則として普遍的な表現へともたらす。あらゆる集団の内部では、その一体的生活形式がそれに依存する程度において、不戦状態が支配的となる。その度合は、明らかに部分的で相対的なものである。集団に限定されている宗教は、祭りにおいて、この内的和平に対してそうした限定から解き放たれたかたちをあたえる。キリスト教の祝祭は、この和平のモチーフを拡大し、個々人はその気分がキリスト教世界全体が分かちもつおなじ気分により支えられているとの感情を抱くまでになるが、この感情は原則としてすべての集団ごとの個別的統合を打ちやぶることになる。これが歴史的現実においては非常に不完全なかたちで実現されたにすぎないとしても（ムハンマド自身もまたさきに述べた有神論的・普遍主義的法原理をアラビアにおいてまったく不十分にしか貫徹しえなかった）、社会心理学の観点から見ると、その理念においてキリスト教の祝祭は、ふだんは個人の気分が他者の気分を疎遠で対立的なものと見なすという制約があるなかで、それを絶対的に破棄するという、まったく無比なることを達成している。

不戦という社会原理は、これによって社会学的に見れば内部的にとどまることを超えて、宗教的祝祭の気分においてその肯定的で普遍主義的な象徴を獲得する。——すでにユダヤ教および最初期キリスト教の信徒集団においては、信徒間の争いは信徒集団ないしそれにより委託された仲裁裁判官により調停される、ということが守られていた。パウロは、軽蔑の対象であった異教徒を裁判者として認めることの矛盾に、注意をうながした。宗教集団は、和平という側面から見れば、ここでは集団内の一体性そのものの増大を体現する。宗教とは、いわば実体となった平和であり、私たちが平穏と呼ぶ集団生活のかたちが、ひとつの理念にまで凝結したものなのである。私人としての、経営者としての、乱暴者としての信者同士のあいだではぶつかりあいもあるだろう。しかしおなじ宗教的善を分かちあう者としての信者間には、平和があるのみである。それゆえにこの善を社会的に体現する信者集団も、いわば論理的それにかなった権威であり、そうした争いをすべてみずからのうちで和平へとみちびくものなのである。宗教より世界像のうえに放射される一体化と融和は、あらゆる集団のなかで一定程度は支配的である城内平和が、宗教集団においてはその最大値にまで高められるということのうちに象徴化される。宗教集団は言うなれば、社会学的一体性の形式が——それを支えている生がそもそも機能面で宗教的であるかぎりにおいて——神の理念の絶対的な一体性へと移りゆくつなぎ目なのである。

この階梯には、キリスト教前の諸時代を重ねて特徴づけるなおもうひとつの段階がある。すなわちそれらの時代には、神性は個々人とその集団に相対していたのではなく、それらのうちに数えられていたのであり、個人が依存している生活の全体性の一要素であった。たとえば古代ユダヤ教では、神は折々に供犠の饗宴に参加した。供儀はたんに供物を捧げるというだけのことではなかった。いたるところで、神とその崇拝者とのあいだには、親族関係がむすばれた。そして神が種族の父として、王として現れるとき、まさにこの種族の神、この都市の神であるとき、その一方で他の集団は、その存在を同様に疑うことなく他の神々を奉じている――こうしたところではどこでも、神は共同体の最上位の成員なのである。神は社会の一体性のうちに生きており、同時にその一体性の表現でもある。そうした存在として、神はもちろん個々の人間に相対しているが、それはまた、家族がそのもとに統合される家族の長《パーテル・ファミリアス》として、あるいは臣民の全体を代表する君主として相対しているにほかならない。

　こうした要素に特有の複雑な社会学的位置、ある集団の一員でありながら、その集団の頂点に位置し、その集団の他のすべての成員とともに一体性をかたち作っていながら、しかもその一体性に対して、ある意味で自立した補償的な力として対峙している――これが神性の位置である。それであるから、とりわけ古代セム族における宗教的事実にもとづいて――私にはそれが正しいものと思えるのだが――なんらかの超自然的存在はなお神ではない、と言われることができた。未開諸民族のファンタジーは、容易にデーモン的な実在の創出へと駆りたてられる。そうした存在は、まずはいわばそれ自身のために存在するのみである。みずからの周囲に崇拝者の集団を集めるとき、その存在は神となる。それとは逆に、神はその信者を失うことにより、たんなるデーモンとなることもある。共同体とのなんらかの統制された関係がひとつの共同性へと発展することによって――その共同性の形式類型をほかでもないたんなる人間の共同体から借りながら、その共同体のうえに重ねて構築することによって――はじめて、たんにそこにあるだけのデーモン的存在は、人間のために生き、活動する神となる。それゆえに、神はこのような意味でそのときどきの社会形態に算入しうるという性格をもつ。セム族の公的集団が種族の血縁関係にもとづいているかぎり、神はユダヤ人、フェニキア人、カナン人のあいだでは父親であり、信仰者はその子供だった。公的集団がさまざまな種族の政治的結合となったとき、神は王の性質を帯びねばならなかった。なぜなら、それによって神はいまやはるかに遠いところから、はるかに抽象的な形象として全体の内部に立ちえたからであり、このように内部にあることは、いわば技術的に、上に超えてあることとともなりえたからである。

しかしたとえ強調点がもっぱら超えてあることに置かれたにしても、それによって集団の形式との生きた関係が断たれることはなかった。ギリシアとローマでは王制が早くに貴族政治に屈したため、宗教的なるものも貴族制に似た組織をもった。すなわち同等の権利をもった神々が多数存在し、ヒエラルキーをなした――つまりは、経済的・種族的・政治的利害という質料から解放され、そのうちで集団の一体性が息づく形式そのものの像となった。アジアではこれに対し、王制がはるかに長くつづいたため、宗教形成では神に君主の権力をあたえる傾向があった。実際のところ、古代アラブ人の社会生活を支配していた氏族の一体性の強さは、それだけで一神教を先行形成していたのである。これにとどまらず、性別の差異を超えた一体化も、固有の宗教類型を形作った。性的対立の心理学的消去は、シリアやアッシリア、リディアなどの社会生活において意味深いしかたで表れたが、このことは性差をみずからのうちに統一的にふくむ神性の表象というかたちで結実した。半ば男性的なアスタルト〔セム系の豊穣の女神〕、男女両性的なサンドン〔古代タルススの神〕、月の女神とのあいだで性のシンボルを交換する太陽神メルカルト〔フェニキアの主神〕などがそれである。これは「ひとは神々においてみずからのすがたを描く」という、その一般性からして証明するまでもないありきたりなことがらを言っているのではない。むしろここから分かるのは、神々はたんに個人的な諸特性、個々人の力や道徳的・非道徳的性向、素質や欲求などの理想化なのではなく、社会生活で個人間に見られる形式が、宗教的表象にその内容をさまざまなしかたであたえているとの事実である。宗教的欲求は、これらの現実をつらぬきながれながら、現実性から剝ぎとれるものを剝ぎとる。すなわちその形式を剝ぎとり、それを超越的領域へともちこむ。そこは、経験的空間が私たちの外的感覚性の場所であるのと同様に、宗教的欲求の場所である。このことはまた、社会的一体性の形成はなんらかの宗教的反応を呼びさます、とも表現できるかもしれない。なぜなら社会の一体性においてはさまざまな力や形態が個人の直接的な感覚的存在を超えたところを指示し、非常にしばしばあらゆる社会的・超個人的生を神秘的に解釈することへと誘うからである。いずれにせよ、私たちの内面的連関のうちで、それらの力と形態はこの生を、それが宗教的反応を引き起こすような地点にまでみちびく。このことはもちろん歴史的に見れば、この連関がなおその諸要素の分化と自律化によって緩まり、損なわれることが少なければ少ないほど生じえたのである。

社会のうちとそとに同時に存在するというさきに強調しておいた関係は、君主のみではなく、社会のすべての成員にも一般に当てはまる。そして社会学的根本形式が、前者では神を先行形成したように、後者では信者を先行形成するのである。すでにふれたことだが、成員としての個人の集団への帰属は、つねに強制的な規定性と個人的自由とのなんらかの混合であって、社会的生と宗教的生とのあいだにはきわめて深い形式関係があるものと理解されねばならない。

四

社会がもともともつ実践上の問題は、社会のもろもろの力と形式が社会に属する個人生活に対してもつ関係のなかにある。確かに社会は個人なくしては成り立たない。しかしこのことは、両者のあいだにあまたの葛藤があることを排除しはしない。一方では、個人がその社会的要素を投入した「社会」という特殊な形成物は、それ自身のにない手と組織を獲得し、個々人に対し、疎遠な集団のように、要求と執行権とをもって向かってくる。ところが他方では、葛藤はまさに個々人のなかで、個々人において社会全体がいわば代理されることによって誘発されることになる。人間には、自分自身を対立する党派へと分裂させ、みずからの一部分を本来の自己と感じとり、またその人間がどのように行動するかをめぐってこの部分が他の部分とぶつかりあう、という能力があるからである。この能力はしばしば、社会的存在であり、またみずからを社会的存在と感じるかぎりでの人間を、その社会的性格によっては把握できないその人間の自我の衝動や関心に対して対立的な関係に立たせる。つまり社会と個人との対立が、個人自身のなかで、その本質部分同士の闘いとして継続されるのである。個人と社会とのあいだの、もっとも包括的で深部にまでとどく衝突は、個々の関心内容をめぐってではなく、個人生活の一般的形式をめぐって生じるものと思われる。

社会はひとつの全体性と有機的統一であろうとし、そこでは社会に属するおのおのの個人はひとつの部分にすぎない。そこでは、個人がそれとして果たさねばならない固有の機能に、可能ならば個人はその全力を注ぎこんで、あますところなくこの機能にもっともふさわしいにない手と化すまでにならねばならない。しかしこの役割に対して、個人が自分自身に対してもつ一体性と全体性への欲求が反逆する。個人はみずからまったきものであろうとする。社会がまったきものとなることを助けるのみでなく、社会がその利害から個人のもつ諸能力のあいだに差別を設けようとも、個人はみずからの能力の全体を展開することを望む。これこそが、社会的制約に対する個人の自由の要求の本質的意味である。というのもこの自由が求めているのは、なんであれともかくも社会的決定から独立したなにか恣意的なことが生じることなどではないのだ。そうではなく、自由とは、私たちが完全な自己責任を欲することを意味しているのである。そうした自己責任は、私たちの個々の行為が私たちの人格の純粋な表現となるや否や、また私たちの自我が外部のいかなる権威によっても損なわれることなく、この行為において発言権をえるや否や、私たちの所有するものとなる。私たちは、自分の実存の周縁部分が、外部にある諸力によってではなく、みずからの存在の中心から規定されることを望む。私たちの実存は外部の諸力にからめとられており、そうした力は私たちのなかで、当然ながら内的な自己の衝動へと変化している。ところがそのさい同時に私たちは、それらの衝動がやはり自分の自我から生まれてきたものではないということを、嫌というほど感じる。自己のうちで連関した有機的全体であり、個人を部分として包みこみ、みずからに依存させようとするなんらかのより高い全体の要求に対し、個人がそのすべての行動とともに原則として抵抗する――個々人に本当に行為の責任を課す自由なるものが意味するのは、そうしたことなのだ。

人間の自由がこのように、要求に対立する要求としての社会的諸力への帰属に抵抗するとき、まさにこの問題は宗教的世界において、権利問題から事実問題へと変容するように見える。それがどれほど未発達で無意識であれ、また限定され断片的なものにとどまるにしても、これはあらゆる宗教の深部に横たわる問題である。すなわちこうである。世界過程があますところなくそれに依存している神の意志はまた、人間を自由も責任ももたないものとして定めているのか、あるいは私たちは神に対し、内的本質において自立性を手中にしているのだろうか。その自律性は、私たちに自由と責任を保証するものの、私たちを神の力により完全につつまれている状態から切り離してしまうのだろうか。そもそもそうしたことは、神の力の概念と矛盾することになるのだが。

こうした問いに論理的な考察や啓示からの演繹によって答えたところで、それはうわべだけのことである。実際のところ、存在の至高の権威に対抗してでも自分の足で立ち、みずからの生の意味を自己自身のなかにのみ見いだそうとすることは、人間の欲求なのである。この欲求は、神の世界計画に包摂され、神の威光と美から自分自身の価値をみちびきだそうとする、もうひとつの欲求と衝突する。そうした価値は、無我の帰依と神への部分としての恭順の報いとしてのみえられるのだ。個人的な自由の尊厳、自己責任の力ないし意地は、罪の責任をもあまさず引きうけようとするが、そうしたことは、神の優越による自我の免責や、なんらかの絶対的な全体の一部となって、その力とその意味によって無条件に支えられ、つらぬかれたいとの意識のもつ心地よさや、そうした意識へのエクスタシーをともなう没入と衝突する。自我の生感情がここでは社会的ないし宗教的問いにかんして、同じ問題のまえに立っていることは明白である。これらは明らかに、私たちの魂と運命をその終極的根源から規定するひとつの二元性のふたつの形式、ふたつの表現にほかならないのだ。

部分と全体とのあいだに繰りひろげられるこの関係が、一定程度実体的な性質をもっているとすれば、あるいはその関係は、より純粋に機能的にはつぎのように言い表すことができるかもしれない。個人のもっとも広義の社会学的関係のすべてにおいて、その内容がどのように一面的なものであれ、その形式がどのように一体的であれ、一定量の拘束と一定量の自由とを指摘することができる。もっとも非情な強制に対しても、私たちの自由の確保は、その自由に私たちがどのような代償を払おうとするのかということとかかわっている。また極端な自由にあっても、なお存在する制約を意識することは、現実の関係構造をどこまで深く見透すかということにかかっている。もっとも自由と拘束は、ここではたんに直接には特徴づけがたい種類のその関係を――そうした関係を量的に規定すること自体がいかに問題的であるにせよ――相互に変化する定量へと分解し、あとからそれをまた合成するためのカテゴリーでしかないだろう。しかしとりあえず象徴的に言い表したものであるにせよ、自由と拘束とのこのからみあいは、それ自身形式をもたず、端的に存在するだけの宗教的な根本性質を受容し展開するようにあらかじめ与えられた社会学的形成のひとつである。というのも、この宗教的性質には、子細に見るならば、自由と拘束との共鳴があるように思われるからである。自由と拘束がそこで意味するのは、現実的な権威に対する関係のありかたではまったくない。そうではなく、それが意味しているものは、心の純粋に内的な緊張と緩和であり、また生の無限の自己拡張と圧迫とのあいだの動揺であって、これはいかようにも解消されうるものではなく、論理的には判断しがたい力と無力との共存なのである。この差異をなおまったく知らぬ一体性、この宗教的存在性の自己完結的な状態性は、経験的人間関係が示すような自由と拘束の分裂と錯綜において、かたちをなす可能性を獲得する。この状態性は、この自由と拘束ということばによって、口をきけるようになる。なお異邦のことばであるにせよ、これらの語によって、ともかくもみずからを表現することが可能となるのだ。宗教的状態性が予期していたこの自由と拘束というカテゴリーのなかへと、その状態性はながれこみ、両者のカテゴリーによって絶対的なものとの関係を構築することができるようになる。みずからの形式を提供できるようなこうした内容を見いだしえなければ、その状態性は絶対者を手さぐりで求めることもないだろう。

ふたたび自由と拘束との葛藤という形式に戻ってみよう。個人が一全体であることを望み、個人を包摂する全体が個人にただ成員としての地位のみをゆるそうとすることに対しては、純粋に概念的に考えるならば、ひとつの解決策がある。すなわち、ほかならぬそれを構成する要素の自律性と自己完結性とにもとづく全体構造は、そのことによってはじめて実現する、というものである。ここからすると対立は、けっして対立する両者がアプリオリに相互排除するような論理的なものではなく、たんに事実的なものであり、その場合対立は、要素がその本質を変えることなく改変されることによって、解消されることになる。社会学的には、これは少なくとも事実上の事例が無限に近接してゆく理想状態としては想定可能なものであろう。この場合完成された社会は、完成された個人からなるものとなろう。社会それ自身は、抽象性と具体性とが独特にまざりあった生命を生きる。そして各個人はみずからのいずれかの側面や力を社会へとあたえ、社会は、社会の彼方でみずからの存在を特定のかたちに形成し、ないし形成しようとする個々人の貢献により生成する。もっともこの個人を超えた全体存在は、みずから完成し、調和的に中心化された個人からのみ、それ自身に好都合な貢献を受けとるのかもしれない。その場合には、個人に優越し、その分離と自律によってみずからの形式と個々の実存の形式との葛藤を引き起こす全体性の固有の生命は、ふたたび個人のレベルまで降りきたる、ということになろう。

国家や社会の一体性そのものが、抽象的高みにあって成員個々人の生を顧慮することなくみずからの生命の条件を作りだして展開し、個々の成員に業績を強いて、個々人の本質そのものの規範とはなんら関係がないような実存形式へと個々人を押しこめてしまう――こうしたことは抽象的には誇張のように聞こえるかもしれないが、それが良しとなれば、一時的にせよ起こることである。これに対し、つぎのようなことはユートピアかもしれないが、けっして想定できないことではない。すなわちある閉じた統一的な全体性が、完全に彫琢された社会的要素、自己充足し、自身の枠内では調和的に育成された実存を示すような要素から成る場合である。心的世界未満の世界では、これは矛盾として表れる。一軒の家が数多くの家から成り立つことはなく、一本の樹木が多くの樹木から成り立つことはない。しかし有機的自然においてはこうした矛盾は弱められ、ある有機組織の細胞は、全体の生命となにほどか類比的な固有の生命をもつ。そうであるならば、ここで少なくとも原理的には、他では不可能なことが心には可能であるかもしれない。すなわち、ひとつの全体でありながらなお全体の部分として、まったき個的な自由のうちに個別性を超えた秩序の形成を助けることである。

宗教の場合は、しかしこれとは異なっている。社会はつまるところ、ある成員の内容的に規定されたもろもろの状態や行為にのみ関心があり、その成員が社会の存在の統一性と完成に資するならば、成員がそれに加えて自身の主体そのもののために自由で調和的な生を存分に生きるような全体的実存を獲得することに、なんら異存はない。しかし神に相対するとき、問題となるのはもはや個々の内容でも、神の意志と私たちの行為との一致や離反でもなく、純粋に内的に考えられたかぎりでの、自由と自己へのありかたにかかわる原理一般である。ここで問われているのは、人間はそもそもみずからに責任を負うことができるのか、あるいは神が、自己のない器官をつうじて作用するようなしかたで、人間をつうじて作用するのか、また終極目的として自己の中心にかかわる意志は――その意志が内容において神の意志に背いていないとしても――宗教的に正当化されるものなのか、さらには、内容的に個人の自己充足と調和するようなかたちで神の世界計画に組み入れられることだけを、生の唯一の動機としてはいけないのか、またそれゆえに生は自己自身で完結する形成や自律的形式による組織化をすべて原理的に拒まれているのか、といったことである。ここでも明らかに、宗教的秩序における状況は社会的な関係の昂進と絶対化を示している。全体と、それ自身が全体であろうとする部分との葛藤、要素の自由とより高い統一へのその包摂とのあいだの葛藤は、社会の内部ではつまるところたんに外面的で、言わばせいぜい技術的に解決ができないといった問題である。ところが世界を満たす神の存在に対しては、その葛藤は原理的かつ内面的で、その根底からして宥和しがたい矛盾なのである。

社会組織と宗教組織とのあいだのこうしたかたちでのかかわりについて、なお特殊な側面から見てみよう。社会はその発展にともなって、個人に分業を強いる。個人の成しとげることがたがいにちがえばちがうほど、一方は他方を必要とするようになり、生産物の交換や、利害の充足における相互作用、さらには個々人の特性の補いあいなどをつうじて、一体性はより堅固となる。有機体の生命的統一に社会の比喩を求めることの正当化としては、分業——これは一般的な意味の分業であってたんに経済的な意味のそれではない——や、諸要素の固有の機能がある。後者にあっては、そうした機能によって諸要素はいわばたがいに引っかかりあい、一方が他方のいない場所を占め、一方が他方の欲求充足に資することになる。その一方の欲求はまた、他の要素により配慮される。分業は競合の調整方法である。競合は、個々人がおなじような、また全員にはそのため余地のない活動を目標として設定したことによる、諸個人の相互排除である。一方分業はこれに対し、相互の回避であり同時に補いあいである。というのもそれぞれは他と異なる能力を示そうとし、他者によって占められていないところに場所をえようとするからである。競合が社会を分断するのとおなじほどに、分業は社会の統一を促進する。ただ分業が個人に許容する自由の余地と固有の展開は、分業が反対の原理である競合とともに作用するようになるや否や、狭隘化し萎縮してしまう。こうしたことは、現代文化の展開のなかで、ますます生じていることである。すなわち分業はそのほとんどの場合、たんにある目的への手段と方法の差異化にすぎず、目的そのものは働き手に共有されているのである。たとえば、公衆の支持であったり、入手できる財や享楽の分けまえの獲得であったり、優越する地位の獲得であったり、権力や名声などである。これらのもっとも一般的価値は、競合にさらされている。分業は、原則として競合をあらたな終極目的の設定によって決定的にやわらげることはできず、ただ迂回路をつうじて競合をつかの間そらすことができるだけである。加えて、人口が増加し、需要もますます増えるなかで、あらたに創出された成果の特異性もただちに競合者の多くによって吸収され、したがってまさにそこから競合が解消されるはずの点が、さらなる競合の中心となってしまう。ここでふたたびゲームがあらたにはじまることとなる。つまりあとから押しよせる競合によってさらに細かな分業がうながされることによって、個人の一面化とまったく専門化した活動の排他性、さらにはこうした一面性に利用しえないエネルギーの萎縮が生じるのだ。

この一面化は、高度に複雑化したすべての文化に見られる弊害である。この一面化が、まずもってうえに述べた関連の基礎にある。すなわち、社会の関心と生命が個々人を、個々人自身の本質にかなった理想、すなわち調和的で全面的にはぐくまれた全体性の育成とはまったく矛盾するような部分存在へと押しこめるのである。かぎりなく増大する競合によって先鋭化された分業は、社会の内的からみあいや有機的一体性とその需要の充足に非の打ちどころなく奉仕する形式であると判明する。とはいえ分業の形式の完成は、個人の未完成さによって、また個人の力を自然に反した強制によって専門化された活動に封じこめ、可能性に満ちたその力を萎縮させることによって購われるのである。

さて、宗教的地平は、個々人とより高い全体とのこうした関係のありかたを、独特のしかたで屈折させている。宗教をそのもっとも深い主観的目的によって、すなわち魂の救いへの道として受けとるならば、宗教はもろもろの魂に平等にはたらきかけるが、その平等さは、絶対者と個々の魂との直接的なむすびつきに依っている。魂のこの共通性や共属性は、こうした平等さに由来するのであって、相互補完によってはじめて共通の目標に達するような相互の差異にもとづくものではない。数多くの信徒が「神にむかって叫ぶ」〔詩編、七七―二〕ところでは、個々の信徒と神とのあいだに直接的関係があるかぎり、いわば祈りの物理的強度が問題となるのみである。多数性ということからは、なんらかの、それがなければ困難であるような、神の耳に聞きとどけられることへの道をひらくあらたなかたちは生まれない。ただ声の総量が、個々人の減衰してゆく声よりも、神には印象深いのかもしれないというだけである。こうしたタイプの宗教的関係は、あらゆる原理的差異化を拒む。そこでの全体の完成は、さきに述べたような社会現象におけるそれとは異なって、諸個人の差異ある活動にではなく、まさに同一の活動にかかっており、個々人の完成は、他者からの補完を必要としない。ここでは信者同士のそもそものむすびつきは、個々人が神に帰依し、また神により受容されればされるほど、ただ神的なるもの自体のなかでのみあたえられることとなるだろう。

キリスト教では、その終極的な動機からして、個人性と共属性との独特の関係が見られる。キリスト教は大きな一歩を踏みだした。すなわち、だれもが自分ひとりとのみいる内的世界、あらゆる行為の主観的側面というまったくの個人的なものが、もはや個人的なもの、独我論的なものではなくなったのである。そのかわり、神において他のみなと出会い、不可視の教会という共通の場に属することにより、主観的側面は孤立から抜けでて他のすべての者との関係のうちにおかれることになる。主観的側面は、だれもが自分だけで処理しなければならないなにかではない。すなわち、霊性主義的な社会化がなされたのだ。一方で不可視の教会の思想は、また他方で神を父としてもつキリスト者の兄弟姉妹という関係は——キリスト教の史的展開においてはごく断片的にしか実現しはしなかったとはいえ——差異化という手段なくして統一を達成しようとのこのうえなく傑出したこころみだった。まさにこのようにしてのみえられる個人性の感情と連帯との綜合のもっとも深い表現は、おそらくそこここで出会うつぎのような表象に見いだされる——すなわち、各人はなんらかのかたちで他のすべての者の罪の責任を負うのだ、という表象である。もちろんほかならぬこうした考えは、キリスト教以外の神秘主義にとっても疎遠なものではない。ただ、そこではこうした考えの基礎となるのは、いずれにおいても汎神論的なものであって、人格という問題は最初から抜け落ちている。一方キリスト教においてこうした現象は、まさに深められた力強い個人性の感情を示しているように思われる。実際それは抑制されない、制限を知らない感情とも言えるかもしれない。この感情は、人間の差異化した対自的なありかたにはまったく拒まれているものである。まさにこの並はずれたモチーフが明らかにするのは、キリスト教の内的な「社会化」は、けっしてなんらかの機械的・心理的共産主義の群衆的一体性を意味する必然性はない、ということである。むしろこの一体性は有機的なそれとして特徴づけなければならない。ただその特殊性は、統一の手段として、生理学的組織も外的で社会的な組織も放棄している、すなわち差異化というものを放棄していることにある。

ここで宗教の分野におけるもっとも決定的な分業の現象に、ひとつの側面からのみではあるが、迫ってみたい。すなわち僧侶制である。仏教はこの制度の社会的成立について、このうえなく明確な表象をもっていた。すなわちもともとは各個人が果たしていた宗教的機能が特殊な人間へと移譲され、それらの人間が他者のためにその役割をになったのである。それはちょうど王制の成立とおなじである。つまり不当行為を被った者は私的復讐を行っていたのが、やがていずれかの者を特に犯罪者の処罰のために選び、その代わり収穫の一部を献上したのである。知られているように、キリスト教でも原理的にはおなじことが起こっている。初期キリスト教会の官職者たちは、市民生活を送っていた。司教や長老は、銀行業や放牧をいとなんだり、また医師や銀細工師であった。彼らはただ模範であったにすぎず、ひとびとは彼らを直接見倣わねばならなかったため、そのかぎりで、彼らは信徒たちとおなじ地平に立っていなければならなかった。彼らは、だれもが「キリストの手足」である信徒たちから、より高く、権力をもった存在として差異化されきわ立っていたわけではない。信徒集団がいちじるしく成長し、この量的変化にともなって成員の質が顕著に異なるにいたったときにはじめて、組織は中央集権と、最高官職者の権力増大を要求した。この社会学的必要性は、最高官職者をついには支配者とし、それに対して平信徒は権力をもたず、宗教的な意味において寄る辺なき存在となった。

これによって、内的な宗教的生においてもまた、まったくあたらしい類型が生まれた。この点をはっきりと理解する必要がある。宗教的欲求は、このことのまえもあとも変わることなく、救済の獲得を求めていた。しかしこの宗教的内面性がどのような集団を形成するか、その内面性からどのような「宗教」がかたちをとるにいたるかは、その内面性が見いだす社会学的可能性にまったく依存している。ここで問題としている場合では、宗教的内面性は経験的所与である社会の諸形式から、それらの精神を純化するかたちで超越的形象を生みだすのではなく、みずからひとつの社会形象を創出し、その形象がまた宗教のいとなみの心的状態へと反射作用をおよぼしている。所与の状況が社会構造に強いるこのようなちがいは、いまや主観性の差異として反映されることになる。なぜなら、魂の救いにかかわる最終的決断を僧侶に頼っている者にとって宗教は、直接神に依存している者にとっての宗教とは明らかにまったく異なる内的意味をもつからである。

司祭や修道僧は、平信徒とはまったく異なるしかたでみずからの宗教性を感じとる。宗教的な存在性の状態と、それによってつらぬかれる社会形成との関係は、ここで考察している事例ではすでにその形成そのものが教会というかたちをとっていることから、もはや上方へ、超越性の整序へは向かわず、逆に内面へと向かい、いわばすでにできあがった宗教の心性の練成へとつうじることになる。

分業による形成物としての僧制において、宗教は固有の純化を、実践的・社会的諸現象のもつさまざまな形成力の抽象的綜合を果たした。これらの現象においては、分業はふたつの動機をもっている。一方では、他の人間がまったくできないことを可能ならしめ、それをするようにうながす個人の素質の多様性がある。他方では、すでに詳しく述べたように、社会が必要とするものの専門化、交換の必然性、つぎつぎと押しよせる競合がある。前者は現状維持《テルミヌス・クウォ》を越えて分業をうながし、後者はそのときどきの限界点《テルミヌス・アド・クウェム》をさらに越えて、分業へと駆り立てる。人間の特性についてみれば、前者は個人の特別な、交換できない特質にもとづいている。一方後者は原則として個人の同一性を前提とし、それが個人の周囲の諸力から発する要請や目標設定によって、個人を個別のいとなみへと定める。分業の主体においては、個人の能力によるうちからの召命と、そとからの影響による被規定性との特徴的な綜合が生じる。そとからの影響は、個人の素質がなおまったく定まらない場合でも、個人を特定の活動へと向かわせる。

　これら両者の、異なる方向からくる動機づけは、実践においてしばしば調和を欠いたものとなる。うちなる声のうながす目標は、個人を超える条件や要求によってしばしば見失われ、また展開をさまたげられる。逆に客観的な力と状況が私たちに要求するものは、私たちの素質、私たちが本来できることから、しばしば天地ほども離れている。僧侶制は、往々にして失敗するこの綜合を、僧侶の聖別によって、不調和をはじめから排除する理想的形態へともたらした。聖別をつうじて、神秘的な客体性をもつ霊性は候補者に転移され、候補者はそのうつわないし代理人となる。そのさい、その人間が個人としてどのような能力をもっているかは原則として問われない。聖別とは主観を超えた連関への受容であり、個人をつつみ込む力による条件づけだが、それでも主体は内部から規定されたかのようである。この場合能力が人物に転移されるのは、ほかならぬその人間が本性からしてその職務に予定されていたからではない(もちろんこうしたことが多少とも影響し、聖別される者と他の人間とのある種のちがいを根拠づけるということもありうるが)。またその人間があらかじめ召命された者か否かを問わず、偶然の機会によるのでもない。そうではなく、聖別が霊を伝達するがゆえに、聖別によりその人間が達成されるべく召された活動のための特別な能力が作りだされるのである。「神は仕事とともに知恵をもさずけ給う」という格言の言い表す事情は、僧侶の聖別において理想的に実現している。聖別では、それをつうじて個々人を占拠してその人間を特定の業務へと向かわせる超個人的な意図が、その人間の本質を——原理的に言って——この職務のために作りかえ、端的にそのにない手たりうる者に変える。これによって霊の伝達である僧侶の聖別は、主体の特別な素質と主体の外部から要求し形成する諸力とのあいだの兼あいで分業を成立させるさいの偶然性を、いわばアプリオリに排除している。ここでもまた宗教的カテゴリーは、理想像を体現している。その理想像においては、社会諸形式相互の対立と打ち消し合いが、明澄な鏡の中で止揚されたかのように映し出されているのだ。

個々人がまったく比類ない個として神に向かい合いながら、だれもがおなじ目標におなじ手段で達しようとし、個々人を超えた高次の統一が個々人を個別器官にしようとしないため、個々人はいかなる差異化とも無縁であるように見える——さきに述べたこの宗教的社会類型は、その魂の救いの個人主義的な形式のゆえに、根の深い問題をかかえている。魂の救いということで私が理解しているのは、けっして死後の状態といったことのみではない。そうではなく、魂の終極的なあこがれの充足、魂がただみずからとみずからの神とのあいだでとり決めなければならない魂の最奥の完成の獲得である。救いを見いだした魂が地上のからだのうちにいるか彼岸にいるかということは、まったく外面的な問題にすぎない。それは、私たちがある運命に見舞われるのがどの住居においてのことであろうとどうでもいいのとおなじである。この理想のありうべき多くの意味のなかで、ひとつのことがとくに重要と思われる。すなわち、魂の救いとは、私たちがすでにある意味で内面的にそうであるものの展開ないし外的実現なのである。私たちのあるべき姿は、理念的現実としてすでに実在の不完全な現実に浸透しており、魂にそとから付けたしたり育成したりする必要はない。ただ殻を脱ぎ、綿毛を捨て、みずからの本質のもともとの核を露わにすればいい。その核は、ただ罪と混乱がそれまでは見えなくしてきたものなのだ。

キリスト教において——もちろんもっぱら断片的で、またまったく異なる諸傾向とむすびつけられながら——暗示されているこの魂の救いの理想にそもそも特徴的なのは、この私たちの最深の人格の彫琢、人格の人格自身でないものすべてからのこの魂の解放であり、自我の法則にしたがってみずからを生き抜くことが、同時に神の意志への従属を意味するということである。神がそれを獲得するようにと魂に命じた救いは、もしそれが魂のうちになお不可視であるような輪郭線であらかじめ描かれているものでなく、また魂が自分自身への途上で見いだすものでないならば、それは魂の救いではなく、味気ない、魂とは内的にへだたったなにかでしかないだろう。このことは、ガリチアの奇跡のラビ、メイル〔ユダヤ教聖典の注釈者のひとりとされる二世紀に生きた賢者〕をめぐる物語に非の打ちどころなく表現されている。ラビ・メイルはその弟子に言った「主があの世で私に、メイル、お前はなぜモーゼにならなかったのだ、と問われたとするならば、私はこうお答えするだろう――主よ、私がメイルにほかならないからです。そしてもし主がさらに、メイル、お前はなぜベン・アキバ〔紀元一世紀末から二世紀ごろに活動したもっとも高名なユダヤ教の律法学者のひとり〕にならなかったのだ、と問われたとするならば、おなじように私はお答えするだろう――主よ、私がまさにメイルだからです。だがしかし、もし主がこうお尋ねになったとする――メイル、お前はなぜメイルにならなかったのだ？　さて、私はなんとお答えしたらいいだろう」。

魂の救いのこうした解釈、すなわちつとに魂のうちにありながら、疎遠で、不純で、偶然的なものとまざりあっていた価値の解放としての、いわば価値の脱呪術化としての解釈は、当然のことながらまさにキリスト教のある根本的な前提と折りあわないように見える。その前提とは、すべての人間本性が絶対的な救いにあずかる能力をひとしくもっており、その救いはだれにとってもなしうる行為の実行によって条件づけられている、との教えである。神の家にはすべての人間のための場所がある。なぜなら人間が到達できるもっとも高い地点は、同時に人間が要求されるところのもっとも少ない地点であり、それはだれにも原理的には拒まれることはありえないからである。すべての魂が、自分自身のもっとも固有の内的な存在を、その理念的な形式が地上での不完全なありかたをつらぬいている魂自身の純粋な像を、いまやあますところなく体現し、この像とひとつになること——もし救いがこうしたことを意味するにほかならないとすれば、魂が高さと低さ、ひろさとせまさ、明るさと暗さにおいて千差万別であるという事実は、宗教的達成の平等性や神の御前でのひとしい尊厳ということと、どのように一致するのだろうか。この救いの概念は、まさに人間のもっとも個人的で、相互にもっとも異なるものをにない手としているのではなかったか。

実際、神の御前での平等と個人のこの計り知れない多様性とを一致させることが困難であったことから、なすべき行動のあの均質性がもたらされ、キリスト教的な生の広範な領域が図式主義そのものと化したのだった。キリスト教の救済概念の個人主義全体が、だれもが自分自身の才能をうまく活かすべき〔原文は、ルカ伝、一九―一一〜二六に発するドイツ語の慣用句〕ということが誤解され、だれもが自分自身であるべきことを要求されるかわりに、だれもがひとつの理想を求め、おなじようにふるまうことを要求されたのであった。万人にひとしいものは、例外なく人格にとっては外面的なものである。信仰者の統一性と、あの完成された魂の平等ということは、個々の魂が自分固有の理念を、すべての外面的な業から抜きんでて成長させることにほかならない。そのさい、そのさまざまな理念の内容は、まったくさまざまであるかもしれない。イエスは多くの箇所で、ひとびとの素質が多様であることを評価するとともに、同時にそれにもかかわらずひとびとの生の最終結果のひとしさに変わりはないことを示唆している。

神の前での平等のこうした理解は、一般に理解されているそれよりも、はるかに明快さや一義性に欠けていると見えることだろう。私たちが魂のあいだに見いだすあらゆる価値の差は、神のまえでは脱落し、だれもが留保なく他のだれもとおなじ価値をもつものとされる――この共産主義的理解は、当然ながら退けられねばならない。むしろもともと意味されていたのは、否定的なことである。つまり、宗教的尺度のそとにあり、地上的な序列を規定している価値の尺度はすべて、神のまえでは役に立たない、ということなのである。これは実際、「法のまえでの平等」とおなじことである。この意味の平等も、ちょっとした警察法規の違反者と強盗殺人犯とが法にとっておなじ意味をもつなどということではなく、ただ法的に重要なことがらのそとにある両者の人格的な特徴は、法的判断にいかなる影響もあたえてはならない、ということなのである。この法のまえでの平等によってはじめてあらゆる法的な不平等さがまったく曇ることなくその法的帰結へともたらされるように、神のまえでの人間の平等がなければ、ひとびとの宗教的な価値の差異が明瞭かつ直截に明らかとなることはないのだ。

とはいえ、神のまえでの平等の概念が、こうしたまったく明瞭で論理的かつ倫理的な意味を超えた別の、より不明瞭で、またそうした意味とはもともと衝突するような意味をもつように思われることを、私は否定しない。「機械的な」価値平等が怠惰な小人物と英傑とのちがいを消し去ってしまうということがどれほど無意味に響こうとも、この平等性という考えかたには、表層的とばかりは言えない意味がある。こうした考えかたは、そのまったき純粋さにおいてではないにしても、しばしばその端緒と傾きといったかたちで影響を有した。魂はまさに魂であるだけで、永遠の価値をもち、その価値に対しては生前の魂に表れる差異は、すべて非本質的なものであり、いわば語るに足らないものである——こうした考えは、私にはまったく共感可能な形而上学的モチーフと思われる。知的なそれであれ、あるいは倫理的な、あるいは美的なそれであれ、地上的な観点にとっては、こうしたことは妥当しない。そこではあらゆる価値的現実は、価値の多寡ということにむすびついている。もっぱら差異とその相対性にもとづく価値評価というものも理解はできる。そうした理解にとっては、魂という事実そのものは、自明な、それ自体はなお価値の定まっていない基底をなすものである。しかしそれと同様にこれと反対の、魂そのものであるものすべての価値同等性と個別的な特性への無関心ということも、少なくともそうした相対性のカテゴリーを離れた宗教的な観点からすれば、おなじように理解できるものなのである。

　とはいえ、私たちはけっして地上的で経験的な価値評価と宗教的なそれとを原理的に分離するものではない。そうではなく、性格学的な人間規定の区別に立つのであって、そうした規定性のちがいは、彼岸的関心領域においても、此岸的なそれにおいても表れるのである。今日では社会主義も、機械的な「悪平等主義」を拒否している。社会主義もまた、「公正さ」を、つまり現在の社会におけるとは対照的に、あらゆる業績が本当に正確にそれに見合った報酬によって報われるような、すなわち社会において活動する人間相互のあいだに想定される差異に社会のがわの反応の相違が対応するような社会秩序の確立につとめている。しかしこうしたことの表明にもかかわらず、私には社会主義がつねにその固有の促進力を、端的な平等をアプリオリな理想と考えるような精神傾向のひとびとから調達しているように思われる。そうした理想は、公正ではなく、不明瞭で、思考上でも実行面でもまったく実現できないものと思われるかもしれない。とはいうものの、社会に向けられたそのもっとも深い意志が、人間の顔をしたものすべての絶対的同等性としてのみ表れるような人間がいるものだ。実際、ルソーや一八世紀のリベラル理想主義にこうした志向性は強く見られ、それはこれと反対の志向性とは宥和や理解の可能性もなくへだたっている。その反対の志向性とはすなわち、おのおのの人間の価値はまさに他の人間と比べたときの多寡によって決まる、というものである。したがって私は、こうした人間のタイプの差異に応じて、神のまえでの平等もふたつの意味で感得されるということにこだわりたい。実際のところキリスト教も、結局はすべての魂がおなじように浄福に召されるとの確信を欠いてはいない。「ひとしい者にはひとしいものを、ひとしくない者にはひとしくないものを」という〔相対的平等の〕原則は、最終的には平等性のラディカリズムによっても安んじて認められる。なぜなら、このラディカリズムは、魂そのものにはいかなる終極的な不平等もないという信念から、いかなる実践的結論も引きだすものではないからである。

こうした考えをいささかなりとより正確に表すならば、ただつぎのように言えると思われる。すなわち、魂がさまざまであることは、否定すべくもない。なぜならそれが見せかけの差異であるにしても、それでもそれはうわべの差異であることにはちがいないのだから、考慮されることを要求するものである。この見かたからすると唯一可能なのは、差異性を価値の差異と受けとるのではなく、ありかたの差異と解釈することである。こうしたとらえかたはまた、経験的にあたえられた価値の差異は私たちの肯定的で終極的な存在にはまったくかかわらない、したがってまた悪いもの、劣るもの、低次のものとして描かれるものすべては、もともとの人間個人の本性からのたんなる逸脱でありその否定である、と考えてのみ想定可能となる。すべての魂は、地上の、また彼岸の生においてそうした逸脱や否定を克服してはじめてその本当の本性のうちに立つ。そこではなおおそらく唯一の、他のだれとも比較できない魂でありながら、それでも神の価値尺度で計れば他のすべての魂とひとしく、おなじ救いにあずかる者ということになるだろう。

こうした救済概念はさらに、宗教的性格、宗教的な差異化の無限の多様性ということを示唆する。そうした差異化は、もちろん分業のようなものではない。なぜなら個々人は、それぞれ固有のしかたでではあるが、自分自身のために全面的救済をえることができるからである。とはいえ内的な意味での分業ということはなお残る。すなわち、実存の固有のありかた、他者をもってしては替えがたい責務へと召命され、いわば私たちを待ちうけていた場所に立つのだという感情である。これによってついにふたたび、宗教的現実存在が社会的な形式を身に帯び、いわば様式化するしかたが明らかとなる。私たちの心の根本的な諸カテゴリーは、あるときは実践的・社会的な、またあるときは宗教的な内容において活性化する。あるいはまたそれらのカテゴリーは、宗教的な存在性が社会的なるものという通路を突き抜けてかたちとなることを可能とする。というのも、宗教的内容は、偶然性や異質な関心との交差に巻きこまれることがより少なく、断片的な実践の連鎖を絶対的なるものの理念によって補いながら、それそのものは把捉しがたい根本カテゴリーを、より純粋でより破綻なく示すように見えるからである。またそれによって、なんらかの関係ないし事象の宗教的形式は、その社会的形式がもつ混乱や、不純で不完全な特質を洗い落とされて、その社会形式の浄化された像となるのだ。

芸術もまた存在の理念的原像を直接に目に見えるものにすると論じられてきた。しかし実際には、芸術もまたある特殊な形式においてそれを実現するにすぎず、経験的存在の形式をもつものにほかならない。ただそうした原像のある種の表現様式は、ある内的純粋さと完全性をもつように見える。そうした特徴をつうじて、私たちにはその表現様式が、原像の忠実な模像と思われるのである。当然ながら、理念の他の実現様式がそうでないのとおなじように、芸術の表現形式も理念の忠実な模像ではない。人間はそれぞれ個性をもち、またその多様性のままにならびたっているのに、宗教は人間のそうしたありかたをひとつの完成された領界のうちに描きだす。宗教にこれが可能となるのは、競合というものの不在のゆえである。社会的な現実存在のうちでは、競合はたしかに個々人に差異化をうながし、個々人をみごとに発展させ、また密接な協働へともたらす。とはいえ競合は、いわば個々人をこの高みにたもつことには、なんら関心はない。そうではなく、競合はおなじ力によってつねにさきへさきへと個々人を駆りたて、固有であることを、萎縮した一面性と調和を欠いた極端さにまで追い込んでしまう。宗教がたどり着こうとつとめる終極目標と、すべての地上的・社会的活動が向かうさきとのちがいはつぎの点にある。すなわち、前者には、ある人間にそれをあたえるがゆえに、他の人間にはそれを拒む、という必要はない。したがって、宗教の目標点には、競合がそうしなければならないように、個々人の固有性の発展をその固有性自身の欲求と理想によってのみ特徴づけられるような到達点を越えてなお駆りたてる必要などないのである。それゆえに、個人の差異化がこの宗教的な意味においてなされるところでは、その差異化は社会的差異化がしばしばそうであるようにきわだった、誇張されたかたちで表れることはない。そしてまさにそれゆえに、宗教的な差異化は社会的なそれの、より純粋でより完成された反対像なのだ。

五

「神の国」の理念から見たとき、魂の差異化というものは神の国の一体性へともろもろの魂があわさってゆくための一形式であり、まさにいわば個々の要素がより高次の目から見たときにあの一体性へと成長して集まってゆくための形式である――もしそうであるとするならば、そこでついに神は現実存在の一体性そのものであることになる。空間的・直観的なものに対しても、また心魂的なものの多数性に対しても、神はこのようにしか表現しようのない関係をもっている。それにしてもこのさいの一体化の概念の内容とは、どのようなものだろうか。

この概念は汎神論的なものでもありうる。それによれば神は実在の総体と同一であることになる。塵ほこりもひとの心も、太陽も、その光線の下で花開くつぼみも、すべてはおなじように、おなじ権利をもって、神的存在の部分であり、現象であり、またその発露であり、形象化である。神の存在がそれらのうちで息づいていると考えるならば、そこではすでにある種の分離が言い表されていることになるし、神とは異なるなんらかの外面性の自立を前提としていることになるだろう。そうではなくむしろ現実存在のあらゆる部分が神なのであり、したがってあらゆる部分がその本質と真理において他のあらゆる部分とひとしいのである。汎神論は、事物の対自存在を止揚するのと同様に、事物の相互排除をも止揚する。ここでは事物の相互作用ということは、もはや問題とはならない。事物の形而上的で本質的な一体性は、直接的な一体性であって、諸部分がそのエネルギーを交換することによって成り立つ有機体や社会のもつ一体性ではない。この汎神論の神は、しかし宗教の神ではない。この神には、宗教的な気分を錬磨するうえで必要とされる神との向かいあいというものがない。宗教の内的な生全体の可能性をになう、愛とへだたり、神への帰依と神の不在、あの神との関係の近さや遠さは、現実存在のあらゆる場所や瞬間があますところなく完全に神の一体性につつまれるや否や、消失する。だから神の一体性は、宗教の対象となるかぎりでは、これとは別の意味をもたなければならない。

その一体性は、世界の物質的現実と直接に同一ではありえない。現実存在のあらゆる差異性を神と同一視し、それによってこの差異をすべて相互に同一化して止揚するようなこの概念にとって代わるものとしては、ひとつしかない。すなわちさきにふれた、相互作用としての一体性である。その諸要素が相互の力の行使によってむすびつきあい、おのおのの要素の運命が他のすべての要素のそれと関係する。そうしたものをこそ私たちはひとつの存在と呼ぶ。全体としての世界が――汎神論的に解釈されないかたちで――私たちの思考にとってもつ一体性はこれのみであり、この一体性は、有機体や社会集団に近いものとして象徴的に表される。現実存在の一体性として考えられた神は、事物の相互連関のにない手にほかならず、事物の相互連関は、宗教的根本エネルギーによってそれらの事物のそとへと抜きだされて高められ、いわばひとつの固有の存在へと結晶化される。この存在は、そこで存在のあらゆる放射が出会い、また事物のあらゆる力の交換とあらゆる連関が通過する一地点となる。ただこの意味の一体性においてのみ、そうした一体性である神は、宗教の対象となりうる。なぜならそのようであってのみ、神は個人に対峙し、個別存在としての個々人の外部に立ちながら、また個々人を超越しつつ包摂するからである。

このもっとも高い段階の宗教の神を予示するのが、私たちが集団の力の表象化として出会う神々である。このことは、それらが多神教の神としてそれぞれ個別の関心領域を統合するにすぎない場合でもそうである。キリスト教の外部にいる神々のなかには、そのすべてがそうではないが、部分的には、あるいはある一面においては、集団の一体性、しかもまさに一体化し社会化する機能という意味での一体性を超越的に表現したものがある。もちろんこれは、けっして分析の容易なカテゴリーではない。それは王が「朕は国家なり」と言うときにもちいていたのとおなじカテゴリーである。なぜならこれもまた、いわば汎神論的同一性を意味するものではなく、ただ国家を形成する、すなわちその素材を国家の形式にかたち作る諸力が王のうちに集中していること、あるいは王がその人格の一体性において国家のダイナミックな一体性の反映像となり、昇華したすがたとなっていることを意味するにほかならないからである。神を事物の一体性として表象する過程は、神を「愛」そのもの、あるいは「善、正義それ自体」として描くさいのそれとおなじ過程である。さきにこの神の名称についてこころみた推論〔本書三四四頁参照〕は、この観点によって補足される。神はこれらの特性をもっているというよりは、それらの特性なのである。敬虔な気分は、それが生まれるきっかけとなる対象を、あらゆる経験的な相対性や限界を超えた絶対的なものにまで押しやろうとする。なぜなら敬虔な気分はそうしてはじめて、宗教的な刺激が魂の基盤をなす諸層をつかみとるさいのひろがりと包括性の全体に対応するものとなるからである。おのおのの規定は、その絶対的完成において考えるならば、そのにない手をいわば消尽してしまう。そうした規定がもともと付随していた存在は、もはや存続が許されない。非常な、際限ないと感じられる苦痛にあえぐ人間がみずからの状態をしばしば、まったく苦痛そのものとなってしまった、と言い表すように、またあますところなく熱情に支配された人間を、情熱そのものと化してしまった、と言うように、ある特性が神に絶対的な度合いで付与されるとき、神はこの特性がいわば実体化したものとして表れるのだ。宗教的な根本力は、ここではいわばそれが経験的現実からもぎとって、それによって形象の高みへとのぼったものだけを帯びている。したがってそのものは経験的相対性のうちにあるときにそれに課せられていた制約を脱することになる。こうして、世界がひとつの一体性であるとの表象は――この表象は私たちの近づきうる現象にあってはつねにまったく不完全で断片的なかたちでのみ示しうるのだが――絶対的なかたちで考えられ、無制約な、なにものもならぶもののないものとして、私たちが神と呼ぶ、ある自足した存在へと移行してゆくのである。ただ制限と制約があるもののみが、なんらかのにない手を必要とする。そのにない手は、この機能とは別のなにものか、ひとつの存在である。無制約なもの、あらゆる制限から自由なものは、この桎梏を投げすてる。敬虔な、絶対的なるものの一体性へと高まろうとする気分が身を委ねる素材に応じて、神は世界全体の一体性でもありうるし、あるいは物質的自然の特定の現象領域の一体性でも、あるいは集団の一体性でもありうる。最初の例においてあらゆる現実存在の神秘的むすびつきの感情が、また第二の例において類縁性をもつ現象相互の類似がそうであるのとおなじように、集団の社会的相互作用は、あの超越的な一体性の概念の形成に刺激をあたえるのである。

キリスト教の宗教文化の観点からすると、神性が社会の一体性の絶対化として表れるとするこうした神表象の発生論は、狭隘で奇異に見えるかもしれない。キリスト教の宗教文化では、神性は一方ですべての現実存在の、とりわけ心魂的現実存在一般の神性なのであって、社会集団というものに本質的にともなわれる分離は、神性に引き比べて無用でとるに足らない、それどころか社会集団はこの神性の意味するものに直接対立しており、万人を包括する人間概念のうちに止揚されることが定められている。他方でまたキリスト者の神は個人の神であって、個人から神へといたる経路は、まず集団という中間的な審級へと延びているわけではない。個々人はみずからの神のまえにまったき自己責任を負って立っている。この責任は、キリストの代理死によりどうにか堪えられるまでに抑えられている。純粋に社会的な媒介は、キリスト教徒の神概念にとっては狭すぎるとともにひろすぎるのだ。

古代と異教徒の世界はしかし、まったく異なる感じかたをしていた。個々の隔絶した集団の神は、まさにその集団の神であって、神はその集団を養い、あるいは罰した。その神のかたわらには他の集団の神々がおり、それらは同様に実在するものと認められていた。個々の集団は、自分たちの神がまた他の集団の神となるであろうなどとは主張しなかったのみならず、そうしたことをまた自分の集団の宗教的財とその実践的帰結を損なうものとして、ほとんどの場合、強く拒否したことだろう(これと反対と見える現象も、明らかにおなじ方向をさきへと進めたものにほかならない。たとえばアッシリアの王がその権力の拡張のために行った戦争では、同時にみずからの神々が他の諸民族にも承認され、儀礼の対象となるべく、その神々のためにも戦いがなされた)。いずれかの強力な政治的リーダーや奇跡を行う呪術者にかんしてとおなじように、政治的に確立された神の恩恵を他の種族にもおよぼすことをよしとしないのは、すべての個別主義的宗教に原則としてそなわっているあの寛容の肯定的な表れないし誇張である。神がその信奉者の集団と、他の人間を排除する独占的関係をむすぶや否や、宗教性はこの神とならんで他の神が、つまりその排除した集団の神がいることを承認しなければならない。なるほどその神の信奉者たち自身はそれとならんで他の神を戴いてはならないが、それはそうした神が存在しないからではなく、少々逆説的に言い表すならば、まさに存在するがゆえなのである。そうでなければ、脅威はそれほどのものではないだろう。ただもちろん当該の集団にはそれら他の神はふさわしくなく、真正でもない、ということなのである。いま述べた禁止は、他のすべての政治的禁止とおなじレベルにある。たとえば、他の集団に移ってはならない、所与の社会的一体性をけっして損なってはならない、などの禁止である。その宗教が汎神論的な色彩をもつバラモン教徒〔バラモン教の語は、いまでは古代インドの宗教を指しており、ここでジンメルが述べている時代については、通常「ヒンドゥー教」の語がもちいられている〕にしても、うえに見た寛容を示しており、これはバラモン教の個別主義的を補完するものである。彼らはバラモン教に対するキリスト教宣教師たちの非難に対して、ともかくもこの宗教はあらゆる民族にかなったものとは言えないが、自分たちにはもっともふさわしいものなのだ、と答えた。

キリスト教の神以外の神々はキリスト教のみならず、世界全体から拒まれなければならない――神とつねに個別的なものにとどまらざるをえない社会的一体性との連帯とは対照的に、このように言明することで、キリスト教はとてつもない転換をもたらした。キリスト教の神はその信徒の神というだけではなく、存在するものの神そのものである。したがってキリスト教には、あの神の所有ということがもつ排他性やせちがらさが欠けているのみならず、逆に当然の結果としてキリスト教は、その神をすべての魂の承認するところとなるよう努めなければならない。なぜならいずれにせよキリスト教の神はすべての魂にとっての神なのであり、すべての魂がキリスト教を信奉するようになることは、すでにある事実をたんに確認するものにすぎないのである。「わたしに味方しない者は、わたしに敵対している」〔マタイ伝、一二―三〇〕ということばは、宗教の社会学におけるもっとも偉大な世界史的転換のひとつである。ヴォータン〔古代ゲルマンの主神〕やウィツィロポチトリ〔アステカの神〕を信じる者は、だからと言ってけっしてゼウスやバアルに「反対して」いるわけではない。おのおのの神はその信徒とのみかかわり、おのおのの共同体はその神とのみかかわるのであり、いずれの神も他の神の領域を侵害して信奉するように要求したりはしない。キリスト教徒の神がはじめて、その領野を信者と非信者の別を越えてひろげたのである。理論にとどまらぬ生のあらゆる力のうちでも、キリスト教の神はまず社会集団の排他性を打ちやぶる。この排他性によって、その集団に属する個人のすべての関心は、それぞれの集団の空間的・時間的一体性のうちにまとめられていた。そうである以上、キリスト教の神との関係がまったく無関心に他の人間の他の神との関係にならび立つなどということは、許容しえないことだった。そのようなことは、むしろキリスト教の神がその絶対的包括性をつうじて提起する理念的要求を、積極的に損なうものであった。他の神を信じるということは、キリスト教の神にあらがうことを意味する。実際のところ、キリスト教の神はこの不信者の神でもあるのだから。

他の神がたんなる他者の神ではなく、誤った神、つまりまったく存在しないはずの神であるとき、論理的に言って寛容であることは矛盾となる。これは不寛容が個別主義的宗教にとって矛盾しているのと同様である。当然のことながらここで、まさに神の原理の絶対的な高みと有無を言わさぬ唯一性ということから、あるあらたな寛容が生まれる。すなわち、唯一の一神にいたる道はさまざまでありうる、との考えかたである。個別主義的宗教は宗教の終極的内容、すなわち神の概念については、寛容でありうる。しかしその神概念の狭さや親しさと、神との関係の特殊性のゆえに、そこでは神にいたる道が複数あることは認められない。つまり神にはただ、あるまったく特定の供犠や祈りや行動様式によってのみ到達できる。これに対しキリスト教は、宗教の終極性については不寛容だが、神の意にかなう活動や内的状態については、比類ない幅でこれを認めることができる。ひとたび至高者へのいずれかの一面的な道が選択されてしまっているところでは、この道はあらゆるドグマ的不寛容を示すかもしれない。しかしキリスト教は原理的に、まさにその神の一性を、それが絶対的なものであるゆえに、多くの相対的な道に対応させなければならないのだ。そしてキリスト教の歴史全体をつうじて、これはまた現実のものとなった。個別事例で言えば、たとえば再洗礼派の諸セクトや後期のカルヴァン主義がこうした対応を例示している。そこでは、宗教的質はもっぱら神の選びや神による覚醒として、あるいはそれらをつうじて生成する。このようにすべての外的な徴候が拒絶されたことから、共同体はみずからの内的状態にかんしては、他の機関、たとえば国家などに対し、絶対的な寛容を求めなければならなかった。またみずからもまさにおなじ寛容をならびたつ共同体に対し示さなければならない。これはまた、絶対的な内的不寛容や非妥協性と、うわべだけではなく、密接な因果関連によってむすびついている。こうした性格は、ほかならぬこうした恩寵の選びの宗教に論理的かつ心理的に付随するものである。この種の不寛容は、社会集団の一体性を体現した神にかんしては、まったく生じるべくもない。ある黒人部族の神は、中国人の神ではありえない。それは、黒人の両親が中国人の両親ではありえないように、あるいはある閉ざされた集団の国家的営為そのものが同時に他の閉ざされた集団のそれではありえないのとおなじである。

さて、この個別的かつ社会的なしかたで成立した神的存在の一体性は、キリスト教において獲得された絶対的一体性の予備的段階と言えるかもしれない。そうであるならばこの発展はまさに、その最終段階に到達するとともにそこへとみちびいたあらゆる現象を否定し、それに敵対的となるような発展というもののひとつの例であることになる。すべてをつつむキリスト教徒の神の一体性は、一体性の理念が最初に浮上するきっかけとなった社会の制約をうちやぶる。地上の相対性が超越的絶対性に移行するとき、その内容がもつ性質はしばしば反対物に変化する。宗教的情動は本質的に信者がその神に対して感じることとむすびついている。すなわち、愛と恭順、恩寵と拒絶、祈りと従順はすでに他の文脈において示したように、向かいあう相手を要請する。この相手は、たとえば宗教的エクスタシーにおいては消失するかのように見えるが、しかしこのエクスタシーもまた、実際にはまったき分離の耐えがたさからまったき一体化の不可能性へといたる振幅運動にほかならない。とはいえ、存在の絶対的な実体にして力としての神の概念は、汎神論の帰結へと突き進む。そこでは、個の実存の対自的存在性はあまさず止揚され、そして魂が神との無差別な一体性に近づけば近づくほど、魂はみずからをよりひろく、より深く、より浄福に満ちたものと感じる。しかし魂が実際に神のうちにあまさず吸収されるならば、魂は際限のない神との融合のうちに消失し――かくして魂は空無のうちに立つことになる。なぜならあらゆる宗教感情はあの対向性にかかっているからであり、確かにこの対向性が減ずるとともに魂のよろこびと力は高まるかもしれないが、この対向性が絶対的に止揚されるとき、私たちが想像しうる宗教性の意味と内容は無のうちへと沈んでしまうのである。社会的前形成によって成長してきた神表象は、よりいっそう広大な神の存在領域の高みへとつうじるかもしれない。この過程がしかしキリスト教の絶対神とともに終着点にたどり着くや否や、神の内容はあの社会的性格――その排他性と神はもともとむすびついていた——とは正反対のものへと転じることになるのだ。

しかし集団の一体性が一般に超越の形式を身に帯び、宗教的感情価値をそなえる傾向があるという事実は、つぎの点に由来するのかもしれない。すなわち、このより高次の集団的一体性の形象への個人の統合は、個人にとって、はっきりとした、あるいは漠たる意識において、往々にして一種の奇跡と見えるのだ。そこでは人格的存在は抵抗しがたい諸力のからみあいに巻きこまれ、諸力の圏域にとり囲まれていると感じる。その圏域は、それがもつ個々の要素からはまったく説明しえないように見え、また——時間的にも動態的にも——まったく予想できない規模で、それらの要素のすべてを超えたところへと引きさらおうとする。法と習慣、言語と伝統、これら客観的精神と呼ばれるもの全体が、個人のまえに途方もない舞台装置としてひろがっている。また個人がそれらにどのような貢献をなしたかは、認識しえない。そこから客観的精神は、個々人の貢献に発するものではまったくなく、個々人の総和を超えたところでみずからの超個人的な基準にしたがって生産的な生を生きる、あの謎めいた一体性の生みだしたものと見えることになる。自然に相対するときと同様に、ここでも実践上の無力さと理論的な説明不可能性とが、宗教的反応を引き起こす。こうした反応は明らかに、相ならんで存在している人間の総和としての集団に対するものではない。そうした集団ならば、それは把握もでき、じかに知りえるものとして、なんら謎めいたところはなく、そもそも精神を経験的なものに引きとめておくはずである。そうではなくそうした反応を引き起こすのは、この総和がひとつの総和以上のものであり、それが個々人自体には見いだされないような力を生みだし、個々人という単位からより高次の一体性が成立する、という事実なのである。

神が集団に属していること、全体の関心事として宗教が涵養されること、個々人の宗教的あやまちの贖いが全体によってなされ、神に対するそうした罪の責任を集団が負うこと――こうした典型的な諸事実は、つぎのことを示唆している。すなわち神性はいわば集団の諸力の超越的な場所であり、実際に集団の成員のあいだで交わされ、集団の一体性を機能的に形づくり、それによって宗教的存在性の不分明な一体性と象徴的に類似した形式をもつ相互作用は、神においてひとつの自立した実体となったのだ。集団生活のダイナミクスはその個々の素材やにない手を超えて宗教的情調にはずみをつけられて、超越的なものへともたらされ、そこからは絶対的なるものとして、相対者としての個々の要素に相対する。神は絶対的なものであり人間にかかわることは相対的であるという古くからの表象は、ここにいたってあらたな意味を獲得する。神的なるものの表象においてその実体的で理念的表現をえるのは、人間の相互関係なのである。

ここにいま終えようとしている探求を顧みると、ふたつの主導的モチーフが浮かび上がってくる。これらを安易にひとつにまとめることはできないが、もしそうしたければ体系的にむすびつけることは難しくはない。

まずとりわけ、宗教という客観的で精神的な形成物は、宗教的な生によりかたち作られたものとして現れた。この生はひとつの過程、ひとつの存在のありかたであり、その内容ないし「信仰箇条」をこの世での生存に与えられた諸事実からえる。絶対者の形式においてみずからを客体化するのが、その生の様式であり、それによって宗教的生はいわば(他の生の与件からそうするのと同様に)社会的諸事実から形式を引きはがし、その形式を絶対性へと超越させる。それによってまたこの生はつねに明らかにされてきた可能性を、つまり地上的で相対的な諸事実を聖別し、高めながら、その事実のいわば核心を射抜くように作用し返す可能性をえる。神々の天球は経験的なるものの絶対化であるとの古くからある見かたは、ここではその感覚主義的・啓蒙主義的な意味を失う。アプリオリなカテゴリーにして力である宗教的な生の働きが根底にあり、所与を、そのなかに見いだされる法則によってではなく、このアプリオリな法則によって超越へと駆り立てるのでないかぎり、古くからの見方がナイーブに信じるように、経験世界が超越的なものと化すことはない。宗教性は、みずからの外部にあるものをつらぬき、その異質なものの実質をすてさせ、そのものの純粋な形式において宗教性自身の純粋な具象化をとげることによって、そのうちでみずからを構造物へと形成する——この宗教性の道はしかし当然ながら、おそらくけっして終着点にたどりつくことはない。むしろ、形成された客観的「宗教」は、なおいたるところでこのみずからのそとなるもののいわば質料的断片を引きずっている。質的で心的なありかた、宗教的な生の過程としての宗教性は、固有の、ほとんどヘーゲルの弁証法図式を連想させる命運をたどり、みずからのそとへと外化しなければならない。宗教性は自己のそとなるものから構造物を獲得しなければならないが、それは、対象性というかたちをとった生の過程自身なのである。とはいえ、すでに述べたように、他なる存在にひとたびかかわりをもつと、そこからまったく離れることは二度とかなわず、ただ無限の過程のさきでのみ純粋な意味での宗教に本当になれるというのが、宗教的な生の過程の宿命である。客観的宗教へと高まるきっかけとなった地上的で合理的な、社会的・経験的なものの諸形式には、なお依然としてそれらの質料が幾分かまざっているのである。

宗教はより完全な宗教となっていくのではなく、より完全に宗教となってゆく、つまりはより純粋に宗教のみになってゆく——宗教の「進歩」をこの意味で解するときにのみ、進化の概念は宗教に応用しうるように思われる。「宗教」はそのとき、そもそもフェティシズムや祖先崇拝から発して、たとえばキリスト教へと「みずから進化した」ひとつの実在的主体であるのか否かという方法的問題には、ここでは立ち入らない。あるいはひとは、みずからの信仰を絶対的な高みにある信仰として評価することにより、それをその信仰へとつうじる宗教の系列のなかで比較したうえで、もっとも高度な宗教であると考えるにいたるかもしれない。しかしそこには、「不完全な宗教」という疑わしい前提がひそんでいる。私は、不完全な芸術様式なるものを信じていないのと同様に、不完全な宗教なるものも信じていない、と言いたい。すなわち、宗教的な志向性をもちながら、なお完全に宗教とは言えない心の動きや客観的構造物が確かにある。言いかえれば、さきほど述べた意味での混合物である宗教では、宗教性はなお対象性の形式において純粋に自己に還帰していない。しかしもしその宗教がそもそも完全に宗教であるならば、それはまた完全な宗教でもある。

それはトレチェントの絵画が、なお影も、自然な動きも、パースペクティヴもそなえていないにもかかわらず、それでもそれらをそなえている後代の芸術とおなじように完全な芸術であるのと同様である。ジオットが欲したことは、ラファエルやベラスケスの望みとはまさに異なっている。そしてもし芸術作品がそもそも完全であるならば、すなわち芸術的な動機以外の動機が作品を形成することがなく、粗野な官能的衝動や、偶然的現実へのとらわれや、他の関心領域に発する意図が画像のうちに表れることがないのならば、あらゆる芸術意欲は他のそれとひとしい価値をもつはずである。そこでは完全さや不完全さは、個々の才能の多寡というかたちでのみ語りうることになる。しかし様式一般、意図と表現手段との関係、描写されるべきものの複雑な一体性といったことがらに対しては、不完全から完全への発展という概念はもはや適用できない。むしろ個々の様式、個々のエポックについては、ショーペンハウアーが芸術の一般的本質として述べたことが当てはまる。すなわち、「芸術はいつも目的点に達している」。もし黒人の描画がロダンのデッサンより「不完全」であるならば、それは一方で前者が芸術であるだけではなく、たんなる模写のよろこびや、子供じみた遊びの欲求やフェティシズムの傾向などによっても規定されているからであり、他方で個性的な、スタイルのかたちにまで表れでた芸術的素質が、偉大な芸術家のそれに達していないからである。ただこの意味においてのみ、ひとはまた不完全な宗教から完全な宗教にいたる段階というものを語ることができる。宗教は、ただより純粋に宗教となる、つまり他の衝動や世界からより解き放たれた生となり、宗教的カテゴリーそのものの自己形成となることができる。宗教が本当に宗教であれば、宗教は「いつも目的点に到達している」。それは、その宗教が祖先崇拝であれ、多神崇拝であれ、汎神論的神秘主義であれ、あるいは明確な輪郭をもった有神論であれ、そうなのだ。そして完全性の相違は、ここではいわばたんにさまざまな個人がこうした宗教の諸様式と宗教的な生の可能性を実現するさいの、深さとひろさ、力と熱意の量的相違となる。ひとことで言えば、より不完全なありかたからより完全なありかたへの史的発展なるものは、現代の進化論とキリスト教護教論が連携してそれを玉座に就かせているとはいえ、けっして諸宗教の意味についての唯一絶対の認識図式などではないのだ。

この宗教性－社会的形成物－客観的宗教という系——これはもちろん時間的な先後関係を意味するものではない——というモチーフとならぶ第二のモチーフについては、ただ折々に言及するのみだった。それはこのモチーフがより思弁的で歴史的例証のしがたい性格のものであったため、いささか抑制がかかったからである。第一のモチーフが、心の過程の質的な意味で宗教的な規定にさかのぼるものであったとすれば、ひょっとするとさらに心的な性格をもつ、より純粋な意味で形式的な過程と連関とを仮定することができるかもしれない。それは一方では宗教現象に、他方で社会現象に表れ、それらの内容の構成を規定し、そのようにして本編で例示したような両者の領域の類比と密接なむすびつきとを可能とするものである。もちろんここでも時間軸にそって作用がなされていると言いたいのではない。これは心的な統一的形成物をあとから構成したものであって、その要素をなすものの密接な連関が、心理学の論理とでも呼べるものにしたがって、その形成物の意味を明示するのである。肝に銘じておかねばならないことだが、宗教現象そのものの精確な発生論的解明を為しえた者などは、これまでだれひとりいなかった。いままで言われてきた宗教の「起源」、すなわち恐れや愛、困窮や自我意識の増長、畏敬の念や依存感情等々には、まさに決定的なものが欠けている。すなわち、一体なぜこれらの経験的な情動が突然宗教的段階へと立ちいたったのか、という問いへの答えである。

さしあたっての、そしてまた実際に適切とも言える答えは、これらの情動のある種の量的昂進がその情動を他の性質へと変容させるのであり、宗教意識のある閾値が存在するのだ、というものである。だが、なぜこのあらたな性質がほかならぬ宗教的なものであるのか、という問いがなお残る。よく見てみると、宗教性はその導出と称するもののうちに、すでにひそかに前提とされている。そうであるならば、あらかじめ宗教性を、第一次的で、他から導出できない性質として認めたほうがいい。この前提のもとに、さきにあげた宗教性の起源と言われるものとの関係もおそらくより納得のゆく意味をもつ。すなわちこれらすべての要因は――もちろん漠然とした無原則な表現だが――、心性の特定の質的な過程のながれにある種の方向性と律動と綜合をあたえる形式的な緊張状態であり、まったく一般的な心性の運動様態であると思われる。もちろん――これについてはここでは暗示するにとどめなければならないが――それらすべての要因、すなわち愛や恐れ、依存と帰依等々はなおいわばあまりに質料的にすぎるのであって、あの心理学の論理にならって心的構造を概念によって理念の地平へと投影するためには、なお一層一般的で純粋に機能的な根本的動性と内的な根本関係を把握する必要がある。これらは、特定の感情や運命や関心が推移するさいの様態、例えば宗教的か社会的か、あるいは芸術的か倫理的か、を規定するであろう。そうした、なお心理学的な定式化のなされていない心的な現実存在一般の集中と緩和において、その存在の音律の律動的転換、憧憬や失望や抵抗や均衡の一般的動態の転換においても、私たちはもちろんなおあの大いなるカテゴリーの起源に接してはいないだろう。本論の冒頭で述べたように、この大いなるカテゴリー、実践の、芸術の、認識の、宗教の、倫理的価値判断の、そして社会的綜合のカテゴリーは、それぞれひとつの世界を創りだす力をもっている。とはいえ私たちは、そのようにしてできあがった諸世界の現実的・理念的な関係については把握するだろう。ひとつのカテゴリーが他のカテゴリーからの影響にふれて示す同様の法則的経過や先行形成については、本論で特定領域の例についてわずかながら示した通りである。

繰り返し強調したように、ここで問題にしているのは、もっぱら心的現象としての宗教の構造的意味であって、これまで述べたことから宗教的諸対象の実際の、心理を超えた実在性についての見解を引きだすべきではないだろう。その心的形成にかぎって本論で述べた内容がまた実在の形式においても存立するか否かということは、こうした構造的意味への問いから方法上このうえなく厳密に区別されねばならない問いである。そしておそらくこの区別は、宗教の史的認識が問題になるとき、もっとも強調される必要がある。この認識にあまりにしばしばむすびついている曲解を退けておくことで、こうした探求を脅かしかねない危険にもっとも根本的に対処できるものと思われる。

仮に人間の生における一現象としての宗教の成立を、ほかならぬその生の内的な条件から把握することに成功したとしても、そのかぎりでは、客観的な、人間の思考のそとにある現実が、そうした心的現実に対応し、それを証示するものをふくんでいるか否かという問いそのものには、まったくふれるものではない。客観的な領域における宗教の意義のみでなく、主観的な領域においても、宗教の感情的意義、すなわち最奥の情緒に対する神の表象の逆方向のはたらきかけは、こうした表象がいかに成立したかについての仮定とはまったく独立したものである。ここに、いわば理念的諸価値をもつ心的内実を歴史的・心理学的に導出しようとするすべての作業のみならず、そうした内容を描写することまでもが例外なくもっとも被りやすい誤解がある。その成立が、もはや理解を超えた奇跡でも、無からの創造でもないと分かったとき、理想の魅力は地に落ち、また感情の尊さは零落する——このように感じているひとはまだ多い。それはあたかも成立を理解することが成立したものの価値を、あとからの要素分析がその生きた一体性を問題視することのように受けとめ、出発点の低さが到達した目的点の高さを貶めること、個々の要素の魅力に欠けた単純さが、それらの要素の協働や形成やからみあいから生みだされた生産物の意義をこわしてしまうことと感じるようなものである。人間がより低次の動物種に由来することが人間の尊厳を奪ってしまうと思い込むのは、愚かで混乱した考えかたである。それは人間の尊厳が、どこからいまある人間が成立したかとはまったくかかわりなく、人間が現にいまそうであるものにもとづくということを否定するにひとしい。

歴史的・心理学的な宗教の導出を退けることによって宗教の尊厳がまもられると考える者に対しては、まさにそうした人間の宗教意識こそが薄弱なのだ、との批判が向けられていい。なぜなら、宗教意識がその生成過程の認識によってあやうくされてしまう、いやそもそもそうした認識が宗教意識に抵触すると信じてしまうことがすでに、その宗教意識が内的な堅固さと感情の深みに欠けていることを示しているからだ。ある人間に対する真正の、このうえなく深い愛は、あとからそのきっかけとなった原因が明らかになったからといって、異を唱えられるべきものではない。実際、愛の勝利の力は、そのかつての成立根拠がすべて失なわれてしまったあとも、愛がこわれることなく生きつづけることにある。これとおなじように、主観的な宗教感情のあらゆる強さは、認識がその感情をどのような起源に還元しようと、その感情が自分自身のうちに安らい、そうした起源のかなたに自信をもってみずからの深みと心情とを見いだすことにおいてこそ、証明されるであろう。

〔訳注1〕ゲルトルート・カントロヴィッツ（Gertrud Kantorowicz 1876–1945）は、ユダヤ系ドイツ人の芸術史家・詩人。教師であるジンメルとのあいだには、婚外子の娘がいた。最期は強制収容所でその生涯を終えた。マルガレーテ・フォン・ベンデマン（Margarete von Bendemann 1872–1966、旧姓ズースマン Susman)は、ユダヤ系ドイツ人の著作家・詩人。ジンメルのもとで学び、その伝記的肖像をも描いている。

〔訳注2〕この引用は、イギリスの東洋学者・旧約聖書学者、ロバートソン・スミス(William Robertson Smith 1846–1894)の代表作、『セム族の宗教』(一八八九年)からのもの。本文中の訳文はジンメルの引用の重訳。邦訳(永橋卓介訳、岩波文庫)では、上巻、七二頁。

解　説

深澤英隆

本書は、ユダヤ系ドイツ人の哲学者・社会学者、ゲオルク・ジンメル（Georg Simmel 1858–1918）の宗教関係の論考を網羅的に集め、訳出したものである。編集は、本訳書のために独自になされた。各論考の出典およびドイツ語版全集での所収箇所については、各論考のはじめに記した通りである。

ジンメルその人については、あらためて詳しく紹介するまでもないだろう。ベルリンでユダヤ人の富裕な家庭に生まれ、晩年の一九一四年にシュトラスブルク大学正教授になるまでの生涯を、ベルリン大学私講師・員外教授として活動したジンメルは、現代社会学のパイオニアのひとりであるとともに、ドイツにおける生の哲学を代表する思想家でもあった。ジンメルは才気溢れる講義で聴講者を魅了したのみならず、その多彩で独創的なテクストは、後期近代の社会や文化を先取りする洞察に溢れていると言われることが多い。代表作には『貨幣の哲学』(一九〇〇年)、『社会学』(一九〇八年)、『生の直観』(一九一八年、邦訳タイトル『生の哲学』)などがある。

以下では、本書の背景をなす時代状況を含み、本書の読解の補助となることがらを記すこととしたい(以下ジンメルの引用に続くカッコ内の数字は本訳書の頁数を表す)。

一 ジンメル宗教論の概要

本訳書では、論考群をテーマ別に並べるかたちをとったが、各論考の発表年を見ると一八九八年から、死の年の一九一八年にわたっている。つまりジンメルは、世紀末以降の活発な活動の全期間、断続的に宗教論を執筆していたことになる。ジンメル研究者のクレッヒは、ジンメルの宗教論を成立させている四つの視座として、心理学、社会学、文化学、生の哲学の四者をあげているが、(1)ジンメルの宗教論の主題選択にある種の推移は見られるものの、結局巨視的に見ればいずれの論考にもこうした視座の複数性が多かれ少なかれ見て取れると言うことができよう。

明示的に宗教を主題とする本訳書収録の論考のほかに、社会学関連の諸著作においても、ジンメルは宗教的事象を事例として頻繁にあげており、また哲学的・文化論的著作においても、宗教への言及は数多い。こうしたすべてを見渡すとき、ジンメルにとって宗教という主題が決して二義的なものではなかったことが分かる。その一方で、これまでジンメルの宗教論については、多くの研究がなされたとはおよそ言い難い。これについては、ジンメルの宗教論が社会学・哲学・美学などにまたがる多面性をもつこと、また近接と距離化というジンメル固有の両極的スタンスがここにも見られ、冷静な宗教および宗教状況の分析者・観察者であると同時に、宗教的当事者＝宗教思想家でもあるという両義性をジンメルがもつことからくる理解の難しさが、さらなる理由としてあげられるかもしれない。

二　ジンメル宗教論の時代背景

ジンメルの宗教論の背景をなす近代ドイツの宗教状況はどのようなものだったろうか。宗教改革以来の信仰分裂のなかにあって、近代ドイツを主導したプロイセンがプロテスタントの支配的な地域であったこともあり、社会と文化の動的な変化を担い、ドイツの宗教状況の変転をもたらしたのは、主としてプロテスタンティズムのエトスであった。プロテスタント層は近代社会に適応し、その結果世俗化をおしすすめた。プロテスタント知識層による歴史上稀に見る哲学・思想の展開は、その代償形成とも言える。こうした一方で、教会出席率はすでに一九世紀後半には大きく下降線を描いていた。同時期における社会のゲゼルシャフト化の進展、ジンメルがその第一作で克明に描き出した社会分化とそれに連動した個人化、やはりジンメルがその先駆的諸著作で主題とした資本主義化と都市化の著しい進展は、伝統的キリスト教のゲマインシャフト的基盤を侵食していった。

一九〇二年に英文で発表された論説、「一八七〇年以来のドイツにおける生活と思想の諸傾向」でジンメルは、他の論考には見られないような平明な筆致で、急速な近代化に邁進した第二帝政期ドイツにおいて、増大する「生の外面化(externalization)」と生のあらゆる側面での「技術」の自己目的化によって、生が損なわれてゆくさまを語っている。(2)とりわけジンメルは、ドイツ社会の流動化をもたらしたものとして、キリスト教の真理性と妥当性の相対化に注目する。ジンメルは、急速な国家統一と近代化の複合的作用(疎外と解放)の交錯と並んで、キリスト教の衰退と、そののちに残された宗教的「欲求」のダイナミクスが、時代の精神的相貌を理解する鍵であると言う。(3)

歴史家のTh・ニッパーダイは、第二帝政成立から第一次大戦の終わりまでの時代のドイツの宗教状況を論ずるなかで、ジンメルには依拠することなく、しかしジンメルと同様の歴史的跡づけをおこなったうえで、キリスト教という落ち着き先を失った宗教的欲求を、「流浪する宗教性（vagierende Religiosität）」と呼んでいる。(4) ニッパーダイによれば、この宗教性はさまざまな回路に流れ込んだが、狭義の宗教状況ということで言えば、さまざまな新宗教運動・思想の出現が問題となる。この時期のドイツでは、キリスト教系の諸セクト、神智学や民族主義宗教運動、ネオ神秘主義、いわゆる「裸足の預言者」たちの運動、準宗教的な芸術宗教や生活改革運動などが、百花繚乱の様相を呈していた。ジンメル自身も同時代の広範な文化現象の小さからぬ部分を、このさまよえる宗教的欲求の所産と見ており、とりわけ芸術や美的なものを水路とする現象は、ジンメル自身がそれに深くコミットしていたものでもあった。その一方、当時の知識層の流浪する宗教性による明白な所産ともいうべき新宗教群に対するジンメルの立場は概して否定的であった（例えば本書二三六―二三七頁）。こうした評価は、ジンメル自身の宗教的立場とも深く関わっている。すなわちジンメルは冷静な観察者として流浪する宗教性を目撃しつつ、同時にそうした宗教性をみずから生き、そこに介入し、その宗教性に一定の哲学的なかたちを与えようともしたのである。

三　ジンメルの宗教理解の特徴

(1)　宗教的人間？　としてのジンメル

ジンメルが「宗教的人間」であったか否かについては、同時代人の意見は分かれている。ジークフリート・クラカウアーは、未完におわったそのジンメル論のなかで、「宗教問題と宗教体験の広い分野を十分に耕すことはジンメルはほとんどしなかった。これはかれの本質全体から来ることで、かれが根源的で宗教的な本能と欲求を本質的に欠いていることは疑いない」とまで言う(5)。

一方、ジンメルの教え子であり、のちにユダヤ教思想家ともなったマルガレーテ・ズースマンは、これとはおよそ対照的な、以下のような印象的な証言を残している。

その本〔本訳書収録の「宗教」〕は、その外枠から見れば、純粋に社会学的な書物である。しかしもしジンメルの宗教への関わりがあれほどまでに根源的なものでなかったとしたなら、これは書かれえなかっただろう。〔中略〕ただひとつの宗教形式を、ジンメルはなお現実のものとして自身のうちで経験しえた。すなわち神秘主義的なるものである。ある夏の夕べのことを今でも思い出す。終日エックハルト〔ドイツ中世のキリスト教神秘思想家＝訳者〕を読んで過ごしたあとでヴェストエントの私の部屋に入ってきたジンメルは、ゆっくりと腰掛けて、両手で頭を支えながら感にたえないといった声で「私たちはエックハルト以来このかた、彼に匹敵する存在をもちえなかったね」と言った。〔中略〕このことばに、私は彼の生の中核が啓き示されているように思った。彼がこのことばを発したときの静かな、打ちのめされたような様子に、私はそれを感じた。このことばを、彼は私に対するというよりも、自分に対して言ったのだ。(6)

ジンメルの宗教的背景について言えば、父親のエトヴァルトは、一八三〇年代にユダヤ教からカトリックに改宗した。一方やはりユダヤ系の母親フローラは、プロテスタントとして幼児洗礼を受けていた。このように、ジンメル家は典型的な同化ユダヤ人の一家であり、ジンメル自身もプロテスタントの洗礼を受けた。実践的にも思想的にも、ジンメルにはユダヤ教との関わりは、少なくとも表面的にはほぼ皆無と言っていい。さらにジンメルは晩年、第一次大戦期にキリスト教会から離脱した。ジンメル研究者のラントマンによれば、これはもちろんユダヤ教への復帰などではなく、「世界観のうえで拘束されないことの必要」によるものだった。(7)それでは、ジンメルが宗教について考察し、論じるときに準拠していた宗教とはどのようなものだったのだろうか。ベルリンに生まれ育ち、大都市の文化世界をその社会考察の核心にすえていたジンメルにとっては、ベルリンなどの都市部、さらに言えば都市部のプロテスタント、とりわけプロテスタント知的中間層の宗教性が、おそらくもっとも身近に感じ取られた宗教性であり、またその帰趨が常に気になる宗教潮流であった。

先に見たように、ジンメルは西欧社会の世俗化ということを当然の前提としていた。社会学系の論説では、宗教の真理性の問題には判断停止をして立ち入らない、という今日の宗教社会学のいわゆる「方法論的無神論」の立場にあたる態度表明をするのがジンメルの流儀であったが(例えば四三―四四頁参照)、他方で伝統的宗教の教義が失効したとの実感は諸論考のそこここにうかがえる。たとえば時代診断的な「宗教的状況の問題」では、実在論的真理性ということで言えば、アステカの神もキリスト教の神も差異はないと言い(二三四―二三五頁)、宗教の実在論的真理性の維持は困難であることが示唆される(二六四頁)。当時のヨーロッパの宗教哲学者の多くが、なおキリスト教の真理性については多かれ少なかれ留保を加えていたことを考えると、これは決然とした態度である。それでもなおジンメルが単なる無神論者でも一方的な宗教批判者でもないとするならば、ジンメルはこうした真偽が問われる位相とは異なるところで宗教をとらえていたこととなる。そのジンメルの宗教論を構成するいくつかの基本的観点を示すならば、以下のようになるだろう。

(2)　宗教と宗教性

啓蒙主義以降の地平　ジンメルの宗教論もまた、歴史的に遡れば、啓蒙主義の宗教理解が切り開いた地平のなかで生じた。ヨーロッパにおいて一般概念として近世以来徐々に形成されてきた宗教の概念は、啓蒙主義の宗教論においてより哲学的に彫琢されることとなった。キリスト教とは異なる、「宗教」というより上位の一般カテゴリーが第一義的に問題とされたこと、宗教的社会化以前に、人間は生来宗教的素因・素質をもって生まれてくること、従って教会や宗教制度はそもそも宗教にとって二義的なものであること、こうした啓蒙主義の宗教理解はジンメルにも受けつがれている。一方で啓蒙主義においてなお残存していた有神論や、神や宗教性と理性との結びつけは、ジンメルにはまったく見られない。啓蒙主義以降の思想家としては、とりわけカント、シュライアマハー、フォイエルバッハ、ニーチェなどの宗教理解からジンメルは影響を受け、同時にこれらの思想家に批判的に対峙することとなった。

宗教と宗教性　ジンメルの宗教理解のもっとも根本的な枠組みは、宗教／宗教性の二分法である。この二分法のなかで「宗教」が意味するのは、ドグマや組織をそなえた成立宗教であり、他方で「宗教性（Religiosität）」とは宗教成立の根底にある人間のアプリオリな素因である（もっとも詳しくは四〇三頁以下）。宗教性の語はすでにシュライアマハーも用いており、一般に実定宗教とは異なる人間の主観的宗教性を意味する語だが、ジンメルはこの宗教性をさまざまなかたちで語っている。まずジンメルが宗教性を「状態性（Zuständlichkeit）」と形容していることは、たとえばヴェーバーとの関係で意味深い。ヴェーバーも人間の主観的宗教性を問題としたが、ヴェーバーが依拠したのは主観的「意味（Sinn）」であり、意味了解が可能なものであった。一方ジンメルの言う状態性としての宗教性は、没意味的なものを示唆している。ジンメルの言う宗教性の理解がいささか難しいのは、年代によってそれを語る用語に変化やずれが見られ、また一義的で整合的な用語法という点でも十分な留意がなされてはいないことによる。何にせよまず初期の論考では、カント的な内容／形式の二分法が援用され、宗教性は所与のさまざまな内容を包摂する「根本的な形式的カテゴリー」（五〇頁）として語られる。それも科学や倫理等と並ぶ、他に還元不可能な固有の（sui generis）形式とされる。ジンメルによれば宗教的カテゴリーは、特定の内容にしばられることなく、どのような内容も包摂しうる。つまりジンメルによれば「こうした宗教理解こそが、宗教的感性を超越的対象との排他的なむすびつきから解放してくれるのである」(五四―五五頁)。ジンメルのこの宗教理解は、宗教を既成宗教、のみならず狭義の宗教的表象一般から切り離し、いわゆる機能的宗教定義に立つ宗教理解へと導くものとなる。

ただその形式そのものの特徴づけとなると、ジンメルはいささか場当たり的にさまざまなことばを重ねる(例えば、一九頁や五五頁を参照)。結局のところジンメルの宗教的カテゴリー論も、一九世紀末から二〇世紀はじめにかけてさまざまな論者によって展開されたいわゆる「宗教的アプリオリ」論の例にもれず、論理的‐形式的な範疇というだけでなく、感情や想像力や意志に関わる種々の形式化原理をも総括的に意味するものと言えるだろう。なかでも敬虔さなどの感情的な要素は、ジンメルの強調するところである。

以上のような事情は、宗教性を表す語として、次第に前景化してくるSeinの語にうかがわれる。宗教的「であること」、宗教的な「ありかた」を意味するこの語(本訳書では文脈上不自然な場合を除いて「存在性」と訳した。これについては六六頁訳注参照)は、宗教性が主観の特定の機能というよりは、まさに人間の全体的なありかたを意味していることを示している。それは、アプリオリに人間に備わっている生きかたのかたち＝選択肢のひとつである。Seinの概念はまた、もうひとつの重要な含意をもっている。ジンメルによれば、宗教的対象が語られるとき、宗教の真偽問題が生じるが、「この問いは、ひとが宗教の名のもとにあの人間の根元的特性を考えるかぎりでは、明らかに意味をなさない。というのも、なんらかの存在性は真であったり偽であったりすることはできない」からである(二四三頁)。キリスト教の、ひいては宗教一般の教義命題の真理性の維持が困難になってきた近代において、そうした真理性のそとに宗教の存在理由を確保しようとする傾向がさまざまに見出されたなかで、ジンメルの宗教論はそれをラディカルにおしすすめたものと言えるだろう。

宗教性は、生の哲学の色彩が濃くなるにつれて、生の概念とより直接に結びつけられるようになってくる。宗教論に限らず、後期のジンメルの用語法の重要な変更点は、以前の(アプリオリな)形式と内容という二分法に代わって、生と形式という二分法が前面に出てくることにある。ここでは宗教性はアプリオリな生の動的プロセスとされ、これが文化的な形式＝(実定)宗教と対比されることになる。宗教にとどまらず、後期ジンメルの基本図式であるこの生／形式の弁証法は、ジンメルの時代診断のかなめとなった。宗教について言えば、本書収録の「現代文化の葛藤」にあるように、ジンメルは同時代の宗教性がもはやそれにふさわしい形式を見出しえないでいる、と状況を分析する。例えば科学や芸術といった他の文化領域は、形式的外化がなければ意味をなさない。これに対しジンメルは、生のうちに止まる宗教性、すべての外化＝投影の生への回収の可能性を示唆する。もっともそうした宗教的ありかたが具体的にどのようなかたちを取るかについては、明言されるには至らない。「宗教的状況の問題」では、生そのものの形而上的性格を悟ることが暗示されてはいる。ジンメルは一方で宗教性を数ある主観的カテゴリーのひとつと位置づけるが、他方で生の充溢や自己超越性などの特徴を宗教的動性と重ね合わせて語ることもある(これについては「家族的状況の問題」や「現代文化の葛藤(抄)」を参照)。ここからすればジンメルが、生の精華とも言うべき形式的外化をもたない生そのものの運動性とその体験的享受を、生＝宗教性のあるべき姿と見なしていたと言えなくもない。

宗教の起源と展開　ジンメルの時代における宗教研究の最大の関心事は、宗教の起源とは何か、また宗教の進化とはどのようなものか、という問いであった。この点については、ジンメルはユニークな立場に立っている。

まず宗教の起源について言えば、ジンメルの立場は両義的である。同時代の宗教起源論のさまざまな見解にふれたうえで、ジンメルは単一の起源論に立つことを明確に拒否する(一四―一五頁)。またより立ち入って宗教の発生を論じた箇所(二九九頁以下)では、宗教はとりわけ三つの生の圏域、すなわち人間の外的自然との関係、運命との関係、周囲の人間世界との関係のなかで生成するとされている。外的自然との感情的結びつきの経験、私たちの把握を超えた現実を突きつける運命の経験、他者との、また社会集団との相互行為の経験を意味するこれら三者を宗教のきっかけとするという点で、ジンメルの起源理解は複眼的であると言える。しかしそうした一方で、これらの経験が宗教へと結実するのは、あくまでこれらが宗教的カテゴリー＝宗教性を活性化させてのことだというのが、ジンメルの理論的立場である。この点から見れば、ジンメルは宗教的アプリオリに立脚する一元論的起源論に立つのだとも言えるだろう。

主観的な宗教的カテゴリーは、ひとたび活性化すると、さまざまな「内容」(後期のことばで言えば文化の諸形式)を「質料」として身に帯び、文化的形象となって具体化する。こうして宗教性のもつ「その調子が高められ、他から分離され、固有の存在へと成長発展したすがたこそが、宗教と呼ばれるもの」となる(一九頁)。このように「宗教的な生の過程としての宗教性は、(中略)自己のそとなるものから構造物を獲得しなければならないが、それは、対象性というかたちをとった生の過程自身なのである」(四〇四頁)。

宗教の進化・発展についてのジンメルの理解も、これに連動している。当時のヨーロッパの宗教研究・宗教思想では、キリスト教を頂点とする宗教進化論のパラダイムが支配的であった。ジンメルのテクストにも、「未開の」といったことばや、「黒人」のナイーブさなどの、時代的バイアスを示す表現は散見される。しかし思想面ではジンメルは、当時一般的であった宗教進化論を鋭く退ける。すなわち「宗教はより完全な宗教となっていくのではなく、より完全に宗教となってゆく、つまりはより純粋に宗教のみになってゆく――宗教の「進歩」をこの意味で解するときにのみ、進化の概念は宗教に応用しうるように思われる」(四〇五頁)。この論理をたどってゆくと、宗教の進化の行き着く先は宗教性そのものの「純粋な」、夾雑物なしの実現ということになる。実際ジンメルは、そのとき「宗教は、ただより純粋に宗教となる、つまり他の衝動や世界からより解き放たれた生となり、宗教的カテゴリーそのものの自己形成となることができる」と言っている(四〇六―四〇七頁)。ジンメルが、トレルチやヴェーバーらとは対照的に宗教史の具体的展開に積極的な学問的関心を示さなかったことの背景には、こうした宗教観があったとも言えるだろう。

宗教の未来　宗教論的時代診断には、現にある宗教の行く末と来るべき宗教についてのヴィジョンがつきものであり、これはジンメルにおいても例外ではない。

宗教の帰趨についてのジンメルのヴィジョンには、揺れが見られる。まずは、すでに見た宗教的な生の観点からなかば論理的に導き出される、いわば「生の宗教」とも呼ぶべき未来宗教のヴィジョンがある。すなわち、アプリオリな主観的宗教性が十全に展開し、ついにはその外化そのものをも回収・克服し、宗教性そのものが純粋に生きられるような境地である(二六四頁)。とはいえ、ジンメル自身もこうした「生の宗教」の実現可能性や、それが具体的にどのような生となるかについては、懐疑の念を抱かなかったわけではない。それがうかがわれるのが、最晩年の「現代文化の葛藤」の記述であり、そこでジンメルは、宗教性も不可避的になんらかの形式を帯びざるをえないかもしれないことを示唆する(二七六頁以下)。もしジンメルが宗教的生をその例外と考えているならば、ジンメルにとってやはり宗教はある特権的な生の頂点を意味することになる。しかし「現代文化の葛藤」では、この葛藤が解消されえないことも暗示されており、また同時にその葛藤そのものが生産的な文化創造の原動力であることも示唆されている。

「生の対立と宗教」では、生のもろもろの対立性を融和・調停する宗教のはたらきが論じられているが、近代世界の止まるところを知らない相対化と流動化の運動のなかで「現代人にとっては、融和する審廷そのものもまた、あらゆる対立を超えた不可侵の安らぎのなかにとどまり、凝固することは許されない」と指摘される。そこでは、宗教に関わる現代人の課題は「救済と融和を、この終わりなき対立性と運動性のうちにこそ見いだす」ことにあるとされている(二一二頁)。

(3)　宗教社会学の定礎

ジンメルの宗教論は、多彩な観点からなされた超領域的性格をもっているが、やはり宗教社会学の最初の提唱者であることは際立っていると言っていい。一九世紀末において、宗教研究と神学の区別はなお自明ではなかった。そうしたなかでジンメルはまず、宗教の理論的解明と神学との切断を試みる。ただしこの理論的解明は、神などの宗教的対象に関わる存在判断や真偽判断を下すものではない。「宗教の社会学」を遂行しようとするときには、先述のようにジンメルはこののちの時代の宗教社会学の原則とも言えるいわゆる「方法論的無神論／不可知論」をすでに先取りした立場に立っている。

ジンメルの宗教社会学についてまず言わなければならないのは、それがのちの宗教社会学の主題範囲を広く扱うような包括的な性格をもつものではないということである。量的にも、扱われる主題についても、それはまったく限定的なものであり、ジンメルのいわゆる「形式社会学」の諸テーマに沿って宗教が広範に論じられるということはなかった(8)。ただ、宗教と社会との発生論的関係という主題に集中して取り組んだ点に、ジンメルの議論の特質が見られる。

すでに見たように、ジンメルは宗教の発生をうながす「生の圏域」のひとつとして、またそのもっとも重視すべきものとして、種々の社会的相互関係をあげている(もっとも詳しくは三一〇頁以下)。このことだけを見れば、ジンメルは社会現象と宗教とのアナロジカルな関係を指摘し、またいわゆる機能的定義にもとづく宗教理解を示しているとも取れるし、また社会的経験からの宗教の発生を示唆しているとも受け取れる。しかし、上に見たようにジンメルは宗教の根源をアプリオリな宗教的カテゴリーの発動に見ており、社会的経験はそのきっかけを与えるに過ぎない。

しかもこれに加えて、ジンメルは社会と宗教との関係をもう一段掘り下げる。すなわちジンメルは、両者の「相同性」の根底に「あるまったく一般的な形式決定」を見出す（三三三頁）。すなわちある種の社会現象は、すでにそれ自体がアプリオリな宗教的カテゴリーの発動により先行形成されているとジンメルは考えるのである。ジンメルはこうした事象を、「宗教的な半製品」や「類宗教的」なもの（Religioid）などとも呼んでいる（三二〇―三二一頁）。宗教的「形式は、〔中略〕萌芽的に、いわば手さぐりのかたちで、社会生活によってすでに展開されている」（三一〇頁）とジンメルが言うとき、それは同時代にジンメルがしばしば批判されたように宗教の社会現象への還元が意味されているのではない。むしろそれとは逆に、社会現象の宗教への還元が意味されているとも言えるのである。その場合もちろんすべての社会現象がそうした性格をもつとされるのではない。ジンメルがとりわけ宗教性による先行形成を見たのは、人間間の「信」や「帰依」や集団的「一体性」の関係においてである。

この最後にふれた点には、宗教社会学にとって重要な意味をもつジンメルの発見が関係してくる。神が社会の、人間の社会経験の象徴的形象化であるというのは、『宗教生活の基本形態』(一九一二年)におけるデュルケムのよく知られたテーゼであるが、すでにジンメルは一八九二年刊行の『道徳科学入門』の第一巻において、まったく同じ観点から同様のテーゼを詳述しているのである。(9) 本訳書収録の「宗教社会学のために」(一八九八年)でも、この点は強調される。神の観念は、ジンメルにおいてはアプリオリなものではなく、人間の投影機制に帰せられている(ただし神の存在の有無については不可知論が担保されている)。ジンメルによれば、「強制し罰する神々、愛する神、私たちの愛に応えることのできないスピノザの神、私たちに行動の指示と、その指示にしたがう力をあたえてくれる、あるいは奪う神——これらはまさに、そのもとで集団と個人とのあいだの倫理的関係がそのさまざまな力と対立を展開する記号にほかならない」(三八頁)のであり、「神的なるものの表象においてその実体的にして理想的な表現をえるのは、人間の相互関係なのだ」(四二頁)ということになる。この神と社会とのアナロジカルな関係については、のちの論考「宗教」(一九〇六／一九一二年)で改めて詳細に論じられている。

なおジンメルにとって神の観念、とりわけその絶対性や人格性という属性が、こうした社会学的還元には尽くせない理念的作用と理念的意味をもっていたことは、本訳書収録の一連の宗教哲学的論考から読み取ることができるだろう。神的なるものの実在問題をカッコに入れつつ神の概念の理念的含意を論じてゆくジンメルのスタイルは、宗教哲学としてもユニークであり、またその人格神論は主観の反省性や自己関係性の意味するところをつきつめてゆく点で、あきらかにドイツ観念論の系譜上にあると言える。

四　ジンメル宗教論の現代的意味

ジンメルの宗教論は、今日どのように評価できるだろうか。

まず、いわばその時代的ドキュメントとしての価値を見逃すことはできない。これは二重の意味において言うことができる。つまりまずは一連の時代診断的な論考を通じて、私たちはジンメルの時代のヨーロッパの宗教状況をうかがい知ることができる。その場合、ジンメルのスタンスのユニークな性格は、その証言を価値あるものにしている。すなわち、伝統的信仰や神学とは明確に切断された、極めて反省的な、しかし同時に強い宗教的希求にも裏づけられているというジンメルの特異性は、同時代にはあまり例を見ないものである。このジンメルの特徴は、またジンメルの宗教論のドキュメントとしての第二の性格と結びついている。すなわちジンメルは、先に述べた「流浪する宗教性」

の観察者であるとともに、自身がそうした宗教性を生き、またそれに哲学的・宗教社会学的表現を与えたとも言えるのであり、この意味でジンメルの宗教論はそれ自体が直接的な宗教的ドキュメントなのである。

それでは宗教理論としてのジンメル宗教論の意義はどのように考えるべきであろうか。今日の宗教学から見るならば、時代的制約に起因するいくつもの難点を指摘することができる。まずは「宗教」という一般概念に対する概念批判が進んだ現在の状況では、他に還元できない宗教の固有性を前提とし、その普遍的本質を追究するジンメルの議論は、批判の矢面に立たされるだろう。さらに、そのようにして確保される宗教の本質が主観的アプリオリとされたことについても、主観主義や心理主義といった批判は一定程度妥当するものであろうし、そもそもなんらかの普遍的なアプリオリの措定が可能であるとすることそれ自体が疑問視されざるをえないだろう。ジンメル宗教論の大きな部分を占める、しばしば極めて晦渋な主観の内部的機制の心理論的かつ超越論的な叙述は、今日の宗教理解にそのまま応用することは難しいと言わざるをえない。またキリスト教ヨーロッパ、とりわけ都市部の宗教性に準拠してなされた宗教理解や時代診断は、おのずと限界をもっているだろう。

一方、ジンメル宗教論の積極的側面については、以下のことが指摘できよう。宗教の社会的発生と社会の宗教的発生という二重の意味での社会と宗教との生成関係は、今なお社会学の根本問題であることに変わりはない。そうであるならば、この問題を深く掘り下げたジンメルの思索は、ぜひとも入念に検討されるべきものであろう。とりわけ、社会を成立させている「信」や「一体性」と宗教との通底性についてのジンメルの考察は、重要な意味をもつだろう。

ジンメルの近代社会論は、近代性の疎外作用と解放作用の両者の交錯をともに見届けようとする。宗教について言えば、一方で近代社会の疎外が宗教的希求を生み出すとともに、同時に伝統的宗教が生を阻害する形式と化したことに着目し、その上で伝統宗教からの疎隔が同時に宗教性の解放作用ともなるというのが、ジンメルの考え方だった。これは欧米近代社会の脱伝統化と宗教の個人化の趨勢についてのひとつの理解の仕方であり、またそうした趨勢を加速させる、言うなれば一種の「宗教的世俗化論」であった。ここからすれば、世俗化とポスト世俗化をめぐり今なお続いている議論の文脈のなかでジンメルを考察することも必要であろう。

加えて、先に難点として述べたジンメルの宗教性の概念やベルリンの知的中間層に照準したその宗教理解は、現代宗教の動向の一部を見るならば、先駆的アクチュアリティーをもってもいる。すなわち、グローバルに進んだ情報－知識社会化と個人化の流れのなかで、ジンメルが描いたような都市中間知識層のもつ宗教性が、伝統宗教に代わって世界の広範な地域で大きな潮流となっているという事実がある。こうした潮流の大きな部分は、今日の宗教社会学においてスピリチュアリティの概念で表されるが、この概念の含意はジンメルが脱伝統的な宗教性の概念で表した精神傾向に重なるところが少なくない。ここにもジンメル読解の重要な課題が潜んでいると言えるだろう。

最後に、「生の宗教」ともいうべきジンメルの宗教的ヴィジョンをどう評価するかという問題がなお残されている。上述のように、ジンメルのこのヴィジョンはそれがどのような宗教的生であるかということについては、具体性を欠いている。一方でそれは、ある種の生の極限的な高まりや生のダイナミズムの自己享受のようなものを暗示している。他方ではしかし、本訳書のレンブラント論やそれを発展させた単著『レンブラント』などにうかがえるように、超越の想像的投機を克服した末に日常的生をそれそのものとして生き切る、仏教哲学の「平常底」の思想に近いものとして語られることもある。ジンメルの愛読したエックハルトの Gelassenheit（放下／放念）の概念を、ここで思い出してもいいだろう。今日の世界では、一方でジンメルが繰り返し示唆したような、宗教的形式の原理主義的硬化が広汎に見られ、他方ではそれに応ずる形で、ジンメルがその素朴性を批判してやまなかった、唯物論的自然主義による宗教批判が吹き荒れている。

こうした状況下で、ジンメルの提示した宗教的ヴィジョンを再検討することもまた、無駄ではないだろう。

（1） Volkhard Krech, *Georg Simmels Religionstheorie*, Tübingen: Mohr Siebeck, 1998.
（2） Simmel, Tendencies in German Life and Thought since 1870[1902], in: *GA*, Bd. 18, S. 167–202.
（3） *ibid.*, S. 174.
（4） Thomas Nipperdey, *Religion im Umbruch. Deutschland 1870–1918*, München: Beck 1988.
（5） Siegfried Kracauer, *Das Ornament der Masse*, Frankfurt a. M.: Suhrkamp 1977.（クラカウアー『大衆の装飾』船戸満之・野村美紀子訳、法政大学出版局、一九九六年、二〇〇―二〇一頁より引用）
（6） Margarete Susman, Erinnerungen an Georg Simmel, in: Kurt Gassen und Michael Landmann (Hgg.), *Buch des Dankes an Georg Simmel*, Berlin: Duncker & Humblot 1958, S. 283–284.
（7） Michael Landmann, Bausteine zur Biographie, in: Gassen und Landmann (Hgg.), *ibid.*, S. 12.

（8）但し、ジンメルの社会学関係の諸著には、宗教史・宗教社会史からの事例に数多く言及がなされている。

（9）Cf. Simmel, Einleitung in die Moralwissenschaft, in: *GA*, Bd. 3, S. 422–425. なお、のちに仲たがいの関係となったジンメルからの影響を、デュルケムは強く否定している。こうした経緯については、以下の論考を参照。Cf. Horst Firsching, Emile Durkheims Religionssoziologie–*made in Germany*?, in: Volkhard Krech und Hartmann Tyrell (Hgg.), *Religionssoziologie um 1900*, Würzburg: Ergon Verlag 1995, S. 351–363.

訳者あとがき

本訳書は、ゲオルク・ジンメルの宗教論を網羅的に集め、訳出したものである。底本等については、各論考のはじめに記した通りである。本書収録の論考の多くには、日英仏の先行訳があり、訳出にあたってはそれらを適宜参照し、得るところがあった。記して感謝したい。

私事を述べることが許されるならば、筆者がはじめてジンメルのテクストに接したのは、十代の乱読期に手に取った清水幾太郎訳、岩波文庫版の『断想——日記抄』(一九三八年初版)であった。そのなかのアフォリズムのひとつが、ずっと念頭を去らなかった。長くなるが、本書の内容とも関係があるので、以下に引用したい(漢字は新字体に、かなは現代がなに改めた。なお同書は新版が『愛の断想/日々の断想』のタイトルで現在も入手可能である)。

表面的なものや感覚的なもののニュアンスと刺激、ただ吾々だけに触れる柔らかい微光の刺激のみ生きる敏感な現代人は――やはり往々にして超越的なものに向かって進んでいるとか形而上学的な深さや超感覚的な価値に生きているとかいう感情を持っている。その根拠乃至外見上の権利は、こういうところにある、物の単に感覚的な表面は丁度物の超越的な根源と同じようにその完全な本当の実在性、その存在の与えられた全体性から離れている。ただかの現代人の領域は単なる併し完全なる現実性の此岸にあるのに反し、形而上学的なものはその彼岸にあるのである。併し距離が等しいためにこの距離の延びている方向の差異がくらまされるのである。

（同書六八―六九頁）

いまあらためて読み直してみると、ジンメルの特徴がとてもよく表れた断章であると思う。都会人の利那的かつ予感的な宗教的・形而上学的感覚。しかしそれにいささか理に落ちた図式的な説明がなされる。この説明が腑に落ちるかというとそうでもなく、また現代人の予感が批判・否定されているのかというとまたそうでもない。どこかはぐらかされたような、しかし予感的な感覚の権利保障はそれなりになされたような、落ち着かない読後感をもたらす。これはしかしジンメルの宗教論、あるいは宗教論にとどまらないジンメルを読む経験に共通の感覚であるかもしれない。

訳出にあたっては多くの方々のご助力を得た。とりわけ現代随一のジンメル宗教論の研究家であるボーフム大学のフォルクハルト・クレッヒ（Volkhard Krech）教授には心から感謝申し上げたい。一日テクストの難読箇所の一覧とともに同氏宅を訪れた筆者は、同氏宅に泊まりがけでお世話になり、訳出のための数多くの示唆を得ることができた。また本訳書のテクストはもともと大学での近現代ドイツ宗教史の講義のために徐々に形をなしたものであり、一橋大学大学院のゼミナールでも検討を行い、参加いただいた院生諸氏からも有益な示唆を得ることができた。また編集をご担当くださった清水愛理さん、その後任となられた吉川哲士さんには、いろいろとわがままを聞いていただいた。吉川さんは、ドイツ語原典にも当り、不備を補って下さった。記して感謝申しあげたい。

戦前期日本のドイツ文学界の重鎮であった木村謹治は、戦中に世に出たジンメルの『ゲーテ』（一九四三年、櫻井書店）の訳者あとがきで、数頁にわたって、ジンメルの文体がいかに特異であり、それを読める日本語にすることがいかに難しいかを縷々述べている。実際、代名詞を頻用し、複雑な構造の息の長い文章を綴ってゆくジンメルのテクストを、意味を取り違えることなく訳出してゆくことは容易ではなかった。最善を尽くしたつもりであるが、お気付きの点があればご指摘いただければ幸いである。

二〇二一年六月

訳　者

ジンメル宗教論集《しゅうきょうろんしゅう》

2021年12月15日　第1刷発行

編訳者　深澤英隆《ふかさわひでたか》

発行者　坂本政謙

発行所　株式会社 岩波書店
〒101-8002 東京都千代田区一ツ橋 2-5-5

案内 03-5210-4000　営業部 03-5210-4111
文庫編集部 03-5210-4051
https://www.iwanami.co.jp/

印刷・理想社　カバー・精興社　製本・中永製本

ISBN 978-4-00-336446-8　　Printed in Japan

読書子に寄す

——岩波文庫発刊に際して——

岩波茂雄

真理は万人によって求められることを自ら欲し、芸術は万人によって愛されることを自ら望む。かつては民を愚昧ならしめるために学芸が最も狭き堂宇に閉鎖されたことがあった。今や知識と美とを特権階級の独占より奪い返すことはつねに進取的なる民衆の切実なる要求である。岩波文庫はこの要求に応じそれに励まされて生まれた。それは生命ある不朽の書を少数者の書斎と研究室とより解放して街頭にくまなく立たしめ民衆に伍せしめるであろう。近時大量生産予約出版の流行を見る。その広告宣伝の狂態はしばらくおくも、後代にのこすと誇称する全集がその編集に万全の用意をなしたるか。千古の典籍の翻訳企図に敬虔の態度を欠かざりしか。さらに分売を許さず読者を繫縛して数十冊を強うるがごとき、はたしてその揚言する学芸解放のゆえんなりや。吾人は天下の名士の声に和してこれを推挙するに躊躇するものである。このときにあたって、岩波書店は自己の責務のいよいよ重大なるを思い、従来の方針の徹底を期するため、すでに十数年以前より志して来た計画を慎重審議この際断然実行することにした。吾人は範をかのレクラム文庫にとり、古今東西にわたって文芸・哲学・社会科学・自然科学等種類のいかんを問わず、いやしくも万人の必読すべき真に古典的価値ある書をきわめて簡易なる形式において逐次刊行し、あらゆる人間に須要なる生活向上の資料、生活批判の原理を提供せんと欲する。この文庫は予約出版の方法を排したるがゆえに、読者は自己の欲する時に自己の欲する書物を各個に自由に選択することができる。携帯に便にして価格の低きを最主とするがゆえに、外観を顧みざるも内容に至っては厳選最も力を尽くし、従来の岩波出版物の特色をますます発揮せしめようとする。この計画たるや世間の一時の投機的なるものと異なり、永遠の事業として吾人は微力を傾倒し、あらゆる犠牲を忍んで今後永久に継続発展せしめ、もって文庫の使命を遺憾なく果たさしめることを期する。芸術を愛し知識を求むる士の自ら進んでこの挙に参加し、希望と忠言とを寄せられることは吾人の熱望するところである。その性質上経済的には最も困難多きこの事業にあえて当たらんとする吾人の志を諒として、その達成のため世の読書子とのうるわしき共同を期待する。

昭和二年七月

岩波文庫の最新刊

ジェイン・オースティン作／新井潤美・宮丸裕二訳
マンスフィールド・パーク（上）
オースティン作品中〈もっとも内気なヒロイン〉と言われるファニーを主人公に、マンスフィールドの人間模様を描く。時代背景の丁寧な解説も収録。（全二冊）〔赤二二二-七〕 **定価一三二〇円**

ポール・ヴァレリー著／塚本昌則訳
ドガ ダンス デッサン
親しく接した画家ドガの肉声と、著者独自の考察がきらめくたぐい稀な美術論。幻の初版でのみ知られる、ドガのダンスのデッサン全五十一点を掲載。〔カラー版〕〔赤五六〇-六〕 **定価一四八五円**

徳田秋声作
あらくれ・新世帯
一途に生きていく一人の女性の半生を描いた「あらくれ」。男と女の微妙な葛藤を見詰めた「新世帯（あらじょたい）」。文豪の代表作二篇を収録する。（解説＝佐伯一麦）〔緑二二-七〕 **定価九三五円**

バーリン著／松本礼二編
反啓蒙思想 他二篇
徹底した反革命論者ド・メストル、『暴力論』で知られるソレルなど、啓蒙の合理主義や科学信仰に対する批判者を検討したバーリンの思想史作品を収録する。〔青六八四-二〕 **定価九九〇円**

……今月の重版再開……

徳田秋声作
縮図
定価七七〇円
〔緑二二-二〕

幸田文作
みそっかす
定価六六〇円
〔緑一〇四-一〕

定価は消費税10%込です　2021.11